普通高等教育新工科汽车类系列教材（智能汽车·新能源汽车方向）

智能电动汽车安全技术

主　编　尹汉锋　文桂林
副主编　刘　杰　张维刚　周　娉

机械工业出版社

智能电动汽车是未来汽车的发展趋势，其保有量逐年递增，但相关安全问题也越来越凸显出来。为了解决智能电动汽车面临的安全问题，相关研发人员设计了多种安全防护系统，从多个层级和多个方面来对车内乘员及车外行人进行安全防护。本书介绍了智能电动汽车的发展历史、安全与事故情况，分析了事故原因及相关对策，总结了与智能电动汽车安全相关的国内外法规及标准。本书详细介绍了智能电动汽车的各类安全防护系统，如主动安全系统（包括 ABS、ASR、ESP、FCW、AEB、LDW 和 BSD 系统）、被动安全系统（包括电池碰撞保护、整车碰撞保护和乘员智能约束系统）、电气安全系统（包括电池组热管理和高压安全保护）、信息网络安全系统、功能及预期功能安全系统的基础理论、系统组成与工作原理，以及应用案例，并预测了智能电动汽车安全技术系统的发展趋势。

本书可作为高等院校车辆工程相关专业的教材，也可作为汽车安全领域科研人员和工程技术人员的参考书。

图书在版编目（CIP）数据

智能电动汽车安全技术/尹汉锋，文桂林主编. —北京：机械工业出版社，2023.11

普通高等教育新工科汽车类系列教材. 智能汽车·新能源汽车方向
ISBN 978-7-111-73861-9

Ⅰ.①智… Ⅱ.①尹… ②文… Ⅲ.①智能控制-电动汽车-安全技术-高等学校-教材 Ⅳ.①U469.72

中国国家版本馆 CIP 数据核字（2023）第 174491 号

机械工业出版社（北京市百万庄大街22号　邮政编码100037）
策划编辑：何士娟　　　　　责任编辑：何士娟
责任校对：韩佳欣　徐　霆　责任印制：张　博
北京建宏印刷有限公司印刷
2024年1月第1版第1次印刷
184mm×260mm·12.5印张·6插页·309千字
标准书号：ISBN 978-7-111-73861-9
定价：65.00元

电话服务　　　　　　　　　网络服务
客服电话：010-88361066　　机　工　官　网：www.cmpbook.com
　　　　　010-88379833　　机　工　官　博：weibo.com/cmp1952
　　　　　010-68326294　　金　书　网：www.golden-book.com
封底无防伪标均为盗版　　　机工教育服务网：www.cmpedu.com

前言

Preface

　　智能化和电动化是汽车发展的重要方向，智能电动汽车安全技术为未来汽车安全设计的关键技术，主要包括智能电动汽车的主动安全系统、被动安全系统、电气安全系统、信息网络安全、功能及预期功能安全系统。

　　本书简单介绍了智能电动汽车发展历史、安全与事故情况，分析了事故原因及相关对策，总结了智能电动汽车安全国内外相关法规及标准，详细介绍了智能电动智能电动汽车的各类安全防护系统，如主动安全系统（包括ABS、ASR、ESP、FCW、AEB、LDW和BSD系统）、被动安全系统（包括电池碰撞保护、整车碰撞保护和乘员智能约束系统）、电气安全系统（包括电池组热管理和高压安全保护）、信息网络安全系统、功能及预期功能安全系统的基础理论、系统组成与工作原理、技术标准与法规及应用案例，并预测了智能电动汽车安全技术系统的发展趋势。

　　本书系统讲述了汽车智能化和电动化产生的新的安全性问题及解决方法，介绍了智能电动汽车安全的关键技术、原理及技术路径。本书在编写过程中，采用"理论与实践相结合（以实例讲原理）"和"新（智能电动汽车）与旧（传统燃油汽车）相结合"的理念来综合对比介绍智能电动汽车安全技术，十分符合汽车"新四化"发展背景下的车辆工程专业教学与研究需求。

　　本书适用于高等院校车辆工程相关专业的专/本科生，也可作为汽车安全领域科研人员和工程技术人员的参考书。

　　本书由湖南大学尹汉锋教授和燕山大学文桂林教授任主编，湖南大学刘杰教授、张维刚教授和中南大学周娉副教授任副主编，参加编写的还有蔚来汽车公司代金乐、比亚迪汽车工业有限公司郭文、上汽集团创新研究开发总院陈婷婷、湖南仕博测试技术有限公司欧涛和广汽研究院马传帅。

　　本书在编写过程中，得到了中国汽车工程研究院李朝斌、宁德时代（上海）智能科技有限公司贺斌的大力支持，他们提出了许多宝贵的建议，在此对他们表示衷心的感谢。

　　另外，湖南大学吴力佳、张文政、王熊杰、肖锋、高明、张冉、赖志鹏和丁家斌等为本书资料收集、校对整理做了很多工作，在此一并感谢！

　　恳请读者对本书的内容和章节安排等提出宝贵意见，并对书中存在的错误及不当之处提出批评和修改建议，以便本书再版修订时参考。

编　者

目 录

Contents

前言

第1章 绪论
1.1 智能电动汽车安全技术的发展 ···001
  1.1.1 智能电动汽车发展历史 ···001
  1.1.2 智能电动汽车安全研究的必要性 ···003
  1.1.3 智能电动汽车安全性概述 ···006
1.2 智能电动汽车安全性分析与对策 ···007
1.3 智能电动汽车安全技术法规与标准 ···009
  1.3.1 国内外相关法规与标准 ···009
  1.3.2 智能电动汽车碰撞安全评价规程概述 ···010
1.4 智能电动汽车安全技术发展趋势 ···013
思考题 ···015
参考文献 ···015

第2章 智能电动汽车主动安全系统
2.1 概述 ···016
2.2 基础主动安全性系统 ···016
  2.2.1 汽车制动防抱死系统（ABS） ···016
  2.2.2 汽车驱动防滑系统（ASR） ···029
  2.2.3 车身电子稳定系统（ESP） ···033
2.3 智能辅助驾驶安全性系统 ···043
  2.3.1 正面碰撞预警（FCW）系统 ···043
  2.3.2 自动紧急制动（AEB）系统 ···053
  2.3.3 车道偏离警告（LDW）系统 ···058
  2.3.4 盲点检测（BSD）系统 ···065
思考题 ···072
参考文献 ···073

第3章 智能电动汽车被动安全系统
3.1 概述 ···076
3.2 电池碰撞保护 ···077
  3.2.1 电芯碰撞性能 ···077
  3.2.2 电池箱体机械碰撞保护 ···081

Contents

3.2.3 电解液碰撞泄漏防护 ···083
3.3 汽车整车被动安全性 ···084
  3.3.1 概述 ···084
  3.3.2 电动汽车正面碰撞安全性 ···089
  3.3.3 电动汽车侧面碰撞安全性 ···099
  3.3.4 电动汽车尾部碰撞安全性 ···105
  3.3.5 电动汽车行人保护安全性 ···106
  3.3.6 总结 ···111
3.4 智能约束系统安全性 ···113
  3.4.1 智能安全带系统 ···113
  3.4.2 智能安全座椅系统 ···124
  3.4.3 智能座舱乘员约束系统 ···131
思考题 ···138
参考文献 ···138

第4章 智能电动汽车电气安全系统

4.1 概述 ···141
4.2 电池组热管理系统 ···141
  4.2.1 散热系统 ···142
  4.2.2 加热系统 ···149
4.3 汽车高压安全保护系统 ···154
  4.3.1 电动汽车高压绝缘保护 ···156
  4.3.2 电动汽车充电高压安全 ···158
  4.3.3 电动汽车维修高压安全 ···162
思考题 ···165
参考文献 ···165

第5章 智能汽车的信息网络、功能及预期功能安全系统

5.1 概述 ···167
5.2 汽车信息网络安全系统 ···168
  5.2.1 应用背景与意义 ···168
  5.2.2 基本组成与原理 ···172

Contents

    5.2.3　发展趋势 ···177
5.3　汽车功能安全系统 ···178
    5.3.1　应用背景与意义 ···178
    5.3.2　基本组成与原理 ···179
    5.3.3　发展趋势 ···182
5.4　汽车预期功能安全系统 ···183
    5.4.1　研究背景与意义 ···183
    5.4.2　基本组成与原理 ···187
    5.4.3　发展趋势 ···190
5.5　工程实践 ···190
思考题 ···193
参考文献 ···194

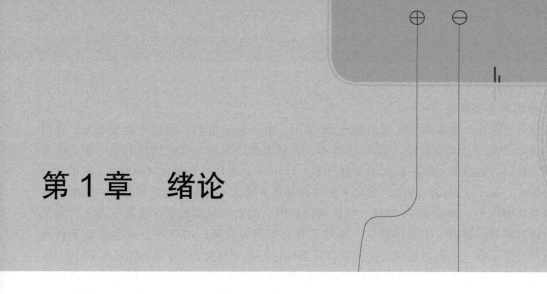

第 1 章　绪论

1.1 智能电动汽车安全技术的发展

1.1.1 智能电动汽车发展历史

1. 电动汽车发展史

电动汽车的历史比内燃机汽车悠久,其发展时间轴如图 1-1 所示。最早在 1832 年,罗伯特·安德森研发出了第一台电动汽车,这比卡尔·本茨在 1866 年发明的第一辆内燃机汽车要早 30 多年。在 1832—1920 年间,电动汽车得到了当时人们的广泛认可,也引起了科学家的兴趣,因为其与当时的汽油和蒸汽动力汽车相比,行驶时无噪声、不易散发出刺激性气味且维修简单;然而到了 1920 年,内燃机汽车技术成熟,电动汽车的销量降低,到 1935 年电动汽车几乎消失。20 世纪六七十年代,汽油价格一路飙升,电动汽车再次引起了人们的兴趣。1959 年,世界上第一辆能高速行驶的电动汽车 Henney Kilowatt 被发明,但与内燃机汽车相比,电动汽车的性能存在较大的缺陷;1979 年,随着内燃机技术的不断提高,汽车市场再次被内燃机取代。自 20 世纪 90 年代以来,全球能源危机、环境污染日益严重,电动汽车的研究再次受到各国关注。通用、福特、本田、日产、特斯拉、北京汽车、比亚迪和蔚来等电动汽车企业正推动电动汽车快速发展。2021 年,全球的电动汽车渗透率超过 10%,电动汽车行业进入爆发增长期。

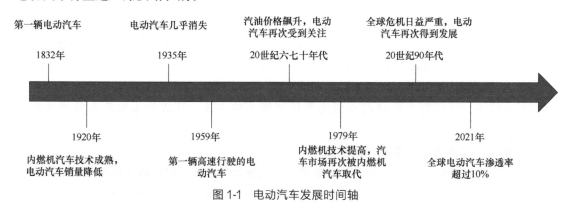

图 1-1　电动汽车发展时间轴

2. 智能汽车发展史

全球对智能汽车的探索，可以追溯至 20 世纪，由于底层技术、配套产业等不足，直到 20 世纪末仍停留在实验室阶段。早在 1925 年，发明家弗朗西斯·霍迪纳演示了一辆无线电遥控车，被认为是世界上第一辆自动驾驶汽车。1956 年，通用汽车推出 FireBird，该车是一款概念车，它基于车路协同技术，实现了在高速场景下的无人驾驶，是世界上第一辆配备自动导航系统的汽车。20 世纪 70 年代，美国等发达国家的大学和实验室开始基于人工智能和摄像头进行移动机器人、原型车研究，推动了智能车辆的发展；1977 年，日本筑波工程研究实验室开发了第一个利用摄像头检测前方导航标识的自动驾驶汽车；20 世纪 80 年代，日本开始对车路间通信系统 RACS 进行研究，"人-车-路" 初现雏形。20 世纪 90 年代，我国清华大学、国防科技大学等推出自动驾驶原型车并开始实际上路测试。近 20 年来，随着半导体、高精度传感器、人工智能算法、移动通信网络等技术的快速发展，智能汽车上路逐渐成为现实。智能汽车发展时间轴如图 1-2 所示。

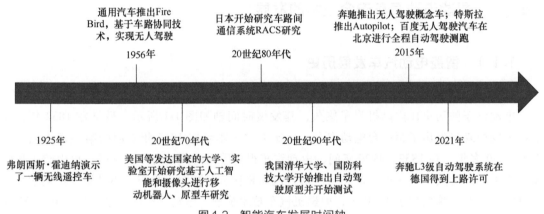

图 1-2 智能汽车发展时间轴

汽车智能化可被划分为初期阶段、半自动阶段、高度自动阶段以及全自动阶段。对智能汽车发展而言，智能驾驶、智能座舱以及智能服务是最基础也是最关键的部分。当前市面上的智能汽车可实现智能辅助驾驶。

1) 智能驾驶作为汽车智能化发展的核心部件，能够基于对周围环境的感知、分析、判断进行决策和执行，通过辅助驾驶、智能安全、车辆智能控制以及智能地图等实现自动化、智能化驾驶。

2) 智能座舱作为人车交互的入口，需要为驾驶人提供智能化的驾驶操纵体验以及乘车娱乐，需要以人车交互、车联网等作为基础支持。目前将智能座舱的发展划分为机械化、电子化、网联化、智能驾驶、第三生活空间五个阶段，如图 1-3 所示。

3) 智能服务则聚焦和人、生活相关密切的服务。当前，高级别智能驾驶汽车通常以电动汽车为载体，所以智能电动汽车成为现代智能车的主流，其成为未来汽车的重要发展方向。

3. 电动汽车作为智能车载体的原因

通过前面发展史的介绍，可以看出电动汽车快速发展推动了智能汽车的发展，接下来将介绍电动汽车作为智能汽车载体（即智能电动汽车）的优势。智能电动汽车（Smart Electric

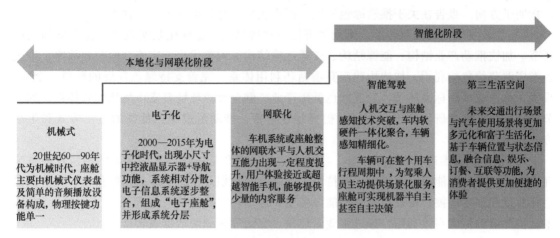

图1-3 智能座舱发展的五个阶段

Vehicle，SEV）是指搭载动力电池，能以电能为驱动动力，拥有 Over The Air（OTA）升级能力，并配备人车交互智能座舱或L2及以上智能驾驶功能的车辆。

电动汽车作为智能汽车最常用的载体有以下优势：首先智能汽车与传统燃油汽车相比，电动汽车没有发动机与变速器，取而代之的是三电系统（电池、电机和电控系统），较为简单的车辆结构使得电动汽车更易控制。此外，在电动化、智能化、互联网化及共享化的驱动下，全球汽车行业未来发展的趋势将由传统的机械产品转变为移动出行的智能终端，将会以电动化变革为契机，智能化和网联化同步发展。智能电动汽车已成为历史发展必然，电动化、网联化、智能化及共享化（"新四化"）在智能电动汽车中体现的作用如图1-4所示。

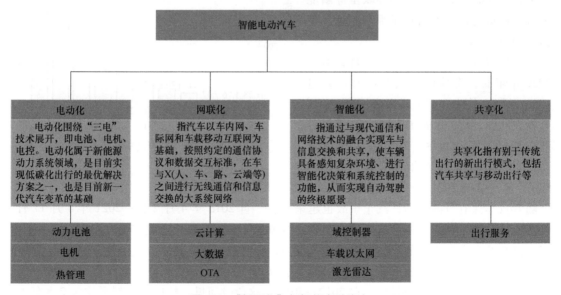

图1-4 "新四化"与智能电动汽车

1.1.2 智能电动汽车安全研究的必要性

目前正值全球汽车产业全面深刻变革之际，党的二十大报告为中国汽车产业的发展进一

步指明了方向。报告在关于推动绿色发展、促进人与自然和谐共生方面提出:

1)加快发展方式绿色转型。推动经济社会发展绿色、低碳化是实现高质量发展的关键环节。加快推动产业结构、能源结构、交通运输结构等调整优化。实施全面节约战略,推进各类资源节约集约利用,加快构建废弃物循环利用体系。完善支持绿色发展的财税、金融、投资、价格政策和标准体系,发展绿色低碳产业,健全资源环境要素市场化配置体系,加快节能降碳先进技术研发和推广应用,倡导绿色消费,推动形成绿色低碳的生产方式和生活方式。

2)积极稳妥推进碳达峰碳中和。实现碳达峰碳中和是一场广泛而深刻的经济社会系统性变革。立足我国能源资源禀赋,坚持先立后破,有计划分步骤实施碳达峰行动。完善能源消耗总量和强度调控,重点控制化石能源消费,逐步转向碳排放总量和强度"双控"制度。推动能源清洁低碳高效利用,推进工业、建筑、交通等领域清洁低碳转型。

中国汽车产业依托"换道超车"的战略决策发展智能电动汽车,在政府大力引导下,我国智能电动汽车产业从无到有、从小到大、从弱到强,取得了震惊世界汽车业的巨变,为我国由汽车大国走向汽车强国奠定了基础。自十八大以来,不断强大起来的中国现代汽车产业,在国民经济中的地位越来越重要,在国际上的影响力越来越大。以电动化、智能化为主要技术特征的新能源汽车站到了引领世界汽车发展方向的位置上。新能源汽车销量从 2012 年的 1.28 万辆,跃升到 2022 年的 688.8 万辆,占全球新能源汽车总销量的 63.6%,连续八年蝉联全球新能源汽车销量榜首。中国新能源汽车近几年销量如图 1-5 所示。

根据国际能源署(IEA)统计,截至 2020 年年底,全球电动汽车保有量超过 1000 万辆。其中,450 万辆在中国,320 万辆在欧洲,170 万辆在美国,60 万辆分散在其他国家和地区。2021 年,全球电动汽车的销量比 2020 年翻了一倍,达到

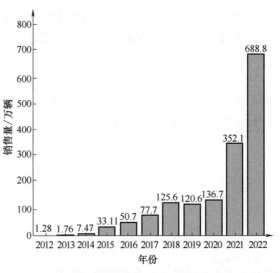

图 1-5 中国新能源汽车近几年销量

660 万辆。截至 2021 年底,全球电动汽车市场共有 450 款在售车型,比 2015 年多了 4 倍。但随着汽车保有量的提高,汽车事故也越来越多。自 2013 年 4 月 2 日—2021 年 4 月 17 日,仅特斯拉品牌车辆,就在全球范围内至少发生事故 218 起,累计造成 175 人死亡。据美国国家公路交通安全管理局的统计,在美国范围内,特斯拉有 200 起事故是由失控造成的,其中 9 起造成死亡,50 起造成重伤,单纯的起火事故共计 8 起,没有伤亡,起火原因包括自燃及爆炸。根据特斯拉官方的报告,在 2012—2019 年这段时间里,特斯拉车型平均每 2.8 亿 km 的里程就会发生一次火灾事故。据统计,2021 年全年被媒体报道的起火事故共 276 起,比 2020 年增长了 123%,排除 2020 年上半年疫情的影响,根据 5~12 月的事故看,2021 年事故数量与 2020 年相比增幅 93.9%,车辆保有量增长 69%,事故率增长 30%。历年电动汽车事故率如图 1-6 所示。

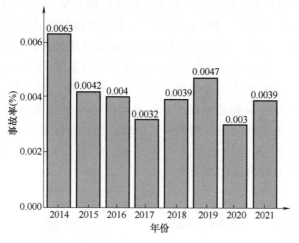

图 1-6 历年电动汽车事故率

从图 1-6 可以看出：总体来看，智能电动汽车发生安全事故的概率是呈下降趋势的；其中 2014—2017 年电动汽车事故率的下降是因为电池技术的发展与电池安全水平的提升；但是由于高能量密度、高镍电池使用增多，2017 年之后事故率逐年上升；2020 年事故率再次降低，这一方面可以归结为整车和电池企业逐步重视电池安全，另一方面是因为疫情使得民众出行及用车减少；2021 年事故率与 2018 年相仿，分析原因，与早期电动汽车步入退役报废期密切相关。总体来看，电动汽车事故比例依旧不低，电动汽车安全研究任重道远。

通过分析智能电动汽车安全事故，发现引起安全问题的原因主要有四个：电池系统故障、电芯故障、整车电气故障以及其他外部故障。

1) 电池系统故障包括电子电气故障和机械冲击。
2) 电芯故障包括电芯一致性差、电解液漏液、内部电路短路或其他不明原因。
3) 整车电气故障指私自改装导致线束破损、短路以及不规范充电等。

安全事故故障类型各类占比如图 1-7 所示，近三年电动汽车起火原因占比如图 1-8 所示。

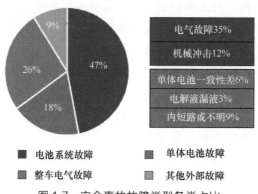

图 1-7 安全事故故障类型各类占比

根据国家应急管理部统计，2021 年全国发生电动汽车火灾事故 3000 余起，根据接近 800 万辆的纯电动汽车保有量计算，着火率约为 0.038%，而传统燃油车年火灾事故率为 0.01%~0.02%。根据官方统计数据，容易发现电动汽车起火事故与时间、地区等有关系：

由于夏季气温较高，6月—8月是电动汽车火灾事故的高发期；分布地区主要为发达省份以及南方省份。分析2020—2022年200起电动汽车安全事故的起火案例，发现事故原因主要有充电起火、行驶过程中起火、静止停放起火以及碰撞导致起火，如图1-8所示。

近三年智能电动汽车起火事件主要是车辆静止停放时发生火灾。可以看出电池不仅要在运行过程中保证安全，在断电状态下也要保证安全。据统计，充电中起火占比22.77%，而碰撞导致的起火占9.40%。碰撞导致起火，最重要的原因是电池包在底盘中，当底盘发生磕碰后有可能会影响电池包的状态，造成火灾事故。充电过程中起火的原因可分为正常充电起火、充电设备故障起火和过充电起火三个方面，如图1-9所示。正常充电发生起火占70%，由充电设备故障引起的起火占25%。

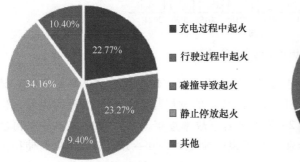

图1-8 近三年电动汽车起火原因占比

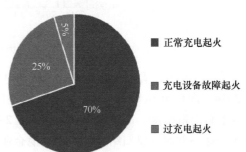

图1-9 充电过程中起火的原因占比图

1.1.3 智能电动汽车安全性概述

智能电动汽车的安全性可分为主动安全系统、被动安全系统、电气安全系统、通信及功能安全系统，如图1-10所示。主动安全系统包括防抱死系统（ABS）、驱动防滑系统（ASR）、电子稳定系统（ESP）、自动紧急制动辅助系统（AEB）、车道偏离警告系统（LDW）、正面碰撞预警系统（FCW）、盲点检测系统（BSD）等；被动安全系统包括动力电池安全性、汽车碰撞安全性、行人保护安全性、乘员约束系统、智能座舱安全系统；电气安全系统包括充电、行驶、维修高压安全以及高压绝缘安全；通信及功能安全系统包括信息网络安全、数据安全系统、功能安全系统以及预期功能安全系统。

鉴于智能电动汽车特有的技术特性，应针对碰撞后容易引起人员伤害的高压电、有害气体和动力电池侵入等进行防护。作为智能电动汽车三电系统中最核心的部件，动力电池直接影响着智能电动汽车的主要性能指标，其也影响了电动汽车的安全性。动力电池安全性主要包括结构安全、电安全、热安全和环境安全。

1）结构安全是指动力电池受到外部机械冲击所导致的内部结构变化，引发热失控风险。

2）电安全是指动力电池因灰尘污染、涉水等导致的短路情况，进而引发电击风险。

3）热安全是指动力电池因外部高温或大阻抗所导致的热失控，引发燃烧或爆炸事故。

4）环境安全是指动力电池受到外部温度变化、海拔影响所产生的热失控风险。图1-10所示为智能电动汽车安全系统分类图。

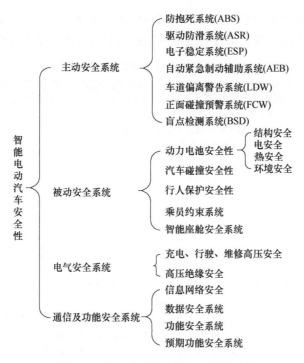

图 1-10　智能电动汽车安全系统分类图

1.2　智能电动汽车安全性分析与对策

由于智能电动汽车保有量持续增加、近几年智能电动汽车的零部件开始老化导致高危车数量增加，以及一些汽车厂家的倒闭造成车辆不能得到良好维保等原因，电动汽车起火、自燃和失控等事故发生的概率增加。图 1-11 为智能电动汽车典型事故图。

图 1-11　智能电动汽车典型事故图

a) 静止停放起火　b) 充电时起火　c) ~e) 碰撞后起火　f) 车辆失控加速后碰撞

智能电动汽车的常见安全事故主要包括车辆自燃、碰撞后产生二次事故等。接下来将分析这些事故产生的原因及对策,部分典型事故的相关细节描述及原因分析见表1-1。

表1-1 智能电动汽车部分典型事故描述及原因分析

序号	时间	地点及描述	原因分析
1	2019年4月	上海某小区地下车库一辆电动汽车发生自燃。事发时该辆车底盘突然冒出白烟,短短几秒钟,白烟越来越大,随即发生爆燃并蹿升明火,火势猛烈。事故还造成停放在该车辆旁边的两辆轿车遭到不同程度烧毁,所幸没有人员伤亡(图1-11a)	自燃事故是由位于车辆前部的单个电池模组故障引起
2	2020年10月	韩国连续发生两起电动汽车充电起火事故(图1-11b)	韩国国立科学研究院对这两起电动汽车起火事件调查,认为可能是电池组件内部问题引起火灾
3	2019年4月	西安某服务中心正在维修的电动汽车发生燃烧(图1-11c)	据调查,该车在送去维修前,底盘受到严重撞击,导致动力电池组左后壳和散热器大面积变形,电池组内部结构受到挤压,经过一段时间后形成短路,引起火灾
4	2020年6月	南昌市,某电动汽车在行驶过程中突然自动提速到127km/h,无法控制车速,制动失灵,车主一路避开车辆和行人,在无路可走处发生碰撞起火。车前部受过严重撞击但未着火,着火处从前风窗玻璃一直蔓延到车尾(图1-11d)	推测是碰撞引起起火
5	2020年8月	浙江杭州,某电动汽车在行驶中起火,该电动汽车前机舱盖与行李舱盖均已打开,现场仍有余烟(图1-11e)	由于车辆在高速行驶过程中与一个金属角铁状的路面抛洒物发生碰撞,造成底盘及电池严重受损引起车辆起火
6	2022年11月	广州潮东,一辆电动汽车准备靠边停车时,车辆突然失控加速冲出马路,从监控视频可以看到,车辆在路上不断躲避行人及车辆,但车速却丝毫不减。在马路上高速行驶了约2.6km,撞上两辆摩托车、两辆自行车、一辆大货车以及一辆面包车后才停了下来(图1-11f)	从现有事故视频可以看出,车辆高速行驶过程中制动长时间没有点亮,故障原因尚未有定论
7	2022年上半年	某款电动汽车2022上半年发生自燃事件,同类事件全国共发生18例	这批车型的电池包托盘透气阀安装表面不平整,存在进水风险,电池可能发生故障甚至引起电池热失控

通过对上述事故的分析可知,车辆自燃的原因有外界碰撞、电池内部电路老化、电池散热系统失效导致的无法散热、电池涉水等。目前,智能电动汽车电池结构多为分布式与集中式。为了节省车内空间,设计时通常会将电池置于车辆底部。因此,当车辆在高温环境中行驶或停放时,极易造成电池热失控,进而导致车辆自燃。

发生碰撞事故时,传统燃油车有可能使汽车内部人员受到挤压等伤害,而对于电动汽车,因其电池可能会受到挤压碰撞,发生电解液泄漏、高压短路等现象,进而引起燃烧或爆炸,对内部人员造成二次事故伤害。

在对智能电动汽车进行设计制造时,应充分考虑电动汽车与传统燃油车的区别,考虑电动汽车的特点设计合理的方案,降低事故风险。而有些电动汽车是在传统燃油汽车的结构上设计的,导致车辆缺乏足够的碰撞防护措施。目前动力电池系统在预防结构变形、电解液漏液、碰撞起火等方面的技术也有待提高。

智能电动汽车的内部结构较为复杂,长时间工作后,各部件易出现故障隐患,需要进行定期维护保养。但有些驾驶人仍然按照传统汽车的保养方式进行处理,造成汽车因无法及时发现和处理问题而产生故障。

1.3 智能电动汽车安全技术法规与标准

1.3.1 国内外相关法规与标准

目前,对于传统燃油车的安全性法规与标准已相当成熟,智能电动汽车安全性的法规与标准以此为基础逐步完善。其主要包含以下几个方面:功能安全、人员触电防护、碰撞安全、动力蓄电池及通信和网络安全。国内外智能电动汽车安全技术相关标准汇总见表1-2。

表1-2 国内外智能电动汽车安全技术标准汇总

内容	中国	欧洲	美国
功能安全	GB 18384	ECE R100	SAE J2980 SAE J3138
人员触电防护	GB 18384	ECE R100	NFPA70 SAE J1772
碰撞安全(主、被动安全)	GB/T 31498 GB 11551 GB 20071 GB 20072	ECE R94 ECE R95 ECE R34	FMVSS 208 FMVSS 214 FMVSS 301 FMVSS 305 FMVSS 201
动力蓄电池	GB 38031	ECE R100	UL 2580 SAE J1797 SAE J2289 SAE J1766 SAE J2929
通信和网络安全	GB/T 32960 GB/T 31024	ECE R155	SAE J3061

对于功能安全和人员触电防护,我国采用 GB 18384 国家标准,欧洲采用欧洲经济委员会制定的标准 ECE R100,美国则采用美国汽车工程学会制定的 SAE 标准。功能安全要求主要保障智能电动汽车电力系统在不同工况下的正常运行,如行驶过程中的功率降低提示、车载可充电储能系统(Rechargeable Energy Storage System,REESS)低电量提示及热事件报警等。人员触电防护主要包含四个部分:高压标记要求、直接接触防护、间接接触防护和防水要求。

1)高压标记要求是指汽车内部高压线路或者零部件须带有醒目的警告标记,起到触电预防作用。

2）直接接触防护指通过绝缘材料、外壳或遮栏实现人体与高电压带电部件的物理隔离。

3）间接接触防护则指高压电路需带有触电保护措施，通常表现为对绝缘电阻、电位均衡、电容耦合及充电插座的要求。

4）防水要求是所有电器设备的基本要求，对于智能电动汽车而言，主要指车辆在模拟清洗和涉水时电力系统仍能正常工作。

动力蓄电池是智能电动汽车的动力核心，是区别于传统燃油车的标志性部件。为了增加智能电动汽车的续驶里程，动力蓄电池的能量密度越来越高，随之而来的安全性问题不容忽视。国际上对于动力蓄电池的安全性要求大同小异，主要包含两个部分：电芯安全和电池包或系统安全。就具体的测试项目而言，各体系的法规与标准主要测试动力蓄电池在极端工作环境下的安全性，如机械冲击、振动、高温、热冲击循环及过充电等。

智能电动汽车碰撞安全的法规与标准不断发展，主要包含：正面碰撞防护、侧面碰撞防护、前后端保护装置耐撞性、顶部抗压强度及碰撞后安全。相较于传统燃油车的碰撞安全性，除了结构安全性和碰撞时的人员防护，智能电动汽车的碰撞安全性涵盖范围更加广泛，还包括先进辅助驾驶系统（ADAS）的安全性，如自动紧急制动系统（AEB）、自适应巡航控制系统（ACC）、车道偏离预警系统（LDP）等的安全性。这部分内容将在本书1.3.2节中更详细地介绍。

当前，全球数字化经济快速发展，有力推动了汽车、交通等传统产业的数字化、网络化、智能化发展，智慧出行成为时下热点。因此，ADAS与网联化融合成为发展趋势。车联网（V2X）支持实现"人-车-路-云"各参与要素的连接，这使得汽车、路侧设施等面临网络攻击等安全隐患。智能电动汽车作为智能化的最佳载体，多国多地区加快推进其通信和网络安全的相关工作。车联网涉及环节众多，包括车与车（V2V）、车与路（V2I）、车与人（V2P）及车与网络（V2N）等。为解决上述环节中的安全威胁，国际上各法规与标准主要从以下四个方面制定安全标准：通信安全、软件安全、数据安全及配套设施安全。

1）通信安全是指车内网络通信安全和远程通信安全，旨在防止黑客入侵车内网络控制车辆。

2）软件安全主要通过检测系统应用软件代码的漏洞来保障车载信息交互系统的安全性。

3）数据安全旨在保障用户的隐私。

4）配套设施安全是指诸如车控手机App、智能充电桩的安全性，防止黑客从这些设备中入侵网络而对智能电动汽车的安全性造成威胁。

1.3.2 智能电动汽车碰撞安全评价规程概述

相较于传统燃油车，智能电动汽车搭载了一整套高压驱动系统，受限于结构布置、成本控制及技术条件等多方面因素，智能电动汽车对碰撞安全性的要求具有较大差异性：除了发生碰撞时的人员伤亡情况，还可能发生碰撞后高压系统受损，导致高压泄漏、短路及电池起火等次生风险，对乘员造成二次伤害。因此，智能电动汽车的碰撞安全性不容忽视。

各个国家和地区针对电动汽车碰撞安全也建立了相应的标准法规及评价规程，用以指导或规范电动汽车碰撞安全性能防护的开发。目前在全球电动汽车碰撞安全标准法规方面，主要分为四大体系：欧洲、日本、美国和中国。

1) 欧洲主要采用 ECE（Europe Commission of Economy）系列法规和 EEC（European Economic Community）系列法规。

2) 日本主要参考 ECE 系列法规和本国提出的 Attachment 法规。

3) 美国主要采用的是 FMVSS（Federal Motor Vehicle Safety Standards）系列法规。

4) 中国目前主要参考欧洲 ECE 系列法规，根据国情制定了相关国家标准。

以上四大体系的法规沿用了各体系传统燃油车的碰撞标准，主要考核正面碰撞、侧面碰撞和尾部碰撞。各体系法规汇总见表 1-3。

表 1-3　智能电动汽车碰撞安全法规汇总

体系	正面碰撞	侧面碰撞	尾部碰撞
欧洲	ECE R94	ECE R95	ECE R34
日本	Attachment17	ECE R95	Attachment17
美国	FMVSS 208	FMVSS 214	FMVSS 301
中国	GB 11551	GB 20071	GB 20072

各个体系在试验工况上略有差别，如碰撞速度、碰撞形式（移动壁障与测试车辆的重叠度）、移动壁障的质量等。对于评价指标而言，各体系依旧沿用了部分传统燃油车的碰撞安全性评价指标，主要用于评价碰撞发生时乘员损伤安全性，如假人头部性能指标 HPC、胸部性能指标 ThPC、大腿性能指标 FPC、肋骨变形指标 RDC、盆骨性能指标 PSPF 等。由于智能电动汽车驱动系统的特殊性，传统燃油车的燃油安全性不再适用，为此以上四大体系均提出了针对智能电动汽车碰撞安全性的新的评价标准，主要包括防触电要求、电解液泄漏要求、车载可充电储能系统（REESS）要求等。此外，智能电动汽车的底盘设计与传统燃油车有很大区别，为了便于布置动力电池组及增强底盘的空气流动性，其底盘设计平面化程度越来越高，这种设计趋势将给车辆底盘防护安全性带来新的挑战，因此智能电动汽车的托底碰撞安全性也引起了各国重视。

NCAP（New Car Assessment Program）是最早在美国开展并已经在欧洲、日本等发达地区和国家运行多年的新车评价规程，一般由政府或具有权威性的组织机构，按照比国家法规更严格的方法对在市场上销售的车型进行碰撞安全性能测试、评分和划分星级并向社会公开评价结果。由于测试的公开性、严格性与客观性，NCAP 为广大消费者所关心，也成为汽车企业产品开发的重要规范，对提高汽车安全性能作用显著。因此，许多国家（如中国、澳大利亚、韩国、印度等）开始重视并建立本国的 NCAP。随着智能电动汽车的兴起，这些规程也逐渐开始考虑智能电动车安全的特殊性。

这些法规和评价规程中公认最为严格的，是欧盟实施的 Euro-NCAP 测试。它由欧洲各国汽车联合会、政府机关、消费者权益组织、汽车俱乐部等组织组成，由国际汽车联合会（FIA）牵头。Euro-NCAP 不依附于任何汽车生产企业，所需经费由欧盟提供，不定期对已上市的新车和进口车进行碰撞试验。而中国汽车技术研究中心在深入研究和分析国外 NCAP 的基础上，在广泛的国内外技术交流和实际试验的基础上，结合中国的汽车标准法规、道路交通实际情况和车型特征，确定了 C-NCAP 的试验和评分规则。各体系的 NCAP 测试主要包含四个方面：成人乘员保护（Adult Occupant）、儿童乘员保护（Child Occupant）、弱势道路使用者保护（Vulnerable Road Users）和安全辅助（Safety Assist），如图 1-12 所示。但是每个方面对最终评分的影响权重不同，并且权重也在不断变化。在 Euro-NCAP（2021）中，成人乘员保护占 40%，儿童乘员保护占 20%，弱势道路使用者保护占 20%，安全辅助占 20%。在 C-NCAP（2021）中，成人乘员保护及儿童乘员保护共占 60%，弱势道路使用者保护（主要指行人保护）占 15%，安全辅助（包含 AEB 对自行车使用者及行人保护）占 25%。安全没有终点，我国在汽车安全领域方面也积极与国际接轨，就具体的测试项目而言，C-NCAP（2021）与 Euro-NCAP（2021）在一些相同测试项目下的技术要求已经保持一致，见表 1-4。然而，Euro-NCAP（2021）在弱势道路使用者保护方面还考虑行人盆骨撞击保护。

图 1-12　NCAP 测试的主要方面

表 1-4　智能电动汽车 Euro-NCAP 与 C-NCAP 测试项目对比（2021 版）

类别	Euro-NCAP（2021 版）	C-NCAP（2021 版）
乘员保护	正面 100%刚性壁障碰撞试验 50km/h	正面 100%刚性壁障碰撞试验 50km/h
	正面 50%MPDB 碰撞试验 50km/h	正面 50%MPDB 碰撞试验 50km/h
	侧面移动可变壁障碰撞试验 50km/h	侧面移动可变壁障碰撞试验 50km/h
	侧面柱碰撞试验 32km/h，15°	侧面柱碰撞试验 32km/h，15°
	鞭打试验 16~24km/h	鞭打试验 20km/h
行人保护	头部撞击试验 40km/h 成人：65°，儿童：50°	头部撞击试验 40km/h 成人：65°/50°，儿童：50°
	腿部撞击试验（40km/h，0°）	腿部撞击试验（40km/h，0°）
	盆骨撞击试验（40km/h）	—
主动安全（ADAS 测试）	自动紧急制动系统（AEB） 测试场景：会车转弯、前车静止、前车慢行、前车制动、行人场景、自行车场景、摩托车场景	自动紧急制动系统（AEB） 测试场景：前车静止、前车慢行、行人场景、自行车场景
	车道保持辅助系统（LKA）	车道保持辅助系统（LKA）
	自适应巡航控制系统（ACC）	—

对此，我国不断扎实推进汽车安全技术的发展，如图 1-13 所示。在即将到来的 2024 版新规程中，我国在成员保护方面增加了刮底试验，在弱势道路使用者保护方面增加了 AEB 测试项目并且上调权重为 25%，乘员安全保护（成人及儿童）方面权重下调为 54%。对于安全辅助项目，将增加测试项目，减少报告审核项目，权重调整为 21%。在 2024 版的评价规程中，车辆得分难度再度升级。此外，许多测试机构或平台探索并建立了新兴的针对智能电动汽车的评价体系。例如中汽研主导的 EV-TEST（国际电动汽车实证测评），中保研发布的 C-IASI（中国保险汽车安全指数）。

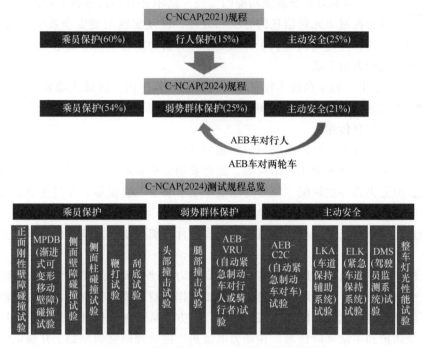

图 1-13　2024 版 C-NCAP 测试规程的调整

1.4　智能电动汽车安全技术发展趋势

　　智能电动汽车安全技术主要分为四部分：主动安全技术、被动安全技术、动力电池安全技术、通信与网络安全技术。主动安全技术是指能够独立操纵控制汽车的安全系统措施，包括在直线行驶时的制动与加速，以及左右转向都应该以最大安全程度保证车辆平稳，不至于偏离既定的行进路线，而且不影响驾驶人的视野与舒适性。被动安全技术是指车辆发生事故时，保护车辆内部乘员以及其他人员使其损失降到最低的安全技术，其主要包含了碰撞安全技术、碰撞后伤害减轻与防护技术。动力电池安全技术可分为两方面：热失控保护技术与碰撞保护技术。

　　1）热失控保护技术主要包括：电池异常检测、热管理与热抑制等。

　　2）碰撞保护技术主要指防止电池在碰撞发生时爆炸、起火及化学泄漏的技术。

　　近年来，主动安全技术是智能电动汽车安全技术的重点发展方向，主动制动、车距保持、自适应巡航和盲区检测等安全技术被广泛汽车使用。主动安全技术的关键在于基于各种新技术的应用，快速实现对人、路、车等关键要素的危险状态识别。现有主动安全技术主要包括制动防抱死系统（ABS）、车身电子稳定性控制系统（ESC）、自动制动系统（AEB）、正面碰撞预警系统（FCW）、车道偏离预警系统（LDW）等。主动安全技术在不断发展的过程中，正向着智能化、电子化和集成化的方向迈进。

　　1）智能化是指越来越多的人工智能和计算机技术将应用到主动安全系统中。大数据作为主动安全技术系统的重要内容，可以为驾驶环境和驾驶人员提供车辆行驶状态的周围环境信息量，帮助驾驶人及时处理信息并且做出正确的决策。

2）电子化是指汽车主动安全系统功能的实现，离不开各种传感器对行驶状态和周围环境信息的采集，电子控制单元对信息的分析和处理，以及实现主动安全系统功能。传感器、执行器、控制单元的一体化建设有利于开发更多具有新功能的主动安全系统产品，使主动安全系统向着电子化的方向发展。

3）集成化是指单一的安全技术往往无法有效发挥其作用，因此主动安全技术在未来的研发过程中，将与其他安全技术将汇集在一起，从而实现不同系统、主动安全技术和被动安全技术之间的交互信息传递。

被动安全技术一直都是汽车安全领域的重要话题，现有的被动安全技术主要有安全带、安全气囊、安全座椅以及安全车身结构等。虽然被动安全相对于主动安全发展较为领先，技术相对成熟，但是仍然存在缺陷，如车身刚度不足、安全气囊误爆、车门在事故发生后锁死等。完善这些设计缺陷仍然是被动安全的主要发展方向。此外，由于碰撞发生时车身结构吸收大部分能量，对乘员安全能够产生直接影响，设计新型轻质吸能结构也是被动安全重要的发展方向。

动力电池作为能量载体，随能量密度的提高动力电池的安全隐患越发突出，防止动力电池系统热安全事故发生、阻断或延缓热失控扩展工作日益重要。针对目前动力电池安全研究的不足，可以从电池系统设计的不同层面考虑：一方面从机理分析到系统优化设计，另一方面从被动安全防护到主动风险预测。在动力电池热失控机理研究的基础上开展电池安全指标体系、安全性的防护控制策略等理论研究。动力电池安全管理系统发展趋势如图1-14所示。

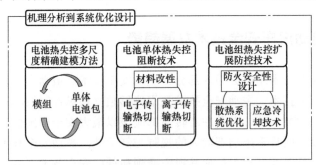

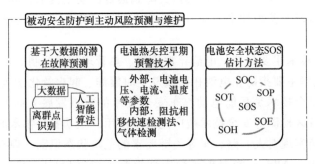

注：SOC为电池荷电状态；SOT为电池内部温度状态；SOH为电池健康状态；
SOP为电池功率状态；SOE为电池能量状态；SOS为电池安全状态。

图1-14 动力电池安全管理系统发展趋势

当下智能电动汽车的智能化、互联化程度越来越高。因此，数据与通信安全也加入到智能电动汽车安全标准体系中，发展数据与通信安全是智能电动汽车安全发展的新趋势。目前智能电动汽车的数据与通信安全技术仍是以传统技术为主：数据安全隔离、安全认证、安全授权、数据脱敏、安全存储、安全传输、数据审计、数据备份、数据恢复、安全擦除等。然而，当前技术仍然存在许多漏洞，数据泄露、车辆被盗、系统入侵等安全风险仍然存在，因此改进这些传统技术以及发展新技术成为解决数据与通信安全风险的主要方向。

思 考 题

1. 请简述智能电动汽车的发展历史。
2. 动力电池的安全性包括哪几部分？
3. 你对于智能电动汽车的发展趋势怎么看？谈谈你的想法。
4. 请简述智能电动汽车与碰撞相关的法规及区别。
5. 智能电动汽车为什么会引起火灾事故？
6. 请分析电动汽车作为智能汽车载体的原因。
7. 智能电动汽车发生事故的原因有哪些？对此你有什么好的对策？
8. 请简述智能电动汽车的安全性能。

参 考 文 献

［1］ 百川. 创新革命——新能源汽车发展史［J］. 汽车工艺师，2021（9）：30-35.
［2］ 徐世强，冷建，刘卫妮，等. 电动汽车安全标准现状与趋势［J］. 重型汽车，2022（2）：42-43.
［3］ 叶黎敏. 电动汽车安全性能措施浅析［J］. 时代汽车，2023，(4)：110-112.
［4］ 李维杨. 试论汽车电动智能化发展趋势［J］. 现代工业经济和信息化，2022，12（11）：81-83.
［5］ 方凯正，陈佚，刘沙，等. 新能源汽车安全分析及发展建议［J］. 汽车实用技术，2020（4）：16-18.
［6］ 回姝，郑红丽，顾莹. 汽车智能座舱发展趋势下的机遇和挑战［J］. 汽车文摘，2022（5）：7-11.
［7］ 王亚楠，韩雪冰，卢兰光，等. 电动汽车动力电池研究展望：智能电池、智能管理与智慧能源［J］. 汽车工程，2022，44（4）：617-637.
［8］ 欧阳明高. 如何做好动力电池热失控的安全防控？［J］. 汽车纵横，2019（7）：20-23.
［9］ 王震坡，袁昌贵，李晓宇. 新能源汽车动力电池安全管理技术挑战与发展趋势分析［J］. 汽车工程，2020，42（12）：1606-1620.
［10］ 中国汽车技术研究中心有限公司. C-NCAP 管理规则［Z］. 2021.

第 2 章 智能电动汽车主动安全系统

2.1 概述

主动安全是指在汽车设计和制造过程中,利用先进技术和装备,有效地预防事故发生的功能。过去,主动安全主要体现在汽车安全组件中,如制动防抱死系统(ABS)、汽车驱动防滑系统(ASR)、车身电子稳定性控制系统(ESP)等。近年来,随着外部感知技术的快速发展和交通安全需求的提高,新型主动安全系统应运而生。这些系统需要强大的感知技术支持,具有更广泛的工作范围和环境,并且算法更复杂。此外,它们通常基于整车系统协同工作,实现多种主动安全功能。

众多学者的研究表明,主动安全的发展方向是智能化。在汽车智能化的趋势下,主动安全的一部分功能由高级驾驶辅助系统(Advanced Driving Assistance System,ADAS)系统的智能感知和决策系统来实现。主动安全是 ADAS 系统的组成部分之一。根据汽车驾驶自动化分级标准,主动安全属于 L0 级的范畴,ADAS 系统则属于 L1~L2 级的范畴,而更高级别的自动驾驶技术分为单车智能和智能网联,属于 L3 级及以上的范畴。因此,可以认为在更高级别的单车智能化自动驾驶中,主动安全技术包含在内,而智能网联汽车与单车智能化技术也实现了技术融合,与主动安全产生了关联。

总结而言,主动安全在汽车行业中是一项重要的技术发展趋势,新型主动安全系统要取代传统的安全技术,需要更强大的感知技术支持,具备更广泛的工作范围和环境,并且具有更复杂的算法。此外,主动安全也成为 ADAS 的一部分,并随着汽车智能化的推进,与自动驾驶技术形成紧密关联。无论是在单车智能化自动驾驶中还是在智能网联汽车中,主动安全都将起到保障汽车和乘客安全的重要作用。

2.2 基础主动安全性系统

2.2.1 汽车制动防抱死系统(ABS)

汽车制动防抱死系统(Anti-lock Braking System,ABS)是一种重要的主动安全装置,它在常规制动系统的基础上引入了电子控制。在汽车紧急制动时,ABS 通过实时监测车轮的运动状态,根据轮速信号判断是否有车轮抱死的风险。一旦发现抱死趋势,系统就会发送信号给制动压力调节装置,以适时调整制动压力,避免车轮抱死,保持车轮与地面的附着力,提高制动效果和操作稳定性。ABS 的作用不仅在于缩短制动距离,还能防止前轮抱死导致失去转向能力,以及避免后轮抱死引起的侧滑。当车轮附着地面的纵向和侧向附着系数较大时,便可保持良好的牵引力和操控性,减少事故的发生风险。

1. 理论基础

(1) 汽车的制动性 汽车在行驶过程中,强制地减速以至停车且维持行驶方向稳定性的能力称为汽车的制动性。评价汽车的制动性能的主要指标有:

1)制动效能。汽车制动效能,主要是指汽车在行驶中通过施加制动力将车辆强制减速至停车或在下长坡时能够有效地控制车速。制动效能可以通过制动距离、制动时间和制动减速度等参数来衡量,这些参数直观地反映了制动系统的性能。

2)制动效能的恒定性。制动效能的恒定性指制动系统抗水衰退和抗热衰退的能力。制动系统的水衰退性指的是制动器在湿润环境下,受水润滑的影响导致摩擦系数降低的现象。通常情况下,制动器需要进行几次制动后才能恢复正常性能。制动系统的热衰退性则是指在高强度制动时,制动器因温度升高导致摩擦力矩下降,制动距离超出标准范围。制动器的抗热衰退性能可通过连续制动多次并观察制动效能的保持程度来评估。

3)制动时的方向稳定性。制动过程中,有时会出现跑偏、侧滑或失去转向能力的情况,导致车辆失去控制并偏离原行驶方向,甚至发生碰撞或滑坡等危险。制动时的方向稳定性指车辆在制动过程中能够保持直线行驶或按预定弯道行驶的能力。研究发现,前轴制动力左右差异超过轴荷的 5% 或后轴左右制动力差异超过轴荷的 10% 将导致车辆制动时发生跑偏。此外,当地面反作用力和轮胎的侧向力同时存在时,如果轮胎附着力大于反作用力和侧向力,车辆就会产生侧滑。

(2) 制动时的受力分析 汽车制动时车轮的受力情况如图 2-1 所示。图中轮胎的滚动阻力、空气阻力和惯性力均忽略不计。显然,根据力矩平衡可得:

$$F_{Xb} = \frac{T_\mu}{r} \tag{2-1}$$

式中,F_{Xb} 是地面制动力,单位为 N;T_μ 是车轮制动器的制动力矩,单位为 N·m;r 是车轮半径,单位为 m。

图 2-2 显示了制动过程中地面制动力、制动器制动力和地面附着力之间的关系。

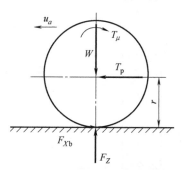

图 2-1 车轮在制动时的受力情况
W—垂直载荷(N) T_p—车轴对车轮的推力(N)
F_Z—地面对车轮的法向反作用力(N)

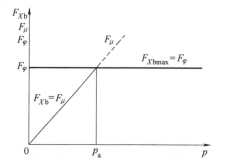

图 2-2 制动过程中地面制动力、
制动器制动力及附着力的关系
F_μ—制动器制动力(N) F_φ—地面附着力(N)

由图 2-2 可以清楚地看出，地面制动力开始会随着制动器制动力的增大而增大，但是最大值不能超过地面附着力，即

$$F_{Xb} \leqslant F_{Xbmax} = F_{\varphi} \tag{2-2}$$

式中，F_{Xb} 是地面制动力，单位为 N；F_{φ} 是地面附着力，单位为 N。

汽车制动时地面制动力主要受到制动器产生的制动力和地面附着力这两个因素影响。制动器制动力为

$$F_{\mu} = \frac{T_{\mu}}{r} \tag{2-3}$$

式中，F_{μ} 是制动器制动力，单位为 N；T_{μ} 是制动器的制动力矩，单位为 N·m；r 是车轮半径，单位为 m。

地面附着力为：

$$F_{\varphi} = F_Z \varphi \tag{2-4}$$

式中，F_{φ} 是地面附着力，单位为 N；F_Z 是地面对车轮的法向反作用力，单位为 N；φ 为地面附着系数，$\varphi = 0 \sim 1$。

由上述公式可知，制动器的制动力与其结构参数相关，地面附着力的大小取决于地面对轮胎的法向反作用力和附着系数。

(3) 滑移率与附着系数的关系 在制动过程中，由于地面制动力的作用，汽车的轮速和车身速度都会下降，轮速和车身速度不再相等，车轮会出现滑移的现象，即车轮既滚动又滑动。为了表达车轮滑动程度的大小，引入了滑移率 λ 的概念，其计算方法为

$$\lambda = \frac{v - \omega r}{v} \times 100\% \tag{2-5}$$

式中，v 为车身速度，单位为 m/s；ω 为车轮角速度，单位为 rad/s；r 为车轮半径，单位为 m。

由式 (2-5) 可知：当汽车开始制动前，车轮速度和车身速度相等时，滑移率 $\lambda = 0$，车轮只做纯滚动。制动时，随着制动力持续增加，车轮发生抱死，此时车轮轮速为零，滑移率 $\lambda = 100\%$，车轮只作纯滑动。当滑移率介于 $0 < \lambda < 100\%$ 之间时，车轮既有滚动又有滑动，滑移率越大，表示车轮滑动程度越大。

附着系数分为纵向附着系数和侧向附着系数，其大小随滑移率的变化而改变，如图 2-3 所示。综合考虑纵向、侧向附着系数与滑移率的关系，当将滑移率控制在 20% 左右时，制动效能以及安全性最高。

2. 基本组成与原理

(1) 控制原理 目前，成熟的 ABS 控制系统主要基于车轮加减速度限值和参考滑移率的原理。普遍认为，以控制滑移率为目标的 ABS 控制系统能够实现最佳的控制效果。它通过连续控制的方式，在整个制动过程中保持车轮的滑移率始终在最佳和最稳定的范围内。从图 2-3 可以看

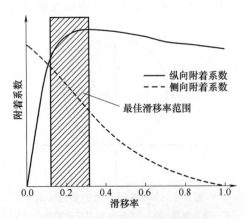

图 2-3 附着系数和滑移率的关系

出,基于滑移率的ABS控制系统的基本思想是:在滑移率较低时,汽车处于稳定的制动状态,但制动效率不高,未充分利用车轮和地面的附着能力。因此,需要进一步增大制动力矩,提高车轮的减速度,使滑移率接近最佳范围;在滑移率较高时,汽车处于不稳定的制动状态,表明制动过猛,需要减小制动力矩,使车轮轮速恢复,将滑移率调整到最佳范围。

这样,不论在何种行驶条件下,都能保持车轮的滑移率处于最佳状态,最大限度地利用地面附着力,实现最大的制动效率,以最短时间或距离停车,并能快速适应不同路面状况的变化。同时,控制制动力矩的变化幅度较小,有效防止制动时传动装置产生振动,使汽车行驶得更加平稳。

(2)基本组成 ABS的功用就是控制车辆的实际制动过程接近于理想的制动过程(实现理想制动过程),它在传统制动系统的基础上,又增设如下装置:轮速传感器、电子控制单元(ECU)、ABS执行器(包括制动压力调节装置)。图2-4所示为ABS组成原理图。

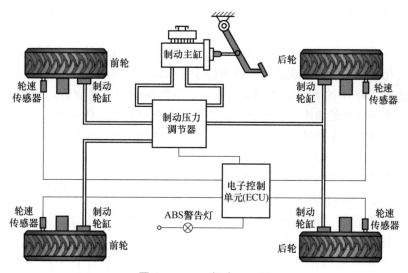

图2-4 ABS组成原理图

1)轮速传感器。四个车轮均安装了一个轮速传感器,在汽车运行中实时采集车轮的速度,并传输给ABS电子控制单元(ECU)。ECU通过对各轮速信号的分析处理来判断车轮的运行状况,并根据运行状况控制ABS执行装置中各电磁阀的动作以避免车轮抱死,保证汽车制动过程中的安全有效。因此,若要高效地实现ABS的性能,必须要保证轮速传感器的稳定可靠。

由于电磁感应式轮速传感器成本低、结构简单、工作稳定、能适应较宽的温度范围,目前被广泛应用于汽车上。电磁感应式轮速传感器由传感器头和齿圈组成,传感器头主要包括永久磁铁、感应线圈、极轴等。轮速传感器的结构以及工作原理分别如图2-5和图2-6所示。

电磁感应式轮速传感器的传感器头固定在车轮附近的部件上。其中,极轴与齿圈之间存在一定的间隙,而齿圈固定在轮毂上随车轮一起转动。如图2-6所示,永久磁铁产生磁场,其磁力线从永久磁铁的一端磁极经过齿圈和空气返回到另一端磁极。由于感应线圈缠绕在永久磁铁上,因此磁力线也穿过了感应线圈。当汽车行驶时,齿圈随车轮一起转动,于是齿圈的齿槽和齿顶交替地与传感器头的极轴接近。当齿槽接近极轴时,通过感应线圈的磁感应线

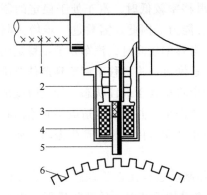

图2-5 电磁感应式轮速传感器结构图
1—导线 2—永久磁铁 3—壳体
4—感应线圈 5—极轴 6—齿圈

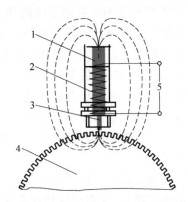

图2-6 电磁感应式轮速传感器工作原理图
1—永久磁铁 2—感应线圈 3—极轴
4—齿圈 5—输出信号

逐渐减少;当齿槽离开极轴且齿顶与极轴接近时,通过感应线圈的磁感应线又开始增多。随着磁通量的变化在感应线圈两端就会形成类似于正弦波的交变电压信号,通过线圈末端的电缆将此信号送至 ABS 中的 ECU,如图 2-7 所示。当齿圈的齿数确定后,只有车轮转速变化才会影响交变电压信号的频率。转速越高,交变电压频率越大;转速越低,交变电压频率越小。交变电压的频率与车轮转速成正比,能够实时准确地反映出车轮的转速。

2)电子控制单元(ECU)。电子控制单元(ECU)是 ABS 控制系统的关键部分,其由输入电路、输出电路和警告电路组成,起到监测和控制的作用。ECU 能够实时接收来自轮速传感器的交变电压信号,并根据这些信号计算车轮的线速度。通过对线速度进行微分,可以计算出车轮的角加速度和减速度。这些数据有助于 ECU 对制动过程进行精确的控制和调节。当汽车制动过程中 ABS 动作时,ECU 通过对车轮角加、减速度的分析来判断汽车轮胎与路面的高、

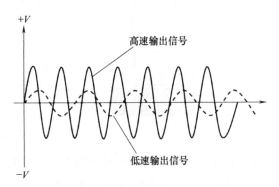

图2-7 轮速传感器输出电压波形图

低附着特性,并根据路面的差异调用不同的程序控制制动过程。当 ECU 发现车轮即将抱死时,会控制制动油路中的电磁阀以 2~10 次/s 的频率动作,从而不断地调节制动压力防止车轮抱死,其控制原理如图 2-8 所示。

ECU 除了分析计算传输来的信号并对汽车制动过程进行控制,还能监控自身的工作状态。ECU 中装有两个处理器,如图 2-8 所示的两个运算回路,这两个运算回路完全一样,它们对 ECU 接收来的信号分析处理程序也是相同的。两个处理器同时接收轮速传感器传来的交变电压信号,分别通过各自的程序计算出车轮速度并根据车轮的运动状态输出控制电磁阀动作的信号。两个处理器分别计算的车轮速度和控制电磁阀动作的信号都会被输入到监控电路中进行对比。如果信号相同,说明 ECU 工作正常,ABS 可正常运行;如果有一种信号不同,说明 ECU 存在故障,为了制动安全,ABS 系统会自动停止而采用常规制动方式进行汽

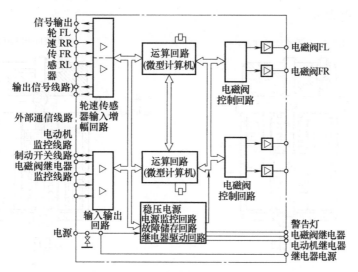

图 2-8 ABS 电控单元控制原理图

车制动。

3）制动压力调节装置。制动压力调节装置是根据 ECU 的命令，通过装置中电磁阀的动作来实现对汽车制动力矩的调节。制动压力调节装置分为可变容积式调节装置和循环式调节装置，再加上各汽车车型的不同，因此制动压力调节装置的组成以及结构布置都有所不同。但是它们在汽车制动过程中对制动力矩的调节原理都是一样的，都是通过各自系统中电磁阀的开闭来控制制动过程中油路中油液的流动方向，从而实现对汽车制动力矩的调节。

（3）工作过程 下面以桑塔纳 2000GSi 轿车的 ABS 为例对其结构以及制动过程进行介绍分析。桑塔纳 2000GSi 轿车的 ABS 液压控制系统如图 2-9 所示。

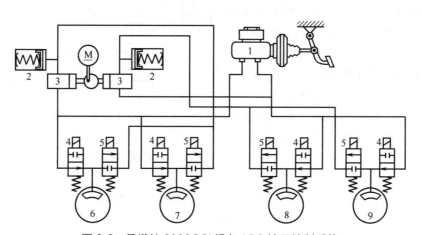

图 2-9 桑塔纳 2000GSi 轿车 ABS 液压控制系统
1—制动主缸 2—低压储液器 3—电动液压泵 4—进液电磁阀 5—回液电磁阀
6—左前轮 7—右后轮 8—右前轮 9—左后轮

桑塔纳 2000GSi 轿车采用的 MK20-I 型 ABS，该制动系统在每一条由制动主缸到制动轮缸的制动油路中都有一个进液电磁阀和一个回液电磁阀，4 只进液电磁阀为常开电磁阀，4 只回液阀为常闭电磁阀。常开电磁阀与常闭电磁阀均为两位两通电磁阀，结构类似，分别如

图 2-10a 和图 2-10b 所示。

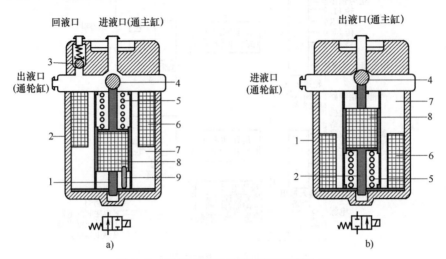

图 2-10 进液电磁阀与回液电磁阀结构图
a) 进液电磁阀 b) 回液电磁阀
1—顶杆 2—壳体 3—限压阀 4—球阀 5—复位弹簧 6—电磁线圈 7—阀体 8—活动铁心 9—限位杆

进液阀和回液阀的工作原理基本相同，都是根据电流的磁效应原理，通过对电磁线圈通电使活动铁心产生电磁吸引力克服复位弹簧的弹力，从而使铁心向上或向下移动来保证电磁阀的打开或关闭。汽车开始制动以后，ABS 通过常规制动以及通过压力调节装置循环地对制动系统进行减压、保压和增压，最终使汽车安全地停止，控制流程如图 2-11 所示。下面对每一阶段的工作过程进行说明。

1) 常规制动过程。当汽车刚开始制动时，轮速传感器将轮速信号输送给 ECU，ECU 通过分析判定车轮还没有达到抱死的程度，因此 ABS 不起作用，ECU 也不向电磁阀供电，进液阀和回液阀分别保持各自的开启和闭合状态不变，在驾驶人踩制动踏板的压力下制动液由制动主缸经过进液

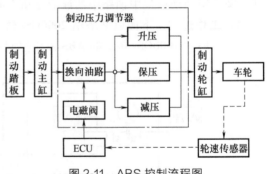

图 2-11 ABS 控制流程图

阀进入制动轮缸中，制动压力随之传递到车轮制动器，实施汽车制动，此时的电动液压泵不工作。常规制动过程如图 2-12a 所示。

2) 减压过程。随着制动压力的增加，车轮的速度逐渐减小，同时角减速度也逐渐增大。当 ECU 接收到轮速信号，并判断车轮即将发生抱死时，ABS 系统将被激活。ECU 会控制进液阀和回液阀的电磁线圈通电，使进液阀关闭并打开回液阀，制动液就无法通过制动主缸进入轮缸。由于轮缸内部仍存在较高的制动液压力，一部分液体将通过回液阀流回低压储液器。同时，ECU 还会控制电动液压泵的工作，将制动轮缸中的一部分制动液通过单向阀送回制动主缸。这样制动轮缸中的制动液减少，制动压力也相应降低，从而减小了车轮制动器的制动力，有效避免了车轮抱死的情况发生。减压过程示意图如图 2-12b 所示。

3) 保压过程。当制动压力降低或升高时，如果 ECU 判断车轮角加、减速度和车轮滑移

率已达到系统要求的范围，为防止车轮抱死或者车轮发生纯滚动会启动 ABS，此时 ECU 控制进液阀电磁线圈通电对活动铁心产生引力来抵抗复位弹簧的弹力，从而进油阀关闭。同时 ECU 控制回液阀电磁线圈断电，回液阀保持关闭。这样在保压过程中进液阀和回液阀都处于关闭的状态，制动液在油路中不流动，制动轮缸中的制动液不变，保证车轮制动器的制动压力保持在该水平上不变。保压过程示意图如图 2-12c 所示。

4）增压过程。当 ECU 对接收到的轮速信号分析处理后，发现车轮的滑移率低于最佳滑移率，就判定需要增加车轮制动器的制动力以使车轮滑移率保持在最佳范围内，此时 ECU 将控制进液阀和回液阀电磁线圈均断电，活动铁心的引力消失，在复位弹簧的回复力作用下电磁阀活动铁心回复到原来的位置，从而进液阀打开，回液阀关闭，制动液经过进液阀从制动主缸进入到轮缸中。同时，ECU 给电动液压泵供电控制其工作，使低压储液器中的制动液经过单向阀和进液阀进入到制动轮缸中。如此作用的结果是制动轮缸中的制动液增多，液压升高，同时车轮制动器产生的制动力也随之升高。增压过程的示意图如图 2-12d 所示。

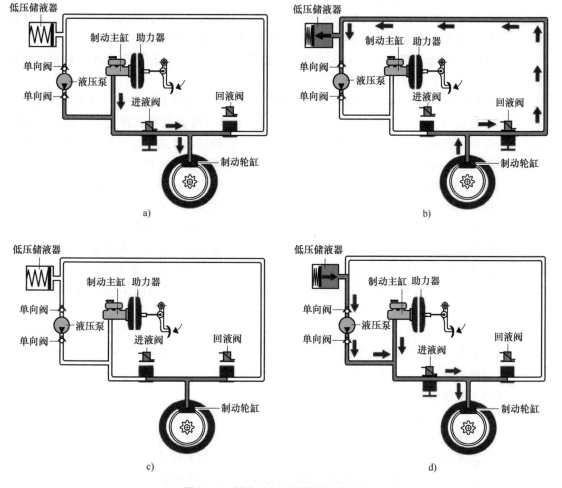

图 2-12 制动压力调节装置工作过程
a）常规制动过程 b）减压过程 c）保压过程 d）增压过程

(4) ABS 的布置方案 ABS 的布置方案取决于控制通道和布置方式的不同组合。控制通道是指制动系统中独立控制制动压力的通道。根据控制通道的数量,防抱死制动系统可以分为以下四种(若一个控制指令同时控制多个制动压力调节装置进行相同的制动压力调节,则被视为一个控制通道):

1)四通道式。四通道式 ABS 配备四个轮速传感器,分别控制四个车轮的制动轮缸管路,形成四通道控制结构。根据各个车轮轮速传感器的信号独立控制各个车轮,能够充分利用每个车轮的最大附着力,提高附着系数的利用率。

2)三通道式。三通道式 ABS 独立控制两个前车轮,两个后车轮按照低附着力的原则进行同步控制。这种布置方式也被称为混合控制。在后轮同步控制时,能够使左、右后轮的制动力保持平衡,从而确保汽车在各种条件下均具有良好的方向稳定性,在轻型汽车上被广泛采用。

3)双通道式。双通道式 ABS 可有 2~4 个传感器。然而,由于其在方向稳定性、转向控制性和制动效能等方面的平衡较难实现,目前使用较少。

4)单通道式。单通道式 ABS 通常应用于后轮驱动的车型,因此只有后轮的制动回路配备了电子控制单元控制其一个或两个传感器。相较于其他布置方案,该方案能够显著提高制动时的方向稳定性,因为后轮不会抱死,在轻型载货车上被广泛使用。

(5) ABS 的基本布置形式 ABS 的基本布置形式是指 ABS 的 ECU 对各个车轮轮缸压力的控制方式,目前主要有以下四种:

1)独立控制(Independent Regulation, IR)。每个受控制的车轮配备一个轮速传感器,ECU 根据转速信号分别调节各个车轮的制动状态。在单一附着系数的路面上,能够最大限度地利用车轮的附着力。然而,在对开路面行驶时,这种控制方式可能导致同轴左、右两个车轮的制动状态差异较大,造成较大的横摆力矩,影响制动的稳定性。

2)选择控制(Selective Regulation, SR)。选择控制包括低选控制和高选控制两种模式。低选控制根据低附着一侧车轮的运动状态来调节制动压力,同一通道中的其他车轮的制动状态也相应地进行调节。在单一路面下,低选控制与独立控制的效果相似。然而,在对开路面下,低选控制会使高附着一侧的车轮无法充分制动,导致制动效率低,制动距离长,但有效地改善了制动过程中的方向稳定性。相反,高选控制增加了高附着一侧车轮的制动效率,提高了路面附着力的利用率,缩短了制动距离,但会导致低附着一侧的车轮抱死拖滑,降低整车的方向稳定性。

3)修正的独立控制(Modificative Independent Regulation, MIR)。修正的独立控制是指同一车轴上低附着路面的车轮采用独立控制方式。当对侧车轮的制动压力进行同比例变化或存在一定延时,修正的独立控制限制了高附着一侧车轮制动压力的增长,在增加制动距离的同时,减小了横摆力矩,保证了制动的稳定性。

4)间接控制(Indirect Regulation, InR)。多个车轮处于同一控制通道,但只有一个车轮配有轮速传感器,其他所有车轮根据该车轮的运动状态受控制的方式为间接控制。这种方式适用于多轴车辆,此种方式适用于在多轴车上以较少的控制通道布置 ABS。

针对上述分析,各种控制通道及效果比较见表 2-1,为控制通道的选用和配置提供了简明的方案。在进行实车匹配时,应充分考虑不同车型的使用特点、性能要求等因素,合理选择上述一种或者几种控制形式。

表 2-1　各种控制通道及效果比较

系统形式	传感器数	通道数	控制方式	操纵性	方向稳定性	制动距离
四传感器四通道式	4	4	四轮独立控制	优	良	优
			前轮独立,后轮选择控制(X形管路)	优	优	良
四传感器三通道式	4	3	前轮独立,后轮选择控制	优	优	良
三传感器三通道式	3	3	前轮独立,后轮近似选择控制	优	优	良
四传感器二通道式	4	2+选择阀	前轮独立,后轮选择控制(X形管路)	优	优	良
		2	前轮独立,后轮对角前轮控制(X形管路)	优	优	中
二传感器二通道式	2	2	前轮独立,后轮对角前轮控制	优	中	中
一传感器一通道式	1	1	前轮无控制,后轮近似选择控制	差	良	差

（6）ABS 系统的主要控制方法

1）基于逻辑门限的控制方法。该方法的工作过程如图 2-13 所示：①在制动初始阶段 1，随着制动压力增大，车轮的角加速度减小。当角加速度减小到门限值 A_1 以下时，ABS 开始调节制动压力，进入保压阶段 2。②在保压过程中，车轮的速度继续降低，滑移率逐渐增大。当滑移率增大到超过最佳滑移率时，系统进入减压阶段 3。③在减压过程中，车轮的角加速度由于惯性和机械滞后先减小后增大。当角加速度增大到门限值 A_1 以上时，系统重新进入保压阶段 4。④随着车轮角加速度的增大，直到达到门限值 A_3 时，车轮进入增压阶段 5。⑤由于机械滞后和惯性作用，车轮角加速度先增大后减小。当车轮角速度减小到 A_3 后，系统重新进入保压阶段 6。⑥车轮角加速度继续减小，直到达到 A_2 时，为了使车轮的滑移率保持在理想范围内，角速度在 $A_1<A<A_2$ 之间，系统进入缓慢增压阶段。⑦执行增压到保压再增压的循环过程 7，直到车轮角加速度减小到 A_1 并且滑移率大于最佳滑移率时，系统

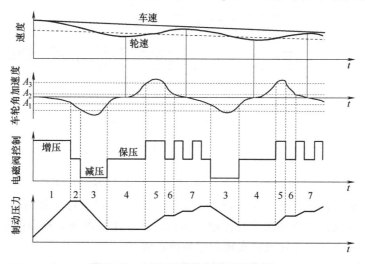

图 2-13　ABS 系统控制循环示意图

重新进入减压状态,然后再次开始循环。这种控制方法能够稳定地控制车轮的滑移率,并在制动过程中实现最佳的制动效果,提高汽车的行驶安全性。

2)基于滑移率的控制方法。基于滑移率的控制方法以车轮滑移率为控制目标,旨在使其保持最佳和最稳定的状态。然而,这种方法在实际应用中存在一些困难。一方面,实时准确地测量车身速度以计算滑移率是具有挑战性的。另一方面,在滑移率计算中存在一定的不准确性。为了解决这些问题,研究人员提出了多种控制方法:

① PID 控制方法。PID 控制方法可以通过调整 PID 参数来实现滑移率与设定值之间的偏差控制。这种方法在连续系统中得到广泛应用,它相较于复杂的数学公式和仿真模型更简单易用,只需根据经验调整参数即可达到预期结果。常规的 PID 控制过程如图 2-14 所示。在采用 PID 控制的 ABS 中,以滑移率 λ 作为控制对象,若滑移率的设定值为 λ_0,

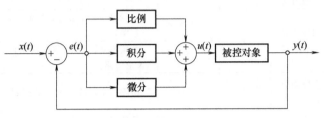

图 2-14　PID 控制原理图

则控制偏差 $e=\lambda-\lambda_0$。被控对象的控制量 u 和偏差量 e 之间的关系为

$$u = k_p e + k_i \int_0^t e dt + k_d \frac{de}{dt} \tag{2-6}$$

式中,k_p 为比例系数;k_i 为积分系数;k_d 为微分系数。

② 模糊控制方法。模糊控制方法是一种智能控制策略,它通过模糊化接口、推理机制和解模糊接口设计具有专家经验的模糊控制器来实现系统控制。这种方法设计简单,易于维护,并且具有较强的鲁棒性,适用于非线性、时变性和纯滞后的系统。然而,模糊控制方法的控制精度相对较低,自适应能力有限,需要大量经验数据和试验来实现。图 2-15 所示为模糊控制的原理框图,其控制过程为:首先要把需要检测的量转换成模拟电量,经模数转换变成精确的数字量,进而转换成模糊集合的隶属函数;其次制定出模糊规则并进行模糊逻辑推理;最后进行模糊输出量的解模糊判决。

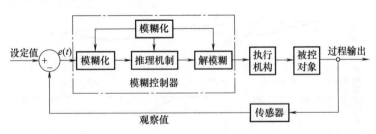

图 2-15　模糊控制原理框图

③ 最优控制方法。最优控制方法是一种基于现代控制理论的策略,它通过寻找最优控制指标,使系统达到最优状态。在 ABS 中,最优控制方法以滑移率和制动系统的控制压力作为状态变量,并根据系统要求进行控制。然而,该方法要求建立准确的车辆-地面系统数学模型,而在实际情况下往往难以实现理想的控制效果。

④ 滑模变结构控制方法。滑模变结构控制方法是一种基于经典控制理论的策略,具有

较强的鲁棒性和抗干扰能力。然而，由于滑模变结构控制系统存在切换装置的惯性，实际滑动模态往往无法准确发生在切换面上，容易导致系统剧烈抖动。为了克服这个问题，学者们提出了一些改进方法，如边界层内的正则化方法，但这类方法仍需进一步的试验研究。

上述控制方法各自具有优缺点。在应用于 ABS 时，稳定性和控制精度是至关重要的问题，因为它们直接关系到车辆的行驶安全和制动效果。由于外界因素和路况的不确定性，提高系统稳定性对保证制动效果至关重要。因此，在选择合适的控制方法时，需要综合考虑系统的稳定性，使汽车在各种情况下都能达到最好的制动效果，从而保证车辆的行驶安全。

3. 工程实践

本节将通过两组试验来展示有无 ABS 情况下车辆制动效果的实际差异。试验车型为雷诺科雷傲，两组试验分别对比了在 60→0km/h 和 80→0km/h 两个工况下，有无 ABS 的制动效能差异。

图 2-16 所示为 60→0km/h 工况下有无 ABS 的汽车制动试验对比图。在该工况下，车辆开启 ABS 的制动距离为 15.25m，ABS 正常介入，使轮胎保持最佳附着力。而关闭 ABS 后，制动距离增加至 19.56m，此时轮胎完全抱死，且车辆发生一定程度的偏移。开启 ABS 后的制动减速度始终比关闭 ABS 时大，制动效果明显更好，且车辆不会发生偏移。试验对比和制动效果分别如图 2-17 和图 2-18 所示。

图 2-16　60→0km/h 工况下有无 ABS 的汽车制动试验对比图

图 2-17　60→0km/h 全力制动汽车关闭 ABS 时的制动效果

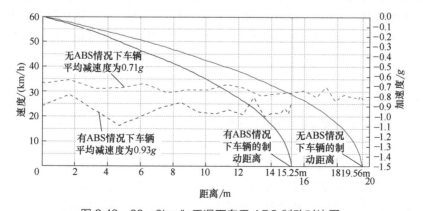

图 2-18　60→0km/h 工况下有无 ABS 制动对比图

图 2-19 所示为 80→0km/h 工况下有无 ABS 的汽车制动试验对比图。在该工况下，车辆开启 ABS 的制动距离为 24.74m，ABS 系统正常介入，没有在路面上留下轮胎印痕，未发生

车辆偏移现象。而关闭 ABS 的车辆，开始制动时减速度增至 1.1g 左右，但因为轮胎滑移率升高迅速减至 0.75g 左右，最终制动距离为 34.86m，如图 2-20 和图 2-21 所示。制动过程中轮胎发生完全抱死，且车辆出现较为严重的偏移。

图 2-19　80→0km/h 工况下有无 ABS 的汽车制动试验对比图

图 2-20　80→0km/h 全力制动汽车关闭 ABS 时的制动效果

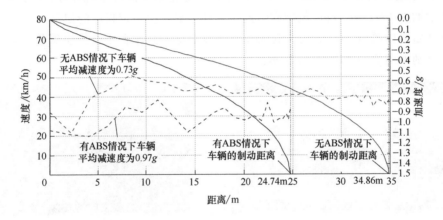

图 2-21　80→0km/h 工况下有无 ABS 制动对比图

通过上述试验对比，不难发现在汽车制动时，ABS 能够有效地防止车轮抱死，在缩短汽车制动距离的同时，又可以避免因前轮抱死无法控制车辆行驶方向及后轮抱死出现侧滑的现象，从而保证了汽车制动时的操纵稳定性，提高了车辆制动时的安全性，同时使汽车的制动效能得以充分发挥。

4. 发展趋势

（1）**提高系统集成度**　现代汽车的安装空间有限，而 ABS 作为提高安全性能的装置需要占用一定空间。为了满足这一要求，ABS 控制器需要尽可能小巧轻便。此外，新增装置会增加整车质量，不利于提升车辆的经济性和动力性。

（2）**增强 ABS 控制器功能**　现代电子技术的飞速发展为 ABS 的进一步完善和扩展提供了良好的平台。目前，安全控制装置不断融入 ABS 控制器平台，从最初的防滑控制系统发展到电子行驶稳定控制系统、电子助力制动装置、车辆动力学控制系统、电子制动力分配装置、电子控制制动系统等。ABS 技术已进入全新的发展时期，作为制动控制系统的子系统，其控制功能和使用范围不断扩大。

（3）**提高总线技术在 ABS 上的应用**　随着电控单元在汽车中的广泛应用，构建基于分布式控制系统的车载电子网络系统变得十分必要。汽车内部网络的构建主要依靠总线传输技术。汽车总线传输是通过某种通信协议将汽车中的电控单元（如发动机、ABS、自动变速器等）、智能传感器、智能仪表等连接在一起，形成汽车内部网络。总线传输技术的优点包括减少线束数量和容积，提高电子系统的可靠性和可维护性，采用通用传感器实现数据共享，以及通过软件实现系统功能的灵活变化。

2.2.2 汽车驱动防滑系统（ASR）

作为汽车重要的主动安全装置之一，汽车驱动防滑系统（Acceleration Stability Retainer, ASR）主要应对附着力较差的湿滑、沙石路面起步，左右附着力不平衡的路面起步加速，湿滑路面转弯等情况。它通过对打滑的驱动轮施加适当的制动力，并降低发动机输出转矩，防止驱动轮在车辆起步和加速时打滑，确保车辆实现最佳的驱动和平稳行驶，在各种路况下都能够理想地启动。ASR 通过 ABS 的轮速传感器监测车轮转速，在车辆起步和行驶过程中，ABS ECU 计算各个车轮的滑动率，从而保持驱动轮的滑动率始终在设定的最佳范围内，这样可以使车辆获得更高的牵引力和稳定的转向能力。

1. 理论基础

汽车行驶时，驱动力的增大受到地面附着力的限制，当驱动力超过附着力时，驱动轮将在地面上滑转。因此，汽车行驶时应满足附着条件

$$F_t = \frac{T_t}{r} \leq F_z \varphi \tag{2-7}$$

式中，F_t 为汽车驱动力（图 2-22）；T_t 为作用于驱动轮上的转矩；r 为车轮半径。

汽车滑转水平的大小用滑转率表示，其定义式为

$$S' = \frac{\omega r - v}{\omega r} \times 100\% \tag{2-8}$$

式中，S' 为车轮滑转率；ω 为车轮角速度；r 为车轮半径；v 为车速。

如图 2-23 所示，滑转率的不同会导致附着系数的变化。当滑转率 $S' = 100\%$ 时，也就是车轮完全空转时，纵向和横向附着系数都较小，意味着纵向附着力和抵抗

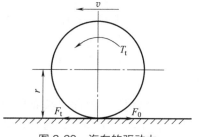

图 2-22 汽车的驱动力

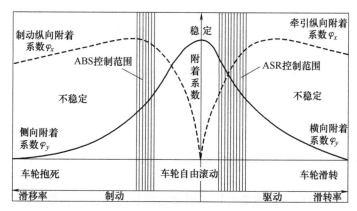

图 2-23 附着系数与滑转率之间的关系

侧滑的能力较差。对于后轮驱动汽车，这会导致方向稳定性下降；对于前轮驱动汽车，会导致转向控制能力下降。峰值附着系数通常出现在滑转率 $S'=15\%$ 左右，这时可以获得较大的纵向和横向附着力。车轮的纵向附着力决定了汽车的加速和制动能力，而横向附着力决定了汽车的转向操控和抵抗横向扰动的能力。

ASR 驱动防滑的基本原理与 ABS 类似，根据地面附着系数和车轮滑转率的关系曲线，将车轮滑转率控制在一定范围内，提高地面附着力的利用率，改善驱动性能和行驶稳定性。ABS 与 ASR 的异同点见表 2-2。

表 2-2　ABS 与 ASR 的异同点

比较内容	ABS	ASR
控制目标	控制车轮相对地面的滑动	控制车轮相对地面的滑动
控制对象	四轮	驱动轮
控制效果	提高制动效果，确保制动安全	提高起步、加速及在滑溜路面的牵引力，确保行驶稳定性
与车速的关系	车速很低时不起作用	车速很高时一般不起作用

2. 基本组成与原理

（1）主要作用　ASR 的主要功能是提高车辆的牵引力并保持行驶的稳定性。ASR 通过控制发动机输出转矩或驱动轮制动力矩，防止或减少驱动轮的打滑，从而保持车辆的牵引力和行驶稳定性。当车辆转弯时，如果驱动轮打滑，则 ASR 可以通过调节来避免或减少驱动轮打滑，以防止车辆侧滑，保持正确的转向，进一步降低事故发生的可能性。

（2）控制原理　在汽车起步和加速行驶过程中，如果路面附着力不足，车轮的驱动力可能超过轮胎与路面的附着力，造成驱动轮滑转。为了使车辆能够获得良好的驱动力和操控性能，需要合理利用轮胎与路面之间的附着力，即追求同时获得最大的纵向和横向附着力。在车辆垂直载荷确定的情况下，轮胎与路面的附着力取决于附着系数的大小。根据附着系数与滑转率的对应关系，当滑转率保持在 10%～30% 之间时，可以同时获得良好的纵向和横向附着力。

ABS 电控单元监测驱动轮的滑转率是通过轮速传感器监测到的轮速信号计算得出的。对于后轮驱动车辆而言，通常以非驱动轮的轮速作为整车参考车速。因此，一般来说，带 ASR 功能的电控单元并不适用于全驱动车辆，对于全驱动车辆，需要采用特殊的车速计算逻辑才能实现 ASR 功能。

在某些特殊路面上，例如积雪覆盖的路面（附着系数较低），如果始终保持 10%～30% 的滑转率控制，则将无法充分发挥车辆的驱动性能。因此，在这些特殊路面上行驶时，需要使驱动轮具有更大的滑转率范围，以获得良好的驱动性能。通常的 ASR 功能具有特定的工作模式，供驾驶人根据不同的路面选择。例如，威伯科公司生产的 ASR 可以通过相应的开关激活积雪或泥泞模式。当 ASR 处于特殊工作模式时，ASR 指示灯会闪烁，提醒驾驶人车辆的稳定性降低。

（3）基本组成　ASR 和 ABS 一样，也是由传感器、电子控制器（ECU）、执行器三大部分组成，如图 2-24 所示。

1）传感器。ASR 的传感器主要有用于驱动轮控制的轮速传感器和调节发动机输出转矩的节气门位置传感器。轮速传感器通常与 ABS 共用，主要监测车轮速度，并将轮速信号传

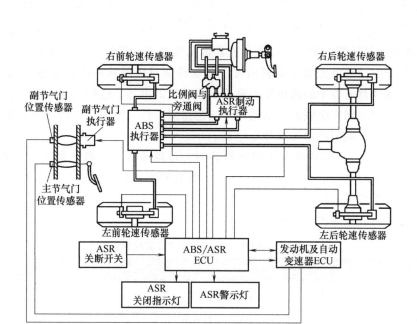

图 2-24 ASR 系统结构示意图

输给 ASR/ABS 电子控制单元。节气门位置传感器用于检测节气门的角度位置,并将这些信号传送给 ECU。

2)电子控制器(ECU)。ASR ECU 具备分析和运算功能,根据前后轮速传感器和节气门位置传感器的信号进行分析,识别车辆的行驶状态,并根据判断向制动压力调节装置和副节气门执行器发送控制指令。执行器通过调节制动压力或控制发动机的供油和点火系统来实现控制。为了减少电子元器件的数量、降低成本以及使结构更紧凑,ASR 和 ABS 的电子控制单元通常是集成在一起的,两者共享一些信号输入和处理。

3)执行器。ASR 的执行器主要包括制动压力调节器和副节气门执行器。制动压力调节器根据来自 ABS/ASR ECU 的信号,向制动系统提供液压。副节气门执行器根据 ASR ECU 的信号控制副节气门的开启角度。这些执行器的作用是根据控制指令来调节制动力和发动机输出,以实现 ASR 对车辆驱动力和稳定性的控制。

(4)控制策略

1)发动机输出转矩控制。通过调整发动机的输出转矩来调节驱动轮上的驱动力,实现对驱动轮滑转率的控制。通常的调节方式包括副节气门开度调节、点火参数调节和燃油供应量调节。驾驶人通过加速踏板控制主节气门开度。在加速时,ASR ECU 可以根据车轮滑移率的检测结果,减小副节气门的开度或者调整点火时机,甚至暂停点火,从而降低发动机输出转矩。此外,ASR ECU 还可以通过控制喷油泵调整杆或电子燃油喷射系统来控制燃油喷射量。发动机输出转矩控制主要应用于提高车辆的方向稳定性。

2)驱动轮制动力控制。通过制动器对滑转的驱动轮施加制动力矩,使车轮转速降至最佳的滑转率范围内。这种控制方式的反应时间最短,是一种相对迅速的控制方式。然而,驱动轮制动力控制容易影响车辆的稳定性,并且可能导致制动器过热。因此,当车速达到一定值时,驱动轮制动力控制将停止起作用。驱动轮制动力控制主要用于低速对开路面,当低附着系数一侧的驱动轮发生打滑时,通过对其进行制动,可以充分利用高附着系数一侧的附着力。

3) 防滑差速器转矩分配。通过在差速器输出端的离合器片上施加压力,可以实现驱动轮之间的转矩分配,以最大限度地利用每个驱动轮所对应的路面附着系数。ECU 可以通过增加、保持或减少差速器中的液压压力来控制驱动轮的滑转。这种控制方式可以使各驱动轮的锁止系数从零增加到完全锁死,以适应不同的路面条件。然而,在转弯时,防滑差速器容易出现误判,影响车辆的转弯和操控稳定性。

4) 离合器控制。当驱动轮发生过度滑转时,可以通过减弱离合器的接合程度,使主、从动盘出现部分相对滑转,以减小传递到传动轴的输出转矩。然而,由于压力和磨损等问题,离合器控制受到了一定的限制。

上述各种控制方式的比较见表 2-3。

表 2-3 ASR 各种控制方式及其优缺点

控制方式		实现方法	优点	缺点
发动机输出转矩控制	副节气门开度调节	采用电子节气门	工作平稳,能够与其他控制方式联合使用	反应较慢,需要与其他控制方式配合
	点火参数调节	减小点火提前角,甚至终止点火	反应迅速	易导致发动机工作粗暴
	供油量调节	少或中断供油	简单方便,易于实现	易导致发动机工作异常
驱动轮制动力控制		对驱动轮施加一定的制动力	反应迅速	影响汽车稳定性,加速制动器磨损
防滑差速器转矩分配		一定程度上锁止差速器	对开路面高附着系数一侧附着力充分利用	影响汽车操纵性能,不利于转弯
离合器控制		减弱离合器接合程度	控制简单,易于实现	离合器磨损大

3. 工程实践

经过前面几个小节的学习,我们知道 ASR 能够使驱动车轮的滑转率始终保持在设定的最佳范围(稳定区域)内,从而使车辆获得较高的牵引力和稳定的转向能力。那么,在实际驾驶过程中,有无 ASR 的汽车驱动有何差别呢?

以丰田的 TRC(循迹防滑控制系统,各汽车品牌命名有所不同,也有将 ASR 称为 TRC 等)为例,在冰雪天气爬坡工况下,搭载了 TRC 的汽车在爬坡起步时,车轮会发生打滑,此时 TRC 迅速介入,通过降低发动机转矩等方式控制车轮滑转率,使汽车横向附着系数与纵向附着系数均保持在有效工作范围内(工作原理如图 2-23 所示),随后汽车能够平稳地起步前行,且不会发生侧滑现象,如图 2-25 中蓝色汽车所示。

而未搭载 TRC 系统的汽车,如图 2-25 中红色汽车所示,驱动轮打滑后没有 TRC 介入控制发动机转矩,发动机维持在高转速(图 2-26),车轮的滑转率保持在较高的水

图 2-25 冰雪天气爬坡工况有无 TRC 系统对比

平。此时横向附着系数与纵向附着系数均下降，尤其是横向附着系数的迅速降低，导致汽车发生侧滑现象，车身极其不稳定，无法保证车内乘员的安全。

通过上述图例的简单对比可知，汽车搭载的 TRC 能够协助抑制车辆在湿滑路面起步或加速时可能发生的车轮打滑现象，有效地提升了汽车的安全性。

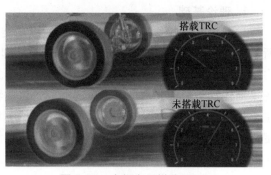

图 2-26　车辆有无搭载 TRC 的轮速、发动机转速对比

4. 发展趋势

（1）与其他系统集成　ASR 是在 ABS 基础上发展起来的，用于控制车轮的滑移率，是 ABS 的自然延伸。ASR 与 ABS 可以共享许多硬件组件，如轮速传感器、制动压力控制器和电子控制单元，从而形成了 ABS/ASR。此外，ABS/ASR 还可以与其他系统集成，形成功能更强大的汽车电子集成控制系统，如与电子制动力分配系统（EBD）、车身电子稳定系统（ESP）和自适应巡航控制系统（ACC）等。

（2）现有技术的提高　目前 ASR 主要采用逻辑门限值控制的方式，需要大量试验数据确定阈值，并且采用此方法的 ASR 的通用性相对较差。随着技术的进步，可以将一些智能控制方法应用于 ASR，如神经网络控制、模糊控制、PID 控制等，以提高系统的精度和可靠性。

ASR 的性能在很大程度上受传感器技术的影响。如果传感器精度不高或鲁棒性差，会对 ASR 系统的性能产生影响。四轮驱动汽车的车速并非直接测量，而是根据轮速的波动情况估计出参考车速，然后用于计算滑移率，因此无法保证其准确性。如果能够增加车身速度传感器来直接测量车速，可以提高 ASR 系统的控制效果。

（3）实现信息共享　随着总线技术的发展，汽车各个系统之间可以实现信息共享，从而提高信号的利用率。ASR 也不例外，采用总线技术可以实现 ASR 与变速器、发动机、悬架等其他系统之间的信息共享，这样可以使所有控制器的功能更加完善，为整车控制奠定基础。通过信息共享，ASR 可以更好地与其他系统协调工作，提高整车的性能和安全性。

2.2.3　车身电子稳定系统（ESP）

车身电子稳定系统（Electronic Stability Program，ESP）是一种主动安全技术，在预防汽车事故方面起着关键作用，并已成为许多国家对汽车安全的强制性要求。ESP 最初由 BOSCH 公司引入，它在现有 ABS/ASR 系统的基础上进行改进，通过增加各种传感器来获取车辆状态信息以判断驾驶意图，然后通过中央处理单元分析实际车辆状态，在急转弯时通过对控制车轮来保持车辆的稳定性和可靠的转向性能。ESP 系统能够显著增强汽车的操控性和稳定性，并避免事故发生。

尽管汽车 ESP 系统已有 20 多年的发展历史，但人们对其功能的研究从未停止，随着汽车智能化水平的提高，对 ESP 系统的要求也越来越高。新的技术和创新不断出现，进一步改进和提升了 ESP 系统的性能和功能，确保驾驶人和乘客的安全。

1. 理论基础

（1）汽车的操纵稳定性　汽车的操纵稳定性是指在正常状态下，汽车能够根据驾驶人所给定的转向命令和转向车轮的方向行驶，即能够按照预期进行操控并保持稳定安全的能力。操纵性和稳定性是汽车操纵稳定性的两个关键方面，它们相互关联且相互影响。操纵性主要描述汽车对驾驶人操纵指令的响应，包括转向回馈、换道性能和转向能力等；而稳定性主要描述汽车对外界干扰的抵抗能力，包括应对道路不平、侧风和偏载等情况时能够保持稳定行驶的能力。汽车的设计应该合理协调操纵性和稳定性，并通过测试方法来确定和评估汽车的操纵稳定性。影响汽车操纵稳定性的因素主要集中在行驶系统、转向系统和传动系统等方面。

（2）汽车的稳态转向特性　汽车的稳态转向特性是指汽车在等速圆周行驶中对转向盘角度阶跃输入的稳态响应。虽然这种情况在实际行驶中并不常见，但它是衡量汽车操纵稳定性的重要时域响应，通常被称为汽车的稳态转向特性。汽车的稳态转向特性可以分为三种类型：不足转向、中性转向和过度转向。

这三种不同转向特性的汽车（图 2-27）具有以下行驶特点：在转向盘保持固定转角 δ_{sw} 的情况下，缓慢加速或以不同车速等速行驶时，随着车速的增加，不足转向汽车的转向半径 R 会增大，中性转向汽车的转向半径保持不变，而过度转向汽车的转向半径则会逐渐减小。操纵稳定性良好的汽车应具有适度的不足转向特性。一般来说，汽车不应具有过度转向特性，也不应具有中性转向特性，因为中性转向汽车在使用条件变化时可能会变为过度转向特性。

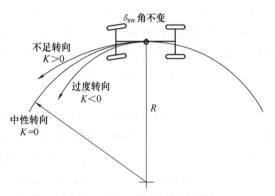

图 2-27　汽车的三种不同转向特性

2. 基本组成与原理

（1）基本工作原理　汽车 ESP 控制系统由传感器、电子控制单元（ECU）和执行器三个部分构成，ECU 能够对车辆运行的实时状态进行监测，能够及时对发动机系统和制动器发出相应的调节命令。当汽车出现侧滑、甩尾并即将失去转向能力时，ESP 系统可以及时对车轮做出相应制动措施，在一些情形下还可以调节发动机的转矩。

当车辆在极其复杂的路况下突然产生转向时，ESP 控制系统能够及时快速地监测到汽车的运行状态，系统不断采集车辆的实时数据并与标准数据相比较。如果车辆采集数据产生的偏差值超过一定范围，ESP 控制系统将直接对汽车进行相应的控制操作，提前避免车辆发生事故。

详细来讲即是，在车辆在运行过程中，转向盘转角传感器实时进行信号采集，不间断地检测出车辆的转弯方向以及转过的角度，车速传感器实时检测车轮的速度数据，节气门传感器位于发动机管理系统，用来检测发动机节气门打开的角度，制动压力传感器检测制动泵的压力大小，车辆的横摆角速度由专门的测量传感器进行检测，车辆的侧倾角由侧向加速度传感器检测。ECU 收集各个传感器采集的数据，将采集到的数据同控制系统中存储的标准数据进行偏差计算，通过数据之间形成偏差量的大小来判定车辆的稳定程度并分析出现失稳的原因，根据这个结果分析出保证汽车稳定行驶与驾驶人行驶轨迹之间的差距，控制系统随后给出指示，对发动机的转矩输出进行调节同时对车轮的制动力进行控制，从而保证车辆轨迹按照正常期望值的意图进行。ESP控制系统对车辆行驶中出现的过度转向和转向不足问题进行了直接修正，及时有效避免车辆发生打滑、甩尾等情况，进而保障汽车行驶的稳定性和安全性。

如图2-28所示，当汽车高速行驶时，如果前方突然出现障碍物，则装载有ESP控制系统的车辆能安全绕开物体，没有ESP的车辆因为车速过快来不及应对突发情况而会出现事故。

在图2-29中同样能体现，汽车高速运行在连续弯曲的路面过程中，没有装配ESP的车辆出现了甩尾状况，而装配有ESP的车辆能安全通过蛇形弯道而不出现交通事故。

图2-28　汽车躲避障碍行驶

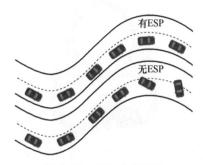

图2-29　汽车曲线行驶

根据上面几种情况，说明装配有ESP控制系统的车辆在良好的路面上高速行驶时能有效提高车辆的稳定性和安全性，同时当遇到路面附着性很差的情形，比如路面积水、覆盖冰雪以及碎石等，ESP也能对车辆起到很好的稳定性控制作用。当汽车行驶在极限特殊的条件下，因为道路状况恶劣，使轮胎与路面的附着力小，就算驾驶人的驾驶技术再好也无法将高速行驶的车辆控制在预定的路线上，此时的车辆极容易出现侧滑和跑偏的问题，导致车辆失去稳定性从而引发交通事故，但ESP系统能有效避免上述交通事故。但同时也要看到，虽然ESP控制系统在汽车主动安全性方面发挥了巨大的作用，但也无法做到时刻保证车辆100%的安全行驶和稳定运行，毕竟ESP系统只是一项重要的辅助技术，仅能够辅助驾驶人更好地掌控车辆，无法避免所有意外因素带来的风险。

(2) 基本组成　ESP控制系统的硬件结构主要包含：传感器（侧向加速度传感器、转向盘转角传感器、制动压力传感器、横摆角速度传感器、节气门位置传感器）、ESP执行器（制动液压调节器、节气门执行器）、电控单元（ECU）等。

1）主要传感器

① 轮速传感器。汽车轮速传感器采集车轮速度数据信息。车辆轮速传感器一般用霍尔式传感器或者电磁感应式传感器。霍尔式传感器在车辆慢速运行时有很好的输出特性，但电磁感应式传感器的慢速输出性能较弱。

② 转向盘转角传感器。转向盘转角传感器采集转向盘转动方向以及角度信号。这种检测元件大多采用光学编码器式角度传感器（图2-30）或者电位计角度传感器（图2-31）。光学编码器式转角传感器有很长的使用寿命，同时有较好的测量精度，它进行信号测量时的位置是相对的，所以必须在测量之前标出零点位置。电位计角度传感器采用的是绝对位置测量

法，无须进行零点定义，但该传感器寿命较短。

图 2-30　LWS3 传感器（光学编码器式）

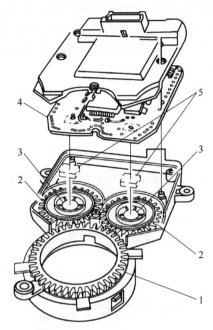

图 2-31　转向盘转角传感器
1—齿轮　2—测量齿轮　3—磁铁　4—判断电路　5—各向异性磁阻（AMR）集成电路

　　汽车在行驶过程中，转向盘转动的角度以及转动角度的速率信息都会实时传递到 ESP 控制系统上，ESP 系统通过对数据进行计算分析判断车辆的轨迹方向。转角传感器采集的信号表明了车辆当前的运动方向，通常采用光电编码器角度传感器来检测转向盘转过的角度以及识别方向。该传感器的编码盘被安装在转向柱上，它能够体现转向柱扭转的角度以及方向状态。通过光电耦合器对光电编码盘进行不断的扫描来获取信息。当车辆起动时，转角传感器采集的脉冲序列信号经过处理器逻辑计算分析后能得出转向盘当前的转动角度以及方向。转角传感器模块与电控单元模块之间的信息传输通过 CAN 总线实现。

　　③ 横摆角速度传感器。横摆角速度传感器用来获取汽车车身绕质心垂直轴线转动的角速度信号。横摆角速度传感器运用 Corioli 原理，实现了振动状态的陀螺仪效果，该传感器元件是采用硅原料材质设计微精密器件，能在车辆处于极其恶劣的振动环境下输出精度很高的电压信号。在微机械领域，以硅为基础的材质得到了很好的应用，一些研发人员借用硅原料的高精度性能设计了新一代测量器件，可以同时采集车辆加速度和横摆角速度信号。

　　横摆角速度信号是汽车车身绕质心垂直线旋转角度的反映，偏转角度越大，表明汽车行驶越不稳定。当检测到偏转角速度超过一定临界值时，表明车辆已经失去稳定性，即将发生侧滑和甩尾。在车辆事故发生前，ESP 控制系统会及时对车辆进行修正控制。在汽车车身出现相对垂直轴线转动的过程中，横摆角速度测量器件会因为车辆振动输出不同的电压信号，波动的信号经过电路处理即可得出表征车辆的横摆角速度。

　　④ 侧向加速度传感器。侧向加速度传感器用于采集车辆运动中的侧向加速度。侧向加速度传感器的类型很多，在很多场合中是通过应用压电效应的石英谐振器，依据弹簧质量系

统的衰减特性对加速度信号进行测量。

图 2-32 是博世公司研发的一款总成传感器，它能同时测量横摆角速度和侧向加速度。车辆在高速转弯过程中，该总成传感器的加速度测量功能可实时检测车辆的转弯离心力，而横摆角速度测量功能可测出车身的转动偏角。在 ESP 系统的传感器构成中，横摆角速度传感器十分重要，能直接测量汽车车身的转动偏角，而偏角值的大小可以直接反映车辆的稳定性。

图 2-32　总成传感器

⑤ 制动压力传感器。图 2-33 所示是制动压力传感器的内部组成以及实物器件。制动压力传感器采集车轮液压调节器制动泵中的液压压力信号。制动泵中液压压力一般为 25MPa 左右，压力值最大时能达到 35MPa，ESP 控制系统根据车辆运动的状态参数收集液压压力信号，并根据需要发出调节压力信号指令。

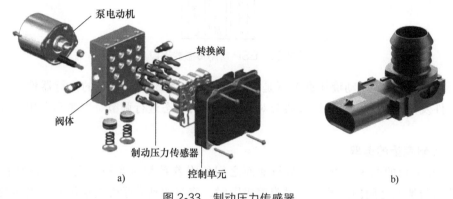

图 2-33　制动压力传感器
a) 内部组成　b) 实物器件

2) 电子控制单元（ECU）。图 2-34 所示为 ECU 的模块，它是 ESP 系统的核心。电控单元（ECU）接收各种测量信号数据，同时发送指令，对执行机构传送调节命令，以此形成一个闭环控制系统。在 ECU 的硬件内部通常有两个处理器，一个处理器进行逻辑计算分析；另一个专门应对故障处理。两个处理器之间由总线进行连接，实现信息共享。在 ECU 内部组成中还有驱动模块、信号输入模块、CAN 网络接口、指示灯接口以及电源模块等。如今在一些车辆上出现了一些新的设计方法，比如将 ECU 与执行器装在一起，ECU 与液压调节器之间应用电磁耦合连接等，这些做法极大地减少了连接线，也使整个构成简单化、轻巧化。

3) ESP 常用传感器接口设计。图 2-35 所示为传感器信号向 ECU 输入的示意图。各种传感器在测取数据后都必须先经过相应电路处理，使信号模拟量变成对应的数字量后才能通过 CAN 总线传输到 ECU。

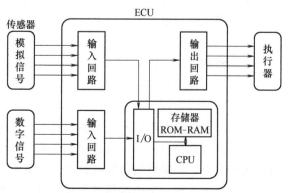

图 2-34　电子控制单元（ECU）模块

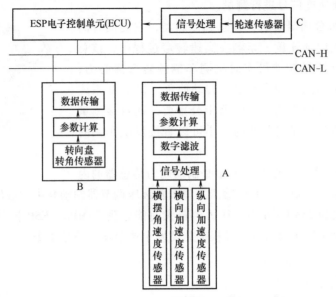

图 2-35　ESP 常用传感器接口

4）液压调节器。制动液压调节器是车辆 ESP 控制系统中最重要的执行器件，当处理器给执行器件发出指令后，液压调节器会对其电磁阀的状态进行调节，对制动泵中的液压进行控制。

（3）控制变量的选取

1）汽车失稳的原因。汽车轮胎与地面之间的附着系数对车辆运行稳定性有很大的影响。当轮胎与地面之间的附着力超过附着极限时，汽车的动力学性能会因此而发生变化。附着力由纵向力和侧向力两个部分构成，前者对汽车的制动机能和驱动机能有直接作用关系，后者能改变汽车的侧向性能。

从轮胎特性角度来考虑，车辆发生侧偏时，侧偏角发生变化将导致侧向力大小的变化。侧偏角在一个很小的区间范围内变化时，侧向力的量与侧偏角度的量呈线性关系；如果侧偏角度超过范围值，侧偏力就会处于某个固定值，即饱和状态，不再随侧偏角度值的大小而改变。不同道路情况的附着系数也不一样，车辆的侧偏角度饱和范围值也不尽相同，如果道路的附着系数很高，那么使侧偏力达到饱和的角度范围值会很大。当车辆在直线道路上行驶时，侧向加速度不是很大，此时车辆侧偏角度较小，轮胎的侧偏力与侧偏角度之间几乎是成比例关系；如果车辆高速行驶在弯道上或者在比较湿滑的路面上转弯，轮胎的侧向力就会很容易处于饱和状态达到最高值，此时侧向力不足的汽车的运动性能就会产生变化，车辆极容易发生过度转向或不足转向的失稳情形，由此导致车辆侧滑难以控制而出现事故。

根据汽车动力学理论，当车辆的侧偏角很小时，它与侧偏力呈线性关系，此时汽车前轴和后轴产生的侧偏角共同决定汽车的稳定性状态。如果汽车前轴侧偏角较大而后轴侧偏角较小时，说明汽车处在转向不足的状态，这种情形有助于车辆获得高速稳定性；而如果是汽车前轴侧偏角较小、后轴侧偏角较大，则说明车辆当前处于转向过度的状态。当车辆行驶速度过高时，汽车前轮的一个小转角变化就会引起车辆较高的横摆角速度，此时的车辆转向半径明显小于弯道半径，易导致车辆失去稳定性。因此当汽车侧偏角处于线性范围时，要防止车辆转向过度情形的发生。

因为车辆行驶时遇到的变化因素很多，路面状况的变化、车辆速度的改变或者有外力的干扰等，都能使汽车处在一个非线性动力学的情形，汽车就会出现不稳定状态。汽车失稳的原因有：

① 在某些情形中，车辆的侧向加速度和纵向加速度发生较大的改变，使得汽车发生转向不足和转向过度，因而失去行驶稳定性。

② 汽车对车轮的制动和驱动产生的纵向力作用在轮子上，导致车辆侧偏机能下降，使车辆发生侧滑因此导致失稳。

③ 车辆高速躲避前方障碍物，驾驶人操作转向盘的动作过快，而车辆的横摆角速度响应延迟，导致车体在突然变道中产生很大的质心侧偏角引起车辆失稳。

④ 道路不平整，以及外界风力因素作用使汽车姿态改变而引起失稳。另外在特殊情形下，驾驶人不正确的操控也是导致车辆失去稳定性的原因。

2）稳定性控制变量选取。总体来看，研发汽车 ESP 控制系统主要是为了解决两个问题：第一，车辆轨迹保持，这个能够通过控制质心侧偏角来解决；第二，稳定性，这个能够通过控制横摆角速度来解决。

在相关的数学模型研究中，建立了理想状态下二自由度汽车参考模型，该模型通过质心侧偏角和横摆角速度两个变量真实描述了汽车的转向运动稳定性。质心侧偏角的值能够直接体现车体路线与期望轨迹之间的偏离程度，它反映了车辆在转向运动中的侧向加速度大小；横摆角速度值用来直接表征车辆稳定性状况，它反映了车体转向时的横摆角度大小。

3）横摆角速度。汽车的横摆角速度以及横向、纵向速度共同影响着车辆当前的行驶状况，汽车的质心侧偏角是由汽车的横向、纵向速度决定的，对横摆角速度进行积分，θ 是行驶车辆的航向角度，由此可以得出车辆的航向角为

$$\theta = \beta + \psi = \beta + \int r \mathrm{d}t \tag{2-9}$$

式中，θ 为汽车的航向角；β 为质心侧偏角；ψ 为横摆角。

从式（2-9）可以分析出，β 值很小时，θ 的大小取决于 ψ 值的大小，也就是说横摆角速度表示了车辆航向角的大小。车辆在行驶中，转弯半径越小，航向角就越大。如果车辆转弯半径很大，那么航向角就会很小，由此能够对车体转弯过程中的转向不足和转向过度进行判断。因此，当质心侧偏角太小可以不考虑时，车辆的稳定状态由横摆角速度大小来反映。通过计算得出的横摆角速度与名义横摆角速度值之间的偏差，就可以直接分析车辆的转向特性，从而知道车辆当前的稳定性状态。

名义横摆角速度的表达式为

$$\omega_r = \frac{u/L}{1+Ku^2} \tag{2-10}$$

式中，ω_r 是汽车横摆角速度，单位为 (°)/s；u 是车速，单位为 m/s；L 是轴距，单位为 m；K 是稳定性因数，单位为 s^2/m^2。

由上述可知，当质心侧偏角可以忽略时，汽车的稳定性状况可以用横摆角速度来反映。如果质心侧偏角值很大不能忽略，那么横摆角速度只是汽车航向角构成的一方面，这种情形下车辆的稳定状况就不单靠横摆角速度来决定。

图 2-36 反映了一种情况，车辆稳定系统采用横摆角速度反馈控制，给定车辆在良好路面和湿滑路面上转弯时具有相同的横摆角速度，由此可知，处在湿滑路面上的汽车因为产生了很大的质心侧偏角，而使汽车产生了不同的航向角。汽车在较差的道路上很小的航向角就会导致很大的转弯半径。事实上，在这种情形中，湿滑路面车辆已经出现了甩尾，汽车的行驶轨迹也偏离了道路，是极其不稳定的运行状态。由此分析出，在这种复杂情形下，车辆的行驶轨迹不是仅靠横摆角速度影响的。

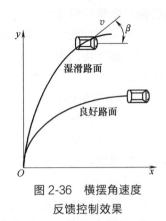

图 2-36　横摆角速度反馈控制效果

如果车辆处于转向过度状态同时车速过快，很容易导致事故产生，所以，车辆在行驶中要保持适当的转向不足。很多研究人员考虑汽车的理想转向特性为车辆处于二自由度线性条件下。也就是说，在这种条件下车辆质心侧偏角很小，可以忽略它的影响，选取横摆角速度来体现二自由度线性参考模型的车辆状态是最理想的。

4）质心侧偏角。汽车稳定性状态的另一个主要反映参数就是质心侧偏角。为了更好地描述质心侧偏角对车辆稳定性的影响作用，使用 β-Method 理论进行分析。在 β-Method 理论中，设定前轮侧偏角和后轮侧偏角分别是：

$$\alpha_f = \zeta + \beta \quad (2\text{-}11)$$

$$\alpha_r = \beta \quad (2\text{-}12)$$

变换后可得

$$\zeta = \alpha_f - \alpha_r \quad (2\text{-}13)$$

假定 ζ 是一个定值，汽车的横摆力矩 M 是通过轮胎侧向力作用形成的。当 ζ 为某个常数并且车辆处在转向状态情形时，图 2-37a 反映了此时车辆的质心侧偏角与横摆力矩之间的

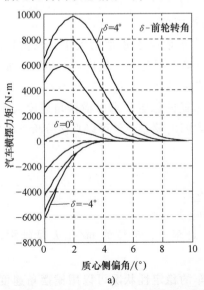

a)

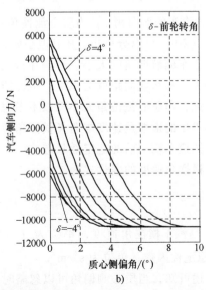

b)

图 2-37　总横摆力矩和侧向力
a) 横摆力矩　b) 侧向力

变化情况；图 2-37b 反映了质心侧偏角与汽车侧向力之间的关系特性。从该图能够知道，车辆最开始的横摆力矩以及侧向力是不同的，这是由于每种情况下的质心侧偏角以及前轮转角不同。由于车辆的质心侧偏角值不断增加，汽车的前轮转角也在增加。当车体的侧向力增加到极限时，汽车的横摆力矩在不断下降直至到零。

由图 2-37a 可知，质心侧偏角值很小时，横摆力矩与侧偏角几乎是线性关系，但若侧偏角继续增加，则横摆力矩会达到最大并逐渐下降，最后趋于零。在这种情形下汽车是无法被驾驶人控制的，因为汽车后轮侧偏角处在非线性状态下。有些研究分析提到，这种状态下横摆力矩的变化不受前轮侧偏特性的影响。简单来讲，当质心侧偏角继续增加时，横摆力矩减小的原因主要是由于后轮侧偏特性已经处于饱和状态。如果车辆与地面之间的摩擦系数下降，则随着质心侧偏角的加大，横摆力矩会很快变化到某个常数量。这表明道路的摩擦系数很小时，车辆无法通过驾驶人对转向盘的操纵来提供足够的横摆力矩。因此当道路附着系数很小的时候，必须对车辆质心侧偏角加以约束，才能够保证车辆的稳定性。基于以上原因，质心侧偏角是 ESP 控制系统的一个重要控制变量。

3. 工程实践

经过前面几个小节的学习，我们知道 ESP 控制系统能够对车辆行驶中出现的过度转向和转向不足问题进行直接修正，及时有效地避免车辆发生打滑、甩尾等情况出现，进而保障汽车行驶的稳定性和安全性。

汽车在雨天湿滑路段经过弯道时，搭载有 ESP 系统的汽车能够稳定沿着车道转弯行驶，而未搭载 ESP 系统的车辆出现了过度转向和不足转向两种失稳现象。那么 ESP 系统是如何工作以避免这两种失稳现象的呢？

如图 2-38 所示的两种情况，当驾驶人因为前方道路右拐而突然向向右转动转向盘时，因为驾驶人的猛打方向造成车辆转向半径小于弯道半径，在这种情形中，汽车在惯性的作用下产生了很大的离心力从而使车辆产生过度转向。此时 ESP 系统把制动力加到外侧前轮，使车辆的转弯力量减小，同时改善了后轮的打滑现象。

图 2-38 雨天弯道的两种汽车失稳现象

其基本工作过程如下，如图 2-39a 所示，当驾驶人给转向盘发送转向信号时，转向盘转角传感器将信号传输给电子控制单元。同时,当横向偏摆率传感器检测到车辆开始打转、车辆后端出现滑移现象时,表明车辆出现过度转向。为了保持车辆行驶的稳定性和转向可靠性,ESP 系统将启动主动制动控制功能。该功能利用已有的 ABS/ASR,对车辆的一个或两个外侧车轮施加计算得到的制动力,使内侧车轮沿车辆纵轴旋转,以稳定车辆并使其朝驾驶人预期的方向转向。当 ECU 检测到车辆转向过度时,会发送一个信号给液压控制装置,关闭前后隔离阀,将制动回路与制动主缸隔离,防止制动液返回制动主缸;然后打开前、后启动阀,将制动液从制动主缸输入液压泵,同时关闭左前和左后进口阀,隔离左轮的液压回路,使液压控制装置仅提供右轮的制动液压力。经过液压控制装置泵的运行,适当的制动液压力被施加到右轮制动卡钳上,使车辆朝驾驶人预期的方向转向。

同理,如果车速过快且即将进入右拐弯道,而驾驶人因为谨慎驾驶习惯未能充分转动转向盘,则此时车辆的转向半径将大于弯道半径,这被称为转向不足。这时,ECU 会发出指令降低发动机转矩,并给内侧前轮施加制动力,使其向内侧移动,以达到驾驶稳定的目的。

其基本工作过程如图 2-39b 所示,转向盘转角传感器向 ECU 发送驾驶人的转向信号,当横向角速度传感器检测到车辆开始打转、车辆前端出现滑移现象时,表明车辆出现转向不足。为了保持车辆的稳定性和转向可靠性,ESP 系统将启动主动制动控制功能。该功能利用

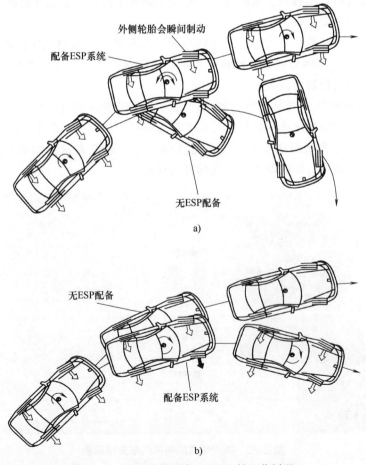

图 2-39 两种失稳现象下 ESP 的工作过程
a) 过度转向 b) 不足转向

已有的 ABS/ASR 对车辆的一个或两个内侧车轮施加计算得到的制动力，促使车辆沿纵轴旋转，以稳定车辆并朝驾驶人预期的方向转向。当 ECU 检测到车辆转向不足时，将向液压控制装置发送信号，关闭前后隔离阀，隔离后轮制动回路与制动主缸，防止制动液返回主缸。然后打开前、后启动阀，将制动液从制动主缸输入液压泵，同时关闭右前和右后进口阀，隔离右轮的液压回路，使液压控制装置仅向左轮提供制动液压力。经过液压控制装置泵运行，合适的制动压力被施加到左轮制动卡钳上，使车辆朝驾驶人预期的方向转向。

4. 发展趋势

汽车的 ESP 控制系统是在已有的 ABS/ASR 基础上增加了横摆力矩控制（DYC）系统，实现了多个系统的整合。除了满足自身的稳定性控制功能外，ESP 汽车稳定性控制系统还需要具备良好的兼容性和集成度，能够协调和耦合各个系统的功能，最大限度地发挥每个系统的效能。然而，目前我国 ESP 技术的发展仍有很大的提升空间，不仅限于对其核心功能的研究，还需要解决配件和其他系统的生产研发等面临的问题。未来汽车 ESP 系统的研究重点应放在以下几个方面：

(1) 优化传感器参数估计算法　汽车上配备了大量的传感器，随着汽车智能化水平的提高，这些传感器在汽车各个系统中发挥着无可替代的作用，就像人体的五官一样重要。目前，一辆汽车上可能装有上百个传感器，例如 ESP 系统中的陀螺仪、速度传感器和加速度传感器，这些传感器的精度直接影响系统的功能。近年来，随着机器学习和深度学习的发展，汽车参数估计算法也取得了快速进展，但其精度和计算效率仍需进一步提升以满足汽车功能的要求。

(2) 增强 ESP 系统的适应性　尽管经过大量研究，汽车 ESP 系统的控制策略和算法取得了很大进展，但在一些情况下仍会出现控制系统故障的情况。这是因为影响汽车稳定性控制的因素众多，如车速、转向角度、路面附着系数和车辆设计参数等的变化都会导致汽车控制性能的改变。因此，需要及时调整汽车 ESP 控制器的设计参数以增强其适应性，使其在各种特殊工况下能够有效控制车辆。

(3) 提高整车动力学模型精度　由于 ESP 的 ECU 需要估计车辆运行的状态变量并计算相应的运动控制量，因此，在进行汽车动力学系统建模和集成控制时，需要全面考虑人、车、道路、环境等因素的影响，把握各因素之间的内在联系。为了解决 ESP 控制问题，需要提出适用的计算模型、仿真算法和控制策略。这意味着 ECU 的计算能力和程序容量需要比 ABS 更大。一般采用多 CPU 结构以满足需求。此外，基于模型的传统控制理论已经难以适应复杂的 ESP 系统控制，因此需要寻求更具鲁棒性的非线性控制算法。

2.3　智能辅助驾驶安全性系统

2.3.1　正面碰撞预警（FCW）系统

1. 理论基础

(1) FCW 的定义　FCW 即正面碰撞预警系统（Forward Collision Warning，FCW），是一种先进的汽车辅助安全技术。该技术利用传感器对行驶车辆的速度进行实时监控，并确定与前方车辆、行人或其他障碍物的相对速度和距离，从而计算出是否有发生碰撞的风险以及风险程度。当系统判断有事故即将发生时，将通过图像、声音和振动等方式来提醒驾驶人及时制动或采取相应规避动作。

（2）FCW 的原理 汽车正向碰撞预警系统的工作原理大致可以分为三个部分：首先是利用摄像头等视觉传感器，对前方车辆展开识别；其次利用雷达、超声波等传感器测量与前方车辆或障碍物之间的距离；最后，通过控制系统预先设置的算法，对数据展开计算分析。当系统分析发现观测距离小于安全距离时，将会自动发出警告。

1）汽车制动过程。当汽车遇到紧急情况需要制动时，从驾驶人开始做出反应到汽车完全停止需要一定的时间，因此在研究正向碰撞预警时，首先应研究汽车的制动过程，根据汽车制动过程所用的反应时间或制动距离来确定预警系统的报警原理和阈值。汽车的制动过程如图 2-40 所示，其中 F_p 和 a_b 分别指制动踏板力和汽车的减速度，整个制动过程可看成由以下几个阶段组成。

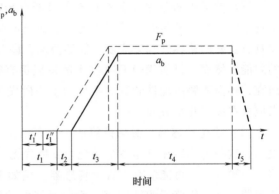

图 2-40 汽车的制动过程

① 反应阶段。当发生危险时，驾驶人要经过一段时间 t_1' 才能察觉，此时驾驶人会迅速地将右脚从加速踏板上移开，并在经过 t_1'' 时间后将右脚落在制动踏板上。这一阶段所经历的时间 $t_1 = t_1' + t_1''$ 被称为驾驶人反应时间。这段时间一般为 0.3~1.0s。该时间的长短因人而异，同时也会受环境和驾驶人状态影响。例如，与青少年相比，中老年人的反应会更长一点；而在连续驾驶数小时或者在夜间驾驶的时候，精神状态相较平日会变差，反应时间也会变久。

② 制动间隙的消除阶段。在进行车辆设计时，工程师会给汽车的制动器预留一定的制动间隙，以避免制动踏板过于敏感，在不经意的时候或者无需制动时产生制动力矩。所以，即使驾驶人将右脚移动到制动踏板上并快速踩下制动踏板，也要经过 t_2 的时间，该时间被称为制动间隙的消除时间。

③ 制动力增长阶段。当驾驶人踩下制动踏板并克服制动间隙后，制动油缸的中的油压开始不断升高，制动力线性增加，汽车制动减速度也线性增加，这段时间称被为制动力增长时间，即 t_3。消除制动间隙时间 t_2 和制动力增长时间 t_3 共同被称为制动器起作用时间，通常为 0.2~0.9s，具体时间主要由驾驶人的操作速度和制动器的物理结构所决定。

④ 持续制动阶段。当车辆的减速度达到某一数值后便会停止上升，并保持最大减速度进入一个持续制动阶段。最大减速度与制动系统的结构和路面的黏附性有关。该阶段是制动过程中的一个重要环节，所需的时间为 t_4。

⑤ 放松制动器阶段。当车辆停止或者危险解除时，驾驶人松开制动踏板，但制动力并不会立即消失，仍会持续一段时间，通常为 0.2~1.0s。在该段时间内，制动力会线性地降低，整个过程与 t_3 时间内制动力增长阶段相似。通常要求该段时间越短越好，因为如果该段时间过长，可能会对后续的起步或加速过程造成影响，严重时会因为制动力长时间无法消失而导致车轮抱死使车辆失去控制。

2）制动距离。当汽车的速度降至与前车速度一致或者低于前车速度时，便可避免碰撞；因此所需考虑的最极限的情况便是汽车降到与前车速度一致，此时汽车行驶过的距离被称为制动距离，计算方法如下：

在驾驶人反应阶段和消除制动间隙阶段，所经历的时间较短，可认为在这两段时间内车辆做匀速直线运动，所驶过的距离分别为 s_1 和 s_2。

$$s_1 = v_0 t_1, \ s_2 = v_0 t_2 \tag{2-14}$$

式中，v_0 为制动初速度，单位为 km/h；t_1 和 t_2 分别为驾驶人反应阶段和消除制动间隙所用时间，单位为 s；s_1 和 s_2 分别为车辆在驾驶人反应阶段与消除制动间隙阶段驶过的距离，单位为 m。

在制动力增长阶段，汽车的减速度呈线性增大，做变减速运动，t_3 内所驶过的距离为 s_3，由运动学公式可知此过程的加速度 k 为

$$\frac{\mathrm{d}v}{\mathrm{d}t} = kt, \ k = -\frac{a_\phi}{t_3} \tag{2-15}$$

式中，a_ϕ 为附着系数为 ϕ 的路面所提供的最大制动减速度，单位为 m/s²。

因为 $t=0$ 时初速度为 v_0，根据匀减速运动公式可知 t_3 阶段速度为

$$v = v_0 - \frac{a_\phi}{2t_3} t^2 \tag{2-16}$$

对式（2-16）在 t_3 时间内进行积分，即可得到 s_3 为

$$s_3 = \int_0^{t_3} v \mathrm{d}t = v_0 t_3 - \frac{a_\phi}{6} t_3^2 \tag{2-17}$$

式中，s_3 为制动力增长阶段走过的距离，单位为 m；t_3 为制动力增长阶段作用时间，单位为 s。由式（2-17）可求得 $t=t_3$ 时刻的速度为

$$v_e = v_0 - \frac{a_\phi}{2} t_3 \tag{2-18}$$

式中，v_e 为在持续制动阶段结束时汽车的末速度，单位为 km/h。在持续制动结束后，汽车以最大制动减速度 a_ϕ 做匀减速运动，t_4 时刻内所驶过的距离 s_4 为

$$s_4 = \frac{v_e^2 - v_2^2}{2a_\phi} = \frac{v_0^2}{2a_\phi} - \frac{v_0 t_3}{2} + \frac{a_\phi t_3^2}{8} - \frac{v_2^2}{2a_\phi} \tag{2-19}$$

式中，s_4 表示汽车在匀减速阶段所驶过的距离，单位为 m；t_4 表示汽车匀减速阶段所用时间，单位为 s；v_2 表示汽车匀减速阶段的末速度，单位为 km/h。综合式（2-14）、式（2-17）和式（2-19），可得总制动距离 s 为

$$s = s_1 + s_2 + s_3 + s_4 = \left(t_1 + t_2 + \frac{t_3}{2}\right) v_0 + \frac{v_0^2 - v_2^2}{2a_\phi} - \frac{a_\phi t_3^2}{24} \tag{2-20}$$

式中，s 表示汽车制动阶段驶过的总距离，单位为 m。由于时间 t_3 相对较小，式（2-20）中最后一项的数值可以忽略不计，将式（2-21）中速度的单位由"km/h"转换成"m/s"后，可得

$$s = \frac{1}{3.6}\left(t_1 + t_2 + \frac{t_3}{2}\right) v_0 + \frac{v_0^2 - v_2^2}{25.92 a_\phi} \tag{2-21}$$

3）安全车距模型。目前用于判断预警的方式有两种：一种是基于安全距离的逻辑算

法；另一种是基于安全时间的逻辑算法。

安全距离逻辑算法即通过计算汽车当前行驶速度下的制动距离并与当前运动状态下前车的距离进行比较，判断是否会在制动后发生碰撞。而为了帮助驾驶人保持一定的安全间距，通常要求制动后距离前车仍有一段安全距离。其运动过程如图 2-41 所示。

如图 2-41 所示，在某一时刻，本车的运动速度为 v_1，前车的运动速度为 v_2，本车头部与前车尾部之间的安全车距为 d。经过一段时间 t 后，本车的运动速度为 v_3，所驶过的距离为 d_1，前车的运动速度为 v_4，所驶过的距离为 d_2，此时两车的车间距离为 d_3。d_3 为两车脱离危险后所要保留的最小安全车距，一般取 2~5m。上述四个距离之间应满足如下关系：

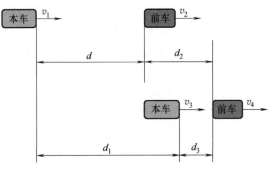

图 2-41　运动车辆间距示意图

$$d = d_1 - d_2 + d_3 \quad (2-22)$$

通过上述原理，可对安全距离模型算法进行设计。安全距离逻辑算法主要以两车车间实际距离为研究对象，按研究思路不同又可以分为固定车距模型、运动学模型和驾驶人模型等。下面将通过一个实例进行说明。

假设在某一时刻，本车车速 v_1 为 60km/h，前车做匀速直线运动 $v_2 = v_4 = 40$km/h，那么所考虑的极限情况便是本车车速降至与前车车速一致，并保留了最小安全间距。下面将计算从这一时刻开始减速的制动时间和制动距离。假设 t_1 和 t_2 阶段用时都为 0.5s，t_3 阶段用时为 0.8s，路面附着最大减速度为 10m/s²。将其带入前文所推导的公式可知当前制动距离约为 31.04m，若设最小车距为 2m，那么系统的检测安全距离应为 33.04m。当车距低于安全距离时，系统就发出警告。此处所介绍的为简化实例，在实际应用中往往还需考虑驾驶人驾驶习惯、车辆实时速度、制动减速度等因素。

4）安全时间模型。安全时间模型最早由日本东京农业大学提出，主要是以距离碰撞时间（Time to Collision，TTC）为研究对象。随后，其他学者也在此基础上进行了一系列研究，如清华大学王建强提出的避撞预警算法，以及北京理工大学裴晓飞建立的基于危险因子 ε 的安全距离模型等。该模型通过计算两车在当前车况下碰撞所需的时间，并与系统设置的安全时间阈值进行比较，以确定安全状态。我国的车辆前向碰撞预警试验依据 GB/T 33577—2017《智能运输系统　车辆前向碰撞预警系统　性能要求和测试规程》标准进行，其中 TTC 是指当相对速度不为零时，通过公式计算在同一路径上行驶的两车，假定相对速度保持不变时距离碰撞发生的时间。其公式为

$$TTC = \frac{X_{c(t)}}{V_{r(t)}} \quad (2-23)$$

式中，$X_{c(t)}$ 表示本车和目标车之间的行驶方向距离；$V_{r(t)}$ 表示两车速度差。试验车辆以 72km/h 匀速接近静止目标车辆，当 TTC 最小为 2.4s 时会发出前车碰撞警告。当出现下列情况中的任何一种时，都应立即停止实验：

① TTC≥2.4s 时，若发出前车碰撞警告，则认为通过本次试验。

② TTC<2.2s 时，若仍未发出警告，则认为未通过本次试验，应立即终止试验。

2. 正向碰撞预警（FCW）系统的组成

汽车正向碰撞预警（Foward Collision Warning，FCW）系统由环境感知传感装置、中央处理装置和警告装置三部分组成。下面将对这三个部分做具体介绍。

（1）环境感知传感装置 传感装置是汽车感知周围环境的基础，通常负责识别前方的车辆与检测车距，图 2-42 所示是 FCW 中常用的传感器。可以采用的传感器有单目摄像头、双目摄像头、毫米波雷达以及多传感器融合。当前，以单目摄像头的灰度图像为基础进行车辆识别的研究最多，其中涉及的算法也比较多。传统的车辆检测主要依赖于车辆形状、高度与宽度的比例等特征信息作为约束条件，通过对车辆图片的边缘增强处理，从而获得车辆的边缘信息，进而对车辆进行识别。车距检测也是传感装置必不可少的一个功能，比较常用的传感器例如超声波传感器、毫米波雷达、激光雷达、摄像头都可以实现车距检测。

图 2-42　FCW 中常用的传感器
a）毫米波雷达　b）线激光雷达　c）双目摄像头

使用摄像头的传感装置算法简单、计算的实时性好，但摄像头的工作精度取决于光线强弱，因此其工作精度极易受光照、天气等外界环境因素的影响。雷达测距原理简单、成本低，受环境影响小，但其不易识别行人等障碍物，甚至有时会出现识别错误。为了避免因单一传感器造成的局限性，目前车辆上采用多传感器信息融合技术，常见的有摄像头与激光传感器的融合以及摄像头与毫米波雷达的融合，这样的融合方式可以有效地避免因单一传感器局限性造成的工作精度的降低。多传感器融合技术除成本高昂外，计算较为复杂，可能造成实时性差，这也是当前面临的主要困难。

（2）中央处理装置（图 2-43）　中央处理装置在接收到传感装置的数据后，将根据系统设置的逻辑算法对车辆的运行状态展开分析，并将分析结果以操作指令形式传送给警告装置。通常情况下，其有两种判断逻辑：一种基于安全时间；另一种基于安全车距。

 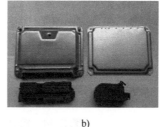

图 2-43　中央处理装置
a）ECU 内部电路结构　b）ECU 外部结构

1）安全时间控制。通过传感装置可以得到本车的速度、加速度，以及本车与前车的相对距离和相对速度。中央处理装置以获得的数据和路面状况信息为依据，计算出当前车速下本车与前方车辆之间的碰撞时间，并将其与安全时间阈值进行对比，当碰撞时间大于安全时间时，即可判断出车辆处于安全行驶状态。

2）安全车距控制。中央处理装置通过对汽车制动过程进行分析，构建本车当前车速下的制动运动模型，计算得到当前车速下车辆制动所需的安全距离，并将车辆的真实距离和该安全距离相比较。若车辆的真实距离超过了安全距离，则判断车辆目前处于安全驾驶状态。

（3）警告装置 警告装置通过接收来自中央处理装置发出的控制指令决定是否需要发出警告。当系统判断可能有危险发生时，警告装置通过声音、图像等提醒驾驶人，以实现系统的碰撞预警功能。

在车辆的仪表板上设有防撞预警系统的人机界面，并设置显示器、蜂鸣器、闪光灯等警告信号发生装置。系统会将传感装置探测到的与前车的相对距离、相对速度等信息显示在显示器上，使驾驶人能够实时进行判断。当检测有危险情况时，蜂鸣器会发出警报，并且会有灯光闪烁来提醒驾驶人。

此外出于安全考虑，在危险发生时即使驾驶人没有第一时间制动，系统也会自动点亮制动尾灯，提醒后方车辆驾驶人提前做好减速准备，避免后车追尾。

3. FCW 车距测量方法

（1）基于视觉的 FCW 系统 与毫米波雷达相比，视觉系统成本较低，在近距离下有较高的识别率，可以分辨出目标和道路的相对位置，但其缺点是环境适应性差，识别效率低。目前常用的 FCW 视觉测距系统以单目摄像头为主，利用机器学习、深度学习和图像特征等方法来实现目标检测。常见的视觉测距方法如下：

1）车辆底部阴影测距。如图 2-44a 所示，该方法先对摄像头获取到的图像进行预处理，得到汽车在路面上的底部阴影，利用底部阴影计算得到汽车的车宽，再经过多次标定实验拟合得到一条非线性的测距曲线。该曲线以汽车底影的 Y 坐标为变量，以距离信息为输出。

2）目标像素大小测距。如图 2-44b 所示，随着本车与目标车辆距离的增加，摄像头所获取的目标物体的像素会逐渐变小，距离与目标车辆的像素大小之间存在着多项式关系。一般情况下，可以通过对目标车辆区域内的像素点大小、面积和距离进行拟合，从而得到一条测距曲线实现车距测量。

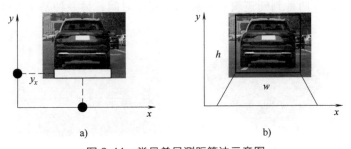

图 2-44 常见单目测距算法示意图
a）基于底部阴影测距 b）基于像素大小测距

3）双目摄像头测距。双目摄像头目标距离测量的基本思路是利用两台不同的相机，模仿人类视觉的距离测量原理对障碍物的位置进行测量。该方案的测距精度取决于摄像机的性能、与目标车辆的距离以及两台摄像机的间距等，因此其参数的选取是否合理将会对测量精度产生很大的影响。为了保证距离测量的准确性，目前大部分量产车型的视觉测距都是利用单目摄像头，并结合多种距离测量算法来实现。

（2）基于雷达的 FCW 系统 在对抗恶劣天气方面，由于雷达传感器相对于摄像头等具有更好的云雾及恶劣天气穿透能力，使得测距精度不会受天气、光线等的影响，工作更加稳定。因此，越来越多的车辆选择装配雷达装置。常用的雷达主要有简单矩形脉冲雷达（Pulse Radar）、调频连续波雷达和脉冲压缩雷达三种制式。

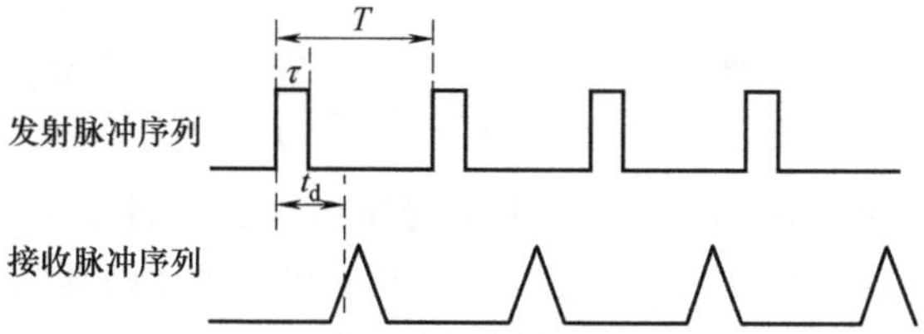

1）脉冲雷达测距。图 2-45 所示为脉冲雷达的原理图。雷达向所测目标车辆发射一脉宽为 τ、周期为 T 的窄脉冲序列，目标车辆反射回来的雷达脉冲与发射脉冲的时间差 t_d 与目标车辆的距离 d 直接相关。

图 2-45 脉冲雷达测距示意图

$$t_d = \frac{2d}{c} \tag{2-24}$$

式中，c 为电磁波传播的速度（光速），为 3×10^8 m/s；t_d 为脉冲发射与接收时间差，单位为 s；d 为自身车辆与目标车辆距离，单位为 m。因此距离 d 为

$$d = \frac{ct_d}{2} \tag{2-25}$$

2）调频连续波（FMCW）雷达测距。通常所说的调频连续波雷达是指线性调频连续波雷达（LFMCW），其特点是频率在调制周期内线性变化。而线性变化也存在多种方式，其中最常用是三角波调制，即雷达的发射频率按周期性三角波的形式进行变化。调频连续波雷达的目标检测流程如图 2-46 所示。

由式（2-25）可知，静止目标的回波延时，若假设雷达的工作频率为 f_c，则有

$$f_t = f_c + \frac{\Delta f_m t}{T} \tag{2-26}$$

$$f_r = f_c + \frac{\Delta f_m}{T}(t - t_d) \tag{2-27}$$

式中，Δf_m、f_c、f_t 和 f_r 分别表示调制带宽、雷达的工作频率、雷达的发射频率和碰到目标物体时反射回来的回波频率，单位均为 Hz；t、t_d 和 T 分别表示雷达信号发射时间、回波延迟时间和正线性调频或负线性调频的时间，单位均为 s；当反射回波来自运动目标、其距离为 d、径向相对速度为 v 时，由于存在多普勒频移，反射回波频率为

$$f_r = f_c + f_d \pm \frac{\Delta f_m}{T}(t - t_d) \tag{2-28}$$

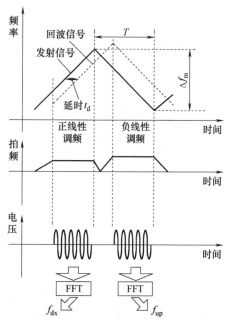

图 2-46 调频连续波雷达的目标检测流程

式中，f_d 为多普勒频移，$f_d = \dfrac{2v}{\lambda}$，单位为 Hz；正负号分别表示正负线性调频段的频率变化。

由此得出，混频器输出的拍频（beat frequency）为

$$f_{up} = f_t - f_r = \frac{\Delta f_m}{T} t_d - f_d = \frac{2\Delta f_m}{cT} d - \frac{2v}{\lambda} \text{（正线性调频段）} \qquad (2\text{-}29)$$

$$f_{dn} = f_r - f_t = \frac{\Delta f_m}{T} t_d + f_d = \frac{2\Delta f_m}{cT} d + \frac{2v}{\lambda} \text{（负线性调频段）} \qquad (2\text{-}30)$$

图 2-46 中，FFT 表示快速傅里叶变换，能够将时域数据转化为频域数据；式（2-19）和式（2-30）中 f_{up} 和 f_{dn} 分别表示在正线性调频段和负线性调频段输出的拍频，单位为 Hz；d 表示自身车辆与前方目标间的距离，单位为 m；v 表示自身车辆与前方目标的径向相对速度，单位为 m/s。对上述两式进行加减运算可求得距离 d 和速度 v：

$$d = \frac{cT}{4\Delta f_m}(f_{up} + f_{dn}) \qquad (2\text{-}31)$$

$$v = \frac{\lambda}{4}(f_{dn} - f_{up}) \qquad (2\text{-}32)$$

3）脉冲压缩雷达。脉冲压缩处理通常使用长脉冲进行发射，而在接收端则采用匹配滤波器进行频率调制，其实质上是进行频率延迟处理。脉冲压缩处理可以通过数字方法来实现，根据数字方法的不同，可以分为时域脉冲压缩和频域脉冲压缩。其原理图如图 2-47 和图 2-48 所示。

图 2-47 时域脉冲压缩原理框图

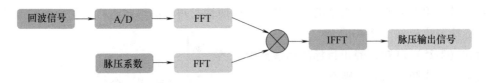

图 2-48 频域脉冲压缩原理框图

4. 经典安全车距模型

Mazda 模型、Honda 模型以及 Berkeley 模型是比较经典的安全车距模型，后续很多模型都是在其基础上进行改进所得到的。

（1）Mazda 模型　Mazda 模型所考虑的是一种最为极端的情况：假设两车在初始时刻保持常速，在某一时刻，前车踩下制动踏板并以最大减速度进行制动，而后车则在经过一定的延迟后以最大的减速度进行制动，随后两车维持该制动状态直至均完全停止运动。其完整的表达式为

$$D_0 = \frac{1}{2}\left(\frac{v_h^2}{a_1} - \frac{v_r^2}{a_2}\right) + v_h t_1 + (v_r - v_h) t_2 + D_{min} \qquad (2\text{-}33)$$

式中，D_0 和 D_{min} 分别为自车制动距离和两车间的最小安全距离，单位为 m；v_h 和 v_r 分别为自车和前车的初始速度，单位为 m/s；a_1 和 a_2 分别为自车和前车的最大减速度，单位为 m/s^2；t_1 和 t_2 分别为自车驾驶人反应延迟时间和前车的制动延迟时间，单位为 s。

(2) Honda 模型　Honda 模型由碰撞预警和碰撞避免两部分组成，两部分的切换取决于预估的前车制动时间是否小于自车驾驶人的反应时间。其完整的表达式为

$$\begin{cases} D_{\text{warning}} = 2.2 v_{\text{rel}} + 6.2 \\ D_{\text{breaking}} = \begin{cases} v_r t_2 + t_1 t_2 a_1 - 0.5 a_1 t_1^2, & \dfrac{v_2}{a_2} \geqslant t_2 \\ v_r t_2 - 0.5 a_1 (t_2 - t_1)^2 - \dfrac{v_1^2}{2a_2}, & \dfrac{v_2}{a_2} < t_2 \end{cases} \end{cases} \quad (2\text{-}34)$$

式中，常系数 2.2 和 6.2 分别为时间系数和距离系数；v_1、v_2、v_r 分别为自车速度、前车速度和两车相对速度，单位为 m/s；a_1 和 a_2 分别为自车和前车的最大减速度，单位为 m/s²；t_1 和 t_2 分别为驾驶人反应时间和制动时间，单位为 s，通常取 0.2s 和 0.4s。

(3) Berkeley 模型　Berkeley 模型中涉及了预警安全车距 d_w、制动安全车距 d_{br}、路面附着系数标定函数 $f(\mu)$ 为

$$d_w = \frac{1}{2}\left(\frac{v^2}{a} - \frac{(v - v_{\text{rel}})^2}{a}\right) + vt + d_0 \quad (2\text{-}35)$$

$$d_{br} = v_{\text{rel}}(t_1 + t_2) + 0.5 a_2 (t_1 + t_2)^2 \quad (2\text{-}36)$$

$$f(\mu) = \begin{cases} f(\mu_{\min}) & \mu \leqslant \mu_{\min} \\ f(\mu_{\min}) + \dfrac{f(\mu_{\text{norm}}) - f(\mu_{\min})}{\mu_{\text{norm}} - \mu_{\min}}(\mu - \mu_{\min}), & \mu_{\min} < \mu < \mu_{\text{norm}} \\ f(\mu_{\text{norm}}) & \mu_{\text{norm}} \leqslant \mu \end{cases} \quad (2\text{-}37)$$

式中，a 为两车相比后的较大的制动减速度，单位为 m/s²；t 为减速时间，单位为 s；d_0 为车辆停止后需要保持的车间距，单位为 m；μ、$\mu_{\min}$、μ_{norm} 分别为路面附着因数估计值、需要考虑的最小路面附着因数和正常路面附着因数。

图 2-49 所示为 Mazda 模型、Berkeley 模型以及 Honda 模型的制动距离对比，从图中可以发现：Mazda 模型的制动距离相对较长，并且相对保守，因为该模型考虑了所有可能的碰撞情况，甚至包括一些发生概率很小的极端危险情况。因此，在实际驾驶过程中，该系统可能频繁发出警告，从而影响驾驶人的正常驾驶，降低驾驶人对该系统的信任度，甚至导致驾驶人主动关闭预警系统。相比之下，Honda 模型所确定的主动制动距离较短，制动时间较晚，在实际驾驶过程中存在碰撞风险。而与前两者相比，Berkeley 模型的制动时机比较适中，并且具有较好的算法实时性和精度。

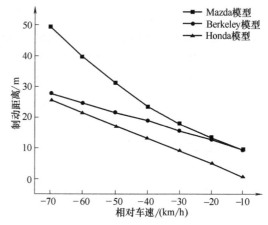

图 2-49　三种经典算法的制动距离对比

5. FCW 实例分析

通过前面对于 FCW 系统的介绍，可以了解到 FCW 系统主要用于探测前方是否有存在发生碰撞的风险，并提醒驾驶人及时制动。

如图 2-50 所示，图 2-50a 中红色车辆为未开启 FCW 的汽车，在行驶过程中驾驶人由于分心、疲劳驾驶等原因，未能及时观察道路信息，导致红色车辆与前方黑色车辆的距离越来越近，此时即使驾驶人注意到车况并采取紧急制动也为时已晚，两车极易发生碰撞事故。而在图 2-50b 中，开启了 FCW 系统的红色汽车在行驶过程中，系统不断检测其与前方车辆的实时距离，当发现有碰撞风险时能够第一时间发出警告提醒驾驶人进行制动，使驾驶人有充足的反应时间让车辆在安全距离内减速制动，从而避免两车发生碰撞。

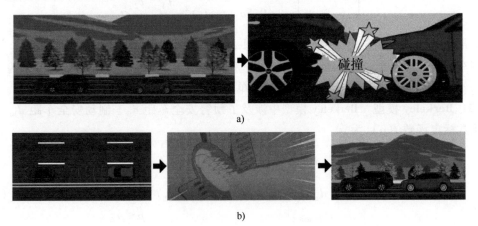

图 2-50　有无 FCW 车况对比图
a）未开启 FCW　b）开启 FCW

通过上述道路车况对比，不难发现车辆在开启 FCW 系统后，能够在驾驶人未察觉前方危险时向驾驶人发出预警，使驾驶人提前做出反应，从而能够在很大程度上避免或减轻汽车前向碰撞的事故，更好地保护驾驶人和乘客的安全。

6. 发展趋势

（1）存在问题

1）目前汽车正向碰撞预警系统的安全距离模型，主要考虑的是汽车与前方车辆、行人和障碍物是否会发生碰撞，对本车与侧向目标碰撞的研究较少。

2）目前常用的传感装置主要是摄像头与雷达相结合的方式，但这种方法目前所需的系统算法复杂度较高，且相较于其他单一传感器而言，设备费用更大，成本更加高昂，为推进其在车辆上的应用，需要进一步优化算法，降低成本。

3）系统存在冗余警告、误报和对驾驶人特性考虑不足等问题。

（2）发展趋势

1）国内一些企业所开发的基于视觉测距的 FCW 系统在测试场景下的系统稳定性和警告时间的一致性与雷达系统相比差距较大，并且还存在单目视觉测距不准确、测距不稳定等问题，需要继续提升 FCW 系统的稳定性。

2）基于视觉测距的 FCW 系统的警告时间安全阈值相较于基于雷达的警告时间安全阈值更大，可以通过实验确定更精确的视觉安全时间阈值标准，适当减小安全时间阈值，以适应国内复杂道路环境。

3）视觉与雷达结合的传感器方案，仍存在系统算法复杂程度较大的问题，导致实时性降低，系统的判断有时也会出现延误等问题。需要进一步降低算法复杂度，以提高系统工作的实时性，减少误报、漏报的情况。

2.3.2 自动紧急制动（AEB）系统

1. 理论基础

(1) AEB 的定义 自动紧急制动（Autonomous Emergency Braking，AEB）系统是一种汽车主动安全技术，主要由三个模块组成：控制模块（ECU）、测距模块和制动模块。其中，测距模块是整个系统的核心组成部分，主要包括毫米波雷达、摄像头等传感器，能够准确且实时地提供前方道路的图像和路况信息。当系统探测到潜在的碰撞风险时，将采取相应的预警措施以及规避风险的操作。通过这种方式，AEB系统能够帮助驾驶人预防碰撞事故，并提供额外的安全保障。AEB作为一种主动安全技术，根据不同的情景可分为多种不同类型的AEB系统，如城市AEB系统、城际AEB系统以及行人AEB系统等。

(2) AEB 工作原理 AEB主要通过摄像头、雷达等传感器检测前方的障碍物（车辆、行人等），并判断与前方障碍物的距离。当系统计算的碰撞危险程度达到临界报警点时，系统会通过声音、图像等方式向驾驶人发出预警。如果驾驶人对预警没有做出正确反应，系统将会进行部分制动，并向驾驶人发出警告。而当系统计算的碰撞危险程度达到临界制动点时，意味着将无法避免与前方目标发生碰撞，系统将会自动进行全力制动以减轻碰撞力度。

AEB系统的碰撞同样是基于安全制动距离来进行讨论，这部分内容在前面的FCW部分已经进行了介绍，但与AEB不同的是，FCW在设置安全距离或安全时间时，通常会设置一个警告阈值参数，当距离小于警告距离或者时间小于警告时间时进行警告；而AEB则是在此基础上增加了二级警告阈值，当系统检测到安全距离或者安全时间小于安全阈值时，会启动紧急制动装置，使汽车在极短距离和时间内减速制动。

(3) AEB 主要功能 AEB系统的主要功能包括预测性碰撞警告、紧急制动辅助、自动紧急制动和行人紧急制动部分，每个警告功能都有相应的启动条件与作用，下面对各种功能做简要介绍。

1）预测性碰撞警告。当车速达到30 km/h及以上时，若系统通过检测发现与前方车辆存在潜在碰撞风险，将通过声音、图像、灯光等方式提示驾驶人有潜在风险并减速。

2）紧急制动辅助。当车速达到40km/h及以上时系统才会开启制动辅助，当系统判断有危险情况发生，但驾驶人踩制动踏板较晚或者车辆本身的制动力不足导致只靠当前制动装置进行制动难以避免时，系统会辅助驾驶人增大制动力来避免或减轻碰撞。

3）自动紧急制动。当系统判定即将发生危险情况，而驾驶人没有时间反应踩制动踏板时，系统会及时介入进行自动紧急制动，帮助驾驶人避免或减轻碰撞。系统最高可以降低50km/h的速度。

4）行人紧急制动系统。行人自动紧急制动系统旨在防止或缓解车辆与本车道内行人发生碰撞，该技术主要应用于行人过街保护方面。但是，该功能仅在摄像头观察到行人时才会启动。在检测到可能发生碰撞的情况时，行人预测警告系统会以语音和图像的形式提示驾驶人，从而避免碰撞的发生。

2. AEB 的组成

(1) 感知装置 感知装置是AEB系统的关键部分，可以由毫米波雷达、激光雷达、单目摄像头、双目（立体）摄像头中的一种或几种组成。

1）毫米波雷达。毫米波雷达通常具有150m以上的感知距离。它通过振荡器以逐渐增加的频率发射电磁波，并通过计算返回波形与发射波形之间的频率差来确定前方目标的相对距离和相对车速等信息。其精度可以通过提高频率来提高。毫米波雷达具有探测距离远、不受环境因素干扰和成本低的特点，但其较难识别行人等障碍物，且容易出现误识别的情况。

2）激光雷达。激光雷达通过激光发射器发射脉冲调制光线并计算发射与反射光线的时间差，确定自身与目标的相对距离，通过收集到的轮廓信息绘制三维环境地图，测量精度高，但受光照条件影响较大，且造价昂贵。

3）单、双目摄像头。由于毫米波雷达只能对前方目标进行探测而无法进行具体识别，因此可以引入单、双目摄像头，其通过将物体的光学图像由图像处理器转化为数字图像信号，交由计算机进行识别。单、双目摄像头可跟踪识别行人障碍物等，但是不能精确计算与物体的相对距离，而且易受不良天气的影响，因此单独采用摄像头方案的AEB系统非常少。

一些AEB常用的传感器及其性能对比见表2-4。

表2-4 AEB系统常用传感器性能对比

功能	摄像头	激光雷达	毫米波雷达	多传感器融合
目标分类	强	一般	较差	强
速度精度	弱	强	强	强
距离精度	弱	强	强	强
角度精度	强	强	弱	强
工作范围	一般	一般	强	强
交通标识	强	弱	弱	强
雨雪、雾霾	弱	一般	强	强
强光	弱	弱	强	强
光照不足	弱	强	强	强
弯道	强	弱	弱	强
颠簸路段	强	弱	弱	强

如表2-4所示，每一种传感器都有其各自的优缺点，而多传感器融合技术能够将每一种传感器的优势进行互补，从而达到在不同条件下都能让AEB系统进行精确判断的目的。目前，最常见的多传感器融合方案包括以下几种方式：激光雷达和摄像头融合、毫米波雷达和摄像头融合、毫米波雷达和激光雷达融合或三种传感器组合等。

（2）控制装置 作为AEB的"大脑"，控制模块由中央处理单元、存储单元、接口单元等构成。通过对汽车运行状况的分析，对汽车当前的危险程度进行判定。当系统判断本车与前方车辆存在碰撞风险的时候，会通过灯光、声音或振动等方式，向驾驶人发出警告。若驾驶人没有采取有效的制动措施，系统将会自动控制车辆进行紧急制动。图2-51所示为控制模块数据分析流程图。

AEB系统中计算车间距离的方法与前文所述FCW系统中的测距方法类似，实际是基于测量雷达发射脉冲与回波脉冲之间的时间差。因电磁波以光速传播，汽车间的相对速度与光速相比小很多,因此可以将汽车间的距离在这段时间内看作恒定不变。若忽视汽车间的相对速度,则两车的距离可由式(2-38)表示:

$$d = \frac{c\Delta t}{2} \qquad (2\text{-}38)$$

式中,d 为两车的相对距离,单位为 m;c 为光速,为 3×10^8 m/s;Δt 为从发射信号到接收信号的时间间隔,单位为 s。时间间隔的计算可由控制处理器内部的定时器完成。定时器在发射信号时开始计时,接收到信号时停止计时,然后读取定时器数据寄存器的时间间隔数值代入公式计算车距,并与警告车距以及安全车距进行比较。

(3)执行装置 AEB 主动制动功能的实现离不开 AEB 执行机构,目前国内外汽车厂商和研究机构主要采用电机柱塞泵主动建压制动系统解决方案、汽车电子液压制动系统的高压蓄能器主动建压制动系统解决方案和新型汽车电子助力制动系统的主缸助力电机主动建压制动系统解决方案等。

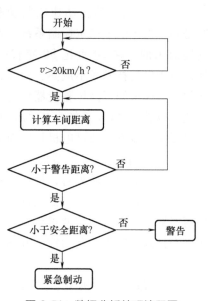

图 2-51 数据分析处理流程图

1)电机柱塞泵主动建压制动系统解决方案是在已经成熟的汽车电子稳定控制系统基础上兼容 AEB 功能。该方案通过增加原有电机柱塞泵的电机额定转速和排量,在不改变制动系统整体结构布置的情况下,实现自动紧急制动所需的高制动减速度要求,成本较低。如图 2-52 所示,当踩下制动踏板后,推杆便会推动制动主缸的活塞,迫使液压油经低压回路流入电机柱塞泵,在电机泵的作用下转化为高压油液进入制动轮缸,使制动轮缸产生制动力。

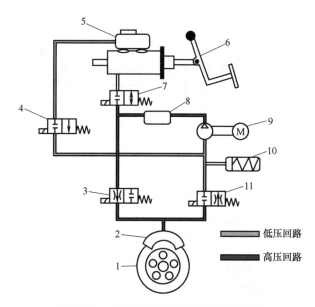

图 2-52 电机柱塞泵主动建压制动系统

1—制动盘 2—制动轮缸 3—增压阀 4—吸入阀 5—制动主缸 6—制动踏板
7—限压阀 8—阻尼器 9—电机柱塞泵 10—低压蓄能器 11—减压阀

2)高压蓄能器主动建压制动系统解决方案是基于汽车电子稳定控制系统产品化的基础发展而来的。在 20 世纪 90 年代—21 世纪初期,由于电机技术尚不成熟,汽车制动系统零部件供应商采用了高压蓄能器作为蓄能和供能装置,以满足 AEB 系统所需的高制动压力和流量要求。该方案通过电机柱塞泵建立高压制动液并预先存储在高压蓄能器中,如图 2-53 所示。当踩下制动踏板时,推杆会推动制动主缸的活塞,将液压油引入低压回路,从而使高压蓄能器中的高压制动液得以释放,以更快的速度提供制动所需的制动液,并缩短制动响应时间。

3)主缸助力电机主动建压制动系统解决方案最初出现在纯电动汽车上,主要是为了解决纯电动汽车没有发动机,无法通过进气歧管实现真空助力的问题。由于电机技术的不断进步,车辆及制动系统零部件厂商已可以在传统制动助力基础上实现自动紧急制动功能。如

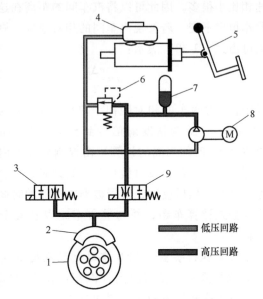

图 2-53 高压蓄能器主动建压制动系统
1—制动盘 2—制动轮缸 3—减压阀
4—制动主缸 5—制动踏板 6—溢流阀
7—高压蓄能器 8—电机柱塞泵 9—增压阀

图 2-54 所示,主缸助力电机主动建压制动系统通过取消传统的真空助力器,通过控制电机和减速机构来准确控制主缸活塞运动,从而达到 AEB 系统所需的高制动减速度需求。主缸助力电机主动建压具有制动响应快、安全可靠性高、相对于原有控制系统布置变化较小的优势,现已成为汽车制动系统零配件提供商和国内高校等研发机构的科研热点。

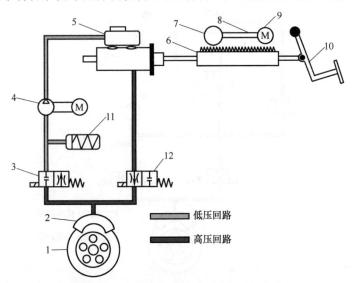

图 2-54 主缸助力电机主动建压制动系统
1—制动盘 2—制动轮缸 3—减压阀 4—回油泵 5—制动主缸 6—齿条 7—齿轮
8—蜗轮蜗杆 9—电机 10—制动踏板 11—低压蓄能器 12—增压阀

高压蓄能器主动建压解决方案在过去是一种妥协方案，但由于其缺点，现在已经很少有企业选择使用该套解决方案。相反，汽车零部件厂商现在更倾向于选择电机柱塞泵、主缸助力电机或"电机柱塞泵+主缸助力电机"作为 AEB 系统主动建压解决方案。这些方案可以减少对原有制动系统的改动，并且已成为 AEB 制动系统方案选择的一个重要方向。为了进一步提高制动响应速度、缩短紧急制动距离和简化制动系统，汽车制动零部件厂商和研究机构正在研发电子机械制动和电磁制动等新一代制动系统，这也将成为未来 AEB 系统方案的重要方向。

3. AEB 实例分析

经典的安全车距模型通常有 Mazda、Honda、NHTSA、首尔大学等提出的轮胎路面附着因数估计模型等。这些安全车距模型具有两级的预警算法，其中第一级算法即预警距离算法，通常被单独应用在 FCW 系统上，而 AEB 系统中则采用两级预警算法。一部分经典安全车距模型已经在前文 FCW 系统中进行了介绍，此处不再赘述，下面对 AEB 系统的碰撞实验进行介绍与分析。

如图 2-55a 所示，测试车辆以一定的速度在道路上行驶，道路中央放置一个行走假人以模拟实际行驶过程中行人穿过马路的情况，随后分别进行开启 AEB 与关闭 AEB 的碰撞实验，观察在有无 AEB 辅助的情况下是否会与行人发生碰撞。从图 2-55b 可以发现，开启了 AEB 系统的测试车辆在没有驾驶人干预的情况下，通过系统的自动紧急制动功能，安全地在路口停下，未碰撞到假人。而图 2-55c 中未开启 AEB 系统的测试车辆在没有驾驶人干预的情况下，无法对道路前方的车况进行判断并做出反应，直接撞上假人，发生了较为严重的碰撞事故。

a) b) c)

图 2-55 有无 AEB 车况对比图
a）模拟碰撞场景 b）开启 AEB 进行自动紧急制动 c）未开启 AEB

通过碰撞试验我们可以发现，AEB 系统在避免碰撞或避障方面有着极其重要的作用。作为车辆辅助驾驶中重要的一项功能，AEB 系统能够在车况较为紧急的时刻帮助驾驶人制动汽车或自动紧急制动，在一定程度上可以缓解碰撞的程度或者避免碰撞的发生。

4. 发展趋势

（1）AEB 的改进方向 AEB 可以避免车祸或减轻不可避免的车祸的严重程度。然而，AEB 也存在一些缺点如误制动、使驾驶人陷入自满情绪等。误制动大多是由传感器识别错误造成的，如将相邻车道的行人或者车辆识别成本车道，或者将前方路桩、标识牌等识别为障碍物等，从而造成车辆在行驶过程中突然自动紧急制动。当 AEB 突然触发时，最大减速度可以达到 $1g$，如果驾驶人在开车时没有系好安全带，或者后排乘客没有系安全带，则不仅会造成车内驾驶人和乘客不必要的恐慌,甚至会对驾驶人和乘客造成伤害,严重时还可能与后方来车发生追尾碰撞。

(2) 自动紧急制动的未来趋势

1) 针对复杂多变交通场景下的 AEB 避撞综合性能进行优化。加强在行人突然横穿马路、侧方突然插入车辆等复杂场景避撞效果的研究和提升。同时,可以利用提高毫米波雷达、单双目摄像头以及激光雷达等感知装置的性能,提升 AEB 系统对于对车辆周边实时路况的获取能力,并不断丰富 AEB 系统分析碰撞场景的能力,提高其在复杂路况下避撞的处理能力。

2) 发展更快响应时间的 AEB 执行机构装置。当前的 AEB 执行机构研究主要以减少主动制动响应时间和提升主动制动控制精度为主,未来的研究可以针对紧急制动距离、主动制动响应时间、制动系统的简化设计等方面进行分析研究,以发展成熟的线控制动系统替代现行的 AEB 执行机构。

3) AEB 系统主要是辅助驾驶人在车辆处于紧急工作状态时缓解或避免碰撞发生,系统的运行以安全为前提。然而 AEB 作为紧急状况下的主动制动系统,仅从制动方面进行研究无法实现对危险车况的全面规避,只能够适当地进行减轻。因此,为了全面提升车辆主动安全性能,应将 AEB 与转向预警、盲点检测等安全技术进行深度整合,将其转变成应对紧急工况的车辆自动紧急控制系统。

2.3.3 车道偏离警告(LDW)系统

1. 理论基础

(1) LDW 的定义 车道偏离警告系统(Lane Departure Warning System,LDW)由摄像头、控制器和警告装置组成,通过摄像头确定车辆相对于两侧车道标识线的位置,当检测到车辆开始偏移出其车道时(除非在该方向上打开转向灯),警告装置会通过声音、灯光等形式向驾驶人发出警告。LDW 系统是一种旨在通过警告提醒的方式来减少因为驾驶人疲劳、分心驾驶等因素造成交通事故的系统。

(2) LDW 的工作原理 车道偏离系统的摄像头(一般位于车身侧面或后视镜下方)会实时采集道路两侧标识线的图像信息,对捕捉到的图像进行预处理以识别出道路的车道线,接着系统会根据预设的警告模型算法进行分析,计算车辆在当前道路所处位置与两侧标识线的横向距离,判断车辆是否有偏离车道的趋势。

当系统检测到车辆有偏离车道的趋势,但有没有偏离侧转向灯信号、转向盘急转信号和紧急制动信号等信号激活时,系统会由控制器发出警告信号,整个过程大约在 0.5s 内完成,为驾驶人提供更多的反应时间。LDW 的工作原理如图 2-56 所示。

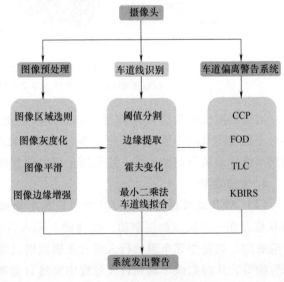

图 2-56 LDW 原理框图

(3) LDW 四种预警模型 LDW 系统需要根据车辆当前位置判断车辆是否发生偏离,因此偏离预警模型的准确与否会直接影响预警结果的好坏。车道预警模型一般分为四类:基于当前位置的预警模型(CCP 模型)、基于将来偏离量的预警模型(FOD 模型)、基于车辆将横越车道边界时间的预警模型(TLC 模型)和基于道路场景感知的预警模型(KBIRS 模型)。

1)CCP 模型。CCP 模型判断车辆是否发生偏移的依据是当前车辆与车道线横向距离的大小。系统通过摄像头检测车辆在当前车道中的位置以及车道线的位置,并假定车辆大致与车道线平行,再根据车宽等已知信息,求出车辆左、右车轮当前位置相对于左、右车道边界的距离:

$$\Delta d = \begin{cases} \dfrac{b_{\text{lame}}}{2} - \left(d_0 + \dfrac{b_v}{2}\right) \\ \dfrac{b_{\text{lame}}}{2} + \left(d_0 - \dfrac{b_v}{2}\right) \end{cases} \tag{2-39}$$

式中,b_{lame} 为当前车道宽度,单位为 m;d_0 为车辆当前自身的中心线相对于车道中心线的距离,单位为 m;b_v 为车辆的宽度,单位为 m。

由式(2-39)分别计算车辆左右两侧边缘到车道线距离。在图 2-57 所示车况下,第一个表达式计算了车辆右边缘到右侧车道线的距离,第二个表达式计算了车辆左边缘到左侧车道线的距离。若 $\Delta d>0$,则表明车辆没有超过两边的临界车道线,此时不警告;若 $\Delta d<0$,则表明车辆已经越过两边的临界车道线,此时应发出偏离警告。

2)FOD 模型。FOD 模型在 CCP 模型的基础上加入了依据驾驶人习惯设置的虚拟模型,如图 2-58 所示。由于一部分驾驶人在驾驶车辆时可能习惯于在车道两边行驶,甚至有可能跨越车道线边界,但这是驾驶人有意识的驾驶行为,此时系统应该减少警告次数或者不警告。因此 FOD 模型根据驾驶人的驾驶习惯分别设立了虚拟和真实车道线,并根据侧向速度、当前车辆距车道线的距离来计算出预计的车辆侧向位置,当车辆侧向偏移的位置超出虚拟车道边界位置时,即进行警告。使用 FOD 模型警告的准则为

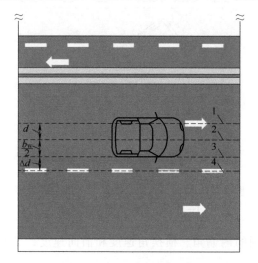

图 2-57 CCP 检测示意图
1—车道中心线 2—车辆中心线
3—车身边缘线 4—车道边缘线

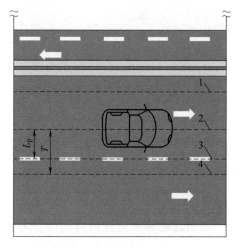

图 2-58 FOD 检测示意图
1—虚拟车道边界线 2—车辆中心线
3—真实车道边界线 4—虚拟车道边界线

$$L'_p > V \tag{2-40}$$

式中，V 和 L'_p 分别表示车辆到虚拟车道线的距离和预计的侧向距离，单位为 m。其计算公式为：

$$L'_p = L_p + TL_v \tag{2-41}$$

式中，L_p 表示当前车辆与实际车道边界线间的距离，单位为 m；T 表示车辆运动时间，单位为 s；L_v 表示车辆的横向运动速度，单位为 m/s。

3）TLC 模型。TLC 模型（Time to line crossing）是通过计算车辆边缘到车道线所用时间来判断车辆是否发生偏移的一种算法。其根据车辆目前的运行状态计算出一个预估时间，该时间与系统设置的阈值时间 T 进行比较，并基于此来判断是否需要发出预警。若该时间在阈值范围内，则系统发出预警，否则不发出预警，继续行驶。根据车辆的运行状态不同，就会分为两种情况：

① 车辆保持目前的行驶方向不变，如图 2-59 所示。由于车辆距离车道线为竖直方向距离，故可以根据目前车速 v 和航偏角 θ 得到所需时间为

$$t = \frac{d_0}{v\sin\theta} \tag{2-42}$$

式中，d_0 为车辆边缘到虚拟车道线的垂直距离，单位为 m；v 表示沿运动方向的速度，单位为 s；θ 为航偏角。设临界时间为 T，当触碰临界车道线的时间 $t<T$ 时，系统发出偏离警告。

② 假设车辆在直线道路上的偏离过程中航向角不变，则车辆的运动轨迹类似于圆曲线，其运动情况如图 2-60 所示。

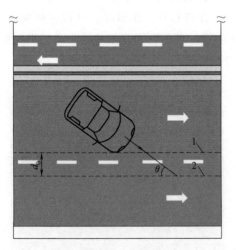

图 2-59 车辆保持目前的行驶方向 TLC 不变示意图
1—车辆边缘线 2—车道边界线

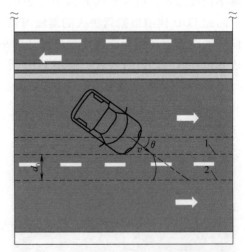

图 2-60 转向盘转角不变的 TLC 预警示意图
1—车道边界线 2—车辆边缘线

车辆触碰临界车道线的时间综合考虑了车辆的侧偏角、横摆角速度和前向速度，其模型为

$$d(l) = vt_c \tan\theta + \frac{1}{2}a_1 t_c^2 \tag{2-43}$$

$$a_1 = \frac{v^2}{R_{\text{re}}} = \frac{v^2}{1/(C_{\text{r}} - C_{\text{V}})} \tag{2-44}$$

$$t = \frac{-v\tan\theta + \sqrt{v^2\tan^2\theta + 2v^2 d(l)\left(C_{\text{r}} - \frac{w}{r}\right)}}{v^2\left(C_{\text{r}} - \frac{w}{v}\right)} \tag{2-45}$$

式中，$d(l)$ 为车辆前轮距道路边界线的距离，单位为 m；v 为车辆前行速度，单位为 m/s；a_1 为车辆侧向加速度，单位为 m/s²；C_{r} 与 C_{V} 分别为道路曲率和车辆运行轨迹曲率，且 $C_{\text{V}} = \omega/v$；ω 为车辆横摆角速度，单位为 rad/s；θ 为车辆侧偏角，单位为 rad。对于式（2-45），当触碰临界车道线的时间 $t<T$ 时，发出偏离警告。

4）KBIRS模型。KBIRS模型（Knowledge-based interpretation of road scenes）即基于道路场景感知的预警模型。该模型仅作为一种理论观点，在实际应用中并不成熟。这种模型的原理是当车辆在本车道内发生急剧偏离时，系统对周边环境的感知会在短期内发生巨大改变，此时系统便会对驾驶人发出预警。

2. 主要组成

车道偏离警告系统由图像采集单元、电子控制单元、人机交互单元等组成，与前文介绍的其他辅助驾驶系统组成类似，故此处仅做简要介绍。

（1）图像采集单元 图像采集单元通过采集车辆在行驶过程中的外部图像，对车辆行进的车道线进行识别，并将模拟视频信号转换为数字视频信号，图像采集单元主要包括车载摄像头和图像采集卡等。

车载摄像头的安装位置将直接影响到车道偏离预警系统的安全性，除安装在车身侧方（或后视镜位置）之外，还存在另一种解决方法，即将车载摄像头安装在车辆前部。目前常见的车道偏离预警系统基本都采用了视觉传感器（少数品牌使用了红外线传感器），由前风窗玻璃下的摄像头对道路边界线进行监测，然后由感知模块对道路几何特征和车辆动态参数进行分析，最后通过算法对车道偏离的可能性进行评估。一旦判定车辆偏离车道，系统将会向驾驶人发出警告信息。

（2）电子控制单元 电子控制单元对摄像头采集到的图像信息进行分析，以此来判断出车辆所处的道路位置，并以转向盘转角传感器、横摆角速度传感器等为基础，来感知车辆当前的运动参数，并将其传回车载计算机进行分析。计算机内部设置的算法可以完成数字图像处理、车辆状态分析等功能，判别车辆与路面标记（例如车道线）的距离，并对车道偏离的可能性进行评价。当车辆在没有打开转向灯的条件下即将越线发生车道偏移时，系统会认定此情况属于驾驶人无意识的行为，从而开启车道偏离提示。

（3）人机交互单元 人机交互单元可以通过显示界面向驾驶人提示系统当前的状态，且在出现危险情况时，可以发出声音、灯光等提醒驾驶人。除此之外，还可以采用座椅或转向盘振动的形式对驾驶人发出预警信号。

偏离车道警告系统通过显示器上的一个按钮来开启或关闭。打开点火开关时，偏离车道警告系统恢复到上次停车前的启用状态（上次功能模式）。显示屏可以告知驾驶人。偏离车道警告系统处于使用还是关闭状态。偏离车道警告系统使用时，还会显示系统是否处于准备发出警告的状态。只有在使用状态下、车速超过 70km/h 且识别到一条或两条车道边线时，系统才会进入准备发出警告的状态。

3. 几种车道线识别方法

车道线检测跟踪是 LDW 系统工作的基础，它通过某一种算法获取道路环境中的车道线特征信息，并对车道线进行检测跟踪，再将信息反馈给预警系统。按照摄像头在车辆上安装位置的不同可将其分为俯视与前视两种车道偏离预警系统。美国卡内基梅隆大学机器人学院开发的 AURORA 系统便属于俯视系统。相比俯视系统，前视系统使用更为广泛、普遍，主要代表有 AutoVue 系统、LDW 系统、STAR 系统等。

近几年，我国在车道偏离预警系统方面的研究上取得了不菲的成绩。下面将对几个经典系统的车道识别方法和预警逻辑进行介绍。

（1）AURORA 系统　AURORA 是一种基于视觉的道路偏离预警系统。其采用了一个简单的向下看的视觉系统，包括一个带广角镜头的彩色相机、一个数字化仪和一个便携式工作站。彩色摄像头安装在汽车侧面，指向下方的道路；这使得 AURORA 能够查看车辆旁边约 2.0m×1.5m 的道路区域，AURORA 处理数字转换器的处理率为 60Hz，如图 2-61 所示。

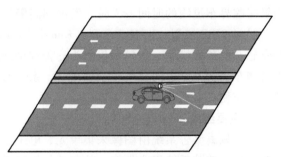

图 2-61　俯视车道偏离预警系统

摄像机的视频输出由数字转换器捕获，并使用便携式工作站进行处理。通过应用一种简单的二元可调模板相关方法实现对车道线的检测。首先，摄像头通过扫描得到一张道路的图片，接着系统会在图片上叠加扫描线，将图片划分为多个小的部分，随后在扫描线上划分出多个扫描点。对于扫描线上每个点周围的对称邻域，将其与标准的道路标记线模板进行对比，计算该邻域与车道标记模板的相似性。如果相似度高于某个阈值，则将该部分检查点定义为道路标记线部分，如果没有满足该阈值测试，则说明 AURORA 指示图像中没有车道标记。

在确定道路特征识别方法后，需要对车辆运动过程中的连续图像进行特征提取。由于车辆在高速公路上的行驶速度较快，因此对 AURORA 的实时运行效率也有更高要求。AURORA 使用局部搜索策略，首先在最后检测到的标记位置附近进行搜索，可以更快确定车辆当前的位置信息，进一步提高了其效率。这也有助于避免由道路上的虚假特征引起的融合。同时，AURORA 中的局部搜索范围是道路模板标记区域大小的 2 倍。如果车道标记在该局部搜索范围内，则可以比搜索整个扫描线更轻松地检测到它。如果 AURORA 无法在本地搜索范围内找到车道标记，系统则将搜索扩展到整个扫描线。

由于在运动过程中，车道标记线的宽度可能会随着其在图片中的位置的变化而变化，因此需要对其进行校准，以确定沿扫描线在每个点使用的标记宽度。AURORA 的校准程序包括在摄像机视野中距离车辆已知距离处定位校准标记，由于摄像头俯视时的视觉差，会使得靠近车辆部分的标记间隔大，远离车辆的标记间隔小，在图像上呈现出不均匀的间距，该方法可以用来校准 AURORA 系统中的相机视野与实际距离之间的关系。如图 2-62 所示。在校准过程中，需要在相机视野中放置已知距离的标定标记，通常这些标记以相等的间距 10cm 放置。用户会使用鼠标手动指示图像中标记所在的列。系统通过实际列间距离与图像中列的分布信息计算出每列的像素与厘米之间的比例因子，用于像素与实际距离的转换。通过校准过程，AURORA 系统能够更准确地估计车辆在图像中的横向位移，并将其转换为实际距离，同时系统根据当前搜索的扫描线中的位置，在运行时调整标记区域车道宽度的大小，补偿透视和镜头畸变的影响。

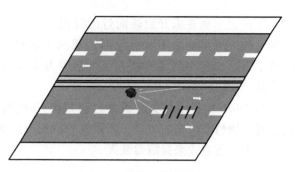

图 2-62　摄像头校准示意图

一旦 AURORA 定位了车道标志，下一步就是计算车辆的横向位置。将用于补偿透视效果和镜头失真的标记宽度的技术用于计算车辆与车道边缘的距离。具体方法是通过将检测到的车道标记的位置与已知校准标记的位置进行比较来确定车辆的大致横向位置。

AURORA 判断是否发出警告的逻辑是基于车辆跨越某一侧车道线所用的时间，也就是前文所介绍的 TLC 模型。当车辆正常行驶时，其横向速度很小，那么跨越某一侧车道线的时间就比较久，此时不会触发任何警告；而在驾驶人校正操作期间横向速度较大的情况下，车辆的运动将朝向车道的中心，因此时间仍然较久，仍不会触发警告。只有当车辆靠近车道边界，并朝着将其带过该边界的方向行驶时，才会触发警告。

（2）Auto Vue 系统　Auto Vue 车道偏离警示系统将 60°视野的摄像头连接到车载计算机，车载计算机使用图像识别软件跟踪可见的车道标记。系统会持续监测车辆的位置，并检测车辆何时开始意外变道，当检测到车辆发生意外变道时，Auto Vue 会发出独特的"隆隆声"或其他声音进行警告，以提醒驾驶人进行纠正。Auto Vue 系统由德国 DaimlerChrysler 公司和美国 Iteris 公司联合开发。

系统预警策略为前面所介绍的 CCP 模型：首先利用摄像头获取的道路车道线与车辆实时的位置信息，随后计算车辆在当前车道上的行驶位置与车道边界线的距离，并将实时距离与系统预设好的警告距离阈值进行比较，当车辆与车道边界线距离较近时，系统将判定车辆可能会发生车道偏离，并给出振动警告声音提醒驾驶人纠正转向盘的位置。

Auto Vue 在白天和晚上均能正常工作，且在大多数可见车道标线的天气条件下都有效，即使在雾天或雨天等低能见度情况下也是如此。系统可以识别实线和虚线路肩线、中心线以及车道之间的线，即使这些车道线已严重褪色。在下雪的情况下，如果驾驶人能看到一条线，那么 AutoVue 系统也能检测到该线。当车辆在白雪皑皑的道路上行驶时，AutoVue 系统无法检测到车道线，进入禁用状态，并通过点亮橙色警示功能灯来通知驾驶人。该系统在经过优化后，几乎可以消除假警报：对于激活转向信号指示的计划车道偏离，AutoVue 不提供警告；当车速低于 60km/h 时，该系统将禁用警告。而且，该系统有一项增加的功能，当车辆朝激活转向信号灯的相反方向移动时，系统将发出警告。目前，该系统主要使用在欧洲的多种货车上，具有较好的预警性能，得到较好的用户满意度。

4. LDW 系统实例分析

由上述内容可知 LDW 的组成、工作原理以及其主要功能，下面将介绍 LDW 系统在实际的道路行驶过程中是如何发挥作用的。

如图 2-63a 所示，红色车辆为未启动 LDW 系统的测试车辆，由于驾驶人分心或疲劳驾驶等原因，车辆在未开启转向灯的情况下无意识地向某侧车道边缘偏离，而相邻车道的车辆驾驶人很可能来不及反应而造成两车相撞的事故；或者即便相邻车道的驾驶人立即鸣笛示意，红色车辆的驾驶人也可能因为突发情况导致操控失误，从而造成不必要的交通事故。

图 2-63b 中所示红色车辆为启动 LDW 系统的测试车辆，系统通过图像采集单元等来确定自身车辆当前所在的位置，当系统分析发现自身车辆有偏离的趋势时，会在显示屏上通过灯光、声音等方式来提醒驾驶人。

a)

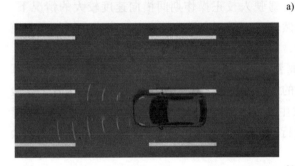 

b)

图 2-63 有无 LDW 系统对比图
a) 未开启 LDW 系统　b) 开启 LDW 系统

通过上述分析，可以发现 LDW 系统在保持车辆沿道路稳定行驶方面具有重要的作用，在开启 LDW 系统时，驾驶人可以在车辆产生偏离趋势的第一时间了解车辆运动情况并及时纠正，避免因为无意识的道路偏离影响相邻车道的车辆正常行驶，以及由于驾驶人来不及反应而造成的交通事故。

5. 发展趋势

(1) LDW 系统的局限性　车道偏离预警功能作为一个驾驶辅助功能，确实能够在车辆发生无意识偏离时给出及时的警告，避免碰撞或翻车的发生，是一个非常实用的安全性功能。不过 LDW 仍存在以下几点局限性：

1）车道偏离系统对于应用环境有着比较高的要求，比如行车速度、路面宽度以及分道线的清晰程度，而对于山路或者路况较差的非铺装路面来说，系统的应用可能较为困难。

2）在雨雪天气或能见度不高的路面时，采集车道标识线的准确度会下降，即使是采用了技术先进的摄像头系统，在一些道路能见度低的情况包括在大雨、雪、大雾和尘土飞扬的道路上行驶车道偏离系统也很可能会失效。

3）系统不能替代驾驶人对于道路以及交通状况的个人判断，有时会出现误报等情况导致驾驶人突然猛打转向盘，致使车辆失控。

（2）LDW 系统的发展方向　对于 LDW 技术的研究，目前主要集中在车道线的检测方法和车道偏离预警模型构建两大部分。

在车道线检测方法研究方面，可以在传统车道线检测方法基础上，尝试使用深度学习理论进行车道线识别，或采用双目视觉和多传感器融合技术等。

在车道偏离预警模型的构建方面，可以结合车辆的行驶姿态以及驾驶人行为习惯等因素探究车道偏离预警模型。只有通过准确的车道线检测和合理的车道偏离预警模型，才能及时、可靠地提醒驾驶人，避免疲劳驾驶或注意力不集中导致的无意识车道偏离，从而减少和预防车道偏离事故的发生。

2.3.4　盲点检测（BSD）系统

1. 理论基础

（1）BSD 系统的定义　盲点检测（Blind Spot Detection，BSD）系统是指通过雷达等技术，对车辆后方以及相邻车道后方等驾驶人存在视觉盲区的地方进行探测。由于驾驶人在变道时很难发现盲区中的车辆，若此时盲区中的车辆想要进行超车等操作，由于驾驶人无法观察到后方来车继续进行变道操作，就有可能导致两车发生碰撞。此外，在大雨、大雾以及夜晚光线昏暗的情况下，驾驶人也难以观察到后方车辆，在这种情况下变道同样也存在很大的碰撞风险。因此利用盲点监测系统来解决驾驶人的视野盲区问题能够有效避免以上问题。

（2）BSD 系统的工作原理　驾驶人处于驾驶位时，会因为车身侧面阻挡、后视镜摆放不当或光线较差等原因造成视线受阻，从而形成"行车视觉盲区"。图 2-64 显示了一辆客车在正常行车过程中驾驶人的视觉盲区。驾驶人在驾驶时，80% 以上的信息都是通过视觉获得的，而听觉等感觉不到 20%。机动车的驾驶视野盲区，会极大地影响到驾驶人对信息的获取，同时也会为机动车发生交通事故埋下安全隐患。

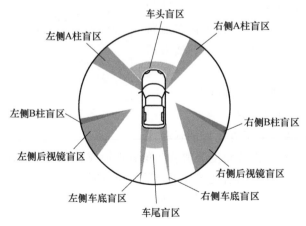

图 2-64　驾驶人视野盲区示意图

根据导致盲区的原因，可以将"驾驶视野盲区"分为两类：

1）车外视野盲区：车辆在行驶过程中，由于受道路线形、建筑物、分隔带、其他车辆（特别是大型车辆）等因素的影响，存在一定的驾驶盲区。在复杂的交通环境中，比如在街道交叉路口、小区出入口或立交桥后方等，由于行人、两轮车或其他车辆等交通参与者的疏忽，很可能会引发交通安全事故。

2）车内视野盲区：车内驾驶盲区根据车身上造成盲区的位置分为：车头盲区、车尾盲区、车身支柱盲区、后视镜盲区等。下面对几种盲区的范围和对驾驶人安全驾驶的影响做简要说明。

① 车头盲区。车头盲区是指被发动机舱盖挡住而让驾驶人看不见的地方，一般情况下，产生车头盲区的原因有车身高度、座椅高度、车头长度和驾驶人的身材等。车辆在行驶过程中，因存在车头盲区以及驾驶人的不当操作，极易发生追尾事故。除此之外，大客车、货车和工程车等中大型车辆，由于其车身和座椅比一般的汽车更高，这就导致了其车头盲区范围更大，发生事故的可能性也更大。

② 车尾盲区。车尾盲区是指以车尾为起点，向后长约350cm、最高处至车辆后窗下边缘、张角约30°的圆锥状区域。因为该区域的面积较大，所以尾部盲区相对于车头盲区更加危险，特别是在倒车过程中。

③ A柱（即前风窗玻璃两侧的支柱）盲区。由于汽车A柱的设计要求，会不可避免地导致视觉上的盲区。在我国，一般情况下，左边A柱的盲角在60°左右，右边A柱的盲角在20°左右。

④ B柱（指前车门和后车门之间的支柱）盲区：B柱盲区通常会影响驾驶人转头观察车辆两侧的交通情况。

⑤ 后视镜盲区。后视镜盲区为驾驶人通过机动车外后视镜镜面最外缘的视觉延伸线，以及驾驶人通过B柱前侧缘的视觉延伸线与邻近车道的外部边线所形成的三角形区域，分布于机动车的两侧。驾驶人左侧的盲区角度通常为35°，右边的盲角度通常为45°。当车辆在道路上行驶时，盲区示意图如图2-65所示。通常驾驶人的座椅越靠后，盲区的范围越大；外后视镜的镜面越向外翻转，盲区的范围越小。

图2-65　车辆后视镜盲区示意图

（3）后视镜盲区的处理办法

1）调节后视镜：通常为了有更好的驾驶体验，驾驶人可以通过调整后视镜角度、加装广角后视镜或者大视野后视镜等方式来使后视镜中可以呈现更多的后方视野。当后视镜处于合适的位置时，驾驶人可以比较及时和清楚地观察到相邻车道后方来车，但无论如何调节后视镜，仍然不能使驾驶人完全观察到车后方情况以及自身车身位置。

2）盲区监测系统：盲区监测系统通过雷达、摄像头等感知装置监测车身侧后方以及正后方的情况，在驾驶人准备变更车道时，能够提供盲区的视野，方便驾驶人观察，同时一些配备了后方来车预警功能系统的车辆还会提醒驾驶人注意后方来车，方便驾驶人变更车道。此外，在夜间、雨雪、大雾等光线较差的地方，由于后视镜的反光和视线较差等因素而存在发生交通事故的安全隐患，BSD 系统同样能够为驾驶人的驾驶操作提供辅助，并且受环境因素的影响小，稳定性好。

（4）BSD 系统基本工作原理　BSD 系统通过在汽车后保险杠内安装两个雷达传感器（也有的在汽车后视镜下方安装两个摄像头），当车辆行驶速度大于某一阈值时自动启动。系统实时利用微波信号探测车辆两侧横向 3m、纵向至车尾后方 3m 的范围（具有两侧来车预警功能的 BSD 系统可探测横向 3m、纵向至车尾后方 50m 的范围），探知后方车辆相对于本车的距离、速度和运动方向等信息，并对其进行分析判断，排除固定物体和远离自身车辆的汽车。当探测到盲区内有车辆接近时，指示灯会被点亮。此时，即使驾驶人无法看到盲区内的车辆，也可以从指示灯中得知有车辆在后方行驶，当前变道存在着碰撞的风险。如果此时驾驶人还是没有注意到盲区指示灯被点亮，开启了转向灯准备变道，那么指示灯就会开始闪烁，某些系统还会发出相应的语音警告，再次提醒驾驶人此时变道存在危险。汽车的 BSD 基本工作示意图如图 2-66 所示。

（5）BSD 系统检测范围和警告标准　根据 GB/T 39265—2020《道路车辆　盲区监测（BSD）系统性能要求及试验方法》的要求，以 M1、N1 类车辆为例，直线行驶工况下车辆的盲区监控范围如图 2-67 所示。

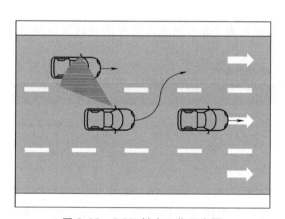

图 2-66　BSD 基本工作示意图

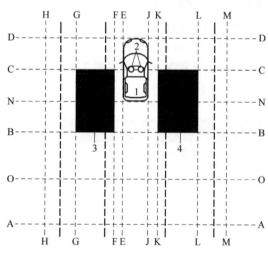

图 2-67　M1、N1 类车辆盲区监控范围示意图

所有给定参考线相对于主车的位置见表 2-5。

表 2-5　各参考线相对于主车的位置

参考线	相对于主车位置
A	平行于主车车尾边缘并距离 30m 的后方
B	平行于主车车尾边缘并距离 3m 的后方
C	平行于主车的车头边缘并位于眼球椭圆 95 百分位的中心
D	主车车头边缘两侧方向的延长线
E	平行于自车的中心线并位于自车车身除去外后视镜的左侧边缘线上
F	平行于主车的中心线，距离车身左侧边缘线 0.5m
G	平行于主车的中心线，距离车身左侧边缘线 3m

(续)

参考线	相对于主车位置
H	平行于主车的中心线,距离车身左侧边缘线 6m
J	平行于主车的中心线并位于自车车身除去外后视镜的右侧边缘线上
K	平行于主车的中心线,距离车身右侧边缘 0.5m
L	平行于主车的中心线,距离车身右侧边缘线 3m
M	平行于主车的中心线,距离车身右侧边缘线 6m
N	主车车尾边缘两侧方向的延长线
O	平行于主车车尾边缘并距离 10m 的后方

图 2-67 中所示的 1 为试验车辆,2 为第九十五百分位眼椭圆的中心,并满足 GB/T 36606—2018《人类工效学 车辆驾驶员眼睛位置》的规定。阴影部分 3 和 4 分别为车辆左侧和右侧的盲区监控范围。线 A 和线 B 均平行于车辆后缘,位于其后部并分别距后缘 30m 和 3m。线 C 平行于车辆后缘并穿过 2。线 O 平行于车辆后缘并位于其后部 10m 处。线 G 和线 F 平行于车辆中心线,位于车身左侧最外缘的左边并分别与其相距 3m 和 0.5m。线 L 和线 K 平行于车辆中心线,位于车身右侧最外缘的右边并分别与其相距 3m 和 0.5m。

BSM 系统应覆盖左右相邻区域(图 2-67 中 3、4 的区域),当目标车从相邻车道超越主车时,BSM 应满足如下要求:

1) 左侧 BSM 要求参照图 2-67,当目标车辆满足表 2-6 所列条件时左侧盲区发出预警,系统提醒驾驶人。

表 2-6 左侧 BSM 报警条件

序号	报警条件
1	目标车的任何部分越过了线 B
2	目标车全部位于线 C 之后
3	目标车全部位于线 F 的左侧
4	目标车的任何部分位于线 G 的右侧

如果线 A、D、E 和 H 所围成的区域没有任何目标车辆或者其局部,则不得发出左侧盲区警告。

2) 右侧 BSM 要求参照图 2-68,目标车辆满足表 2-7 所列条件时右侧盲区发出警告,系统提醒驾驶人。

表 2-7 右侧 BSM 报警条件

序号	报警条件
1	目标车的任何部分越过了线 B
2	目标车全部位于线 C 之后
3	目标车全部位于线 K 的右侧
4	目标车的任何部分位于线 L 的左侧

如果线 A、D、J 和 M 所围成的区域没有任何目标车辆或者其局部,则不得发出右侧盲区警告。

2. BSD 系统的组成

盲点监测系统与前面介绍的几种辅助驾驶系统组成类似,通常由探测单元、处理单元和显示单元三部分组成。

1) BSD 系统中的探测单元主要用于对其他正在行驶的车辆进行检测,通常由两个探测器组成,安装在后保险杠或靠近后保险杠的位置。该检测装置可以通过摄像头进行探测,也可以通过雷达进行探测。

2) BSD 处理单元会接收到由探测单元采集到的摄像头图像信号或雷达反射信号,对驾驶人的驾驶状态、是否准备变道以及是否已经打了转向灯等进行处理和判断。根据不同的状况对显示器或指示器进行相应的控制,使得显示器或指示器的警示图标亮起,同时发出警告声,提示驾驶人注意盲区来车。

3) BSD 系统的显示单元主要包含车外后视镜上的警示图标和蜂鸣器,可在需要时闪烁和发出警告声,其原理如图 2-68 所示。

图 2-68 BSD 系统的组成与原理图

3. 车辆探测方法

盲点监测系统的探测方法从技术上主要分为视觉和雷达两种,与之前介绍到的几种辅助驾驶系统类似,两种技术路线各有优劣,这里做简要介绍。

(1) 视觉 视觉探测是一种通过在车辆上加装摄像头来监测车辆盲区的方法。摄像头通常安装在车辆两侧的后视镜和车尾,以影像方式监控车辆后方是否有来车。然而,在恶劣天气(如大雨、大雾等)下,采用视觉探测技术容易产生误判。常用的视觉检测方法有图像法(相邻帧差分法、背景减除法)、光流场法等。

1) 相邻帧差分法。相邻帧差分法是一种比较常用的目标检测与分割方法,其算法比较简单,计算量小,通过对图像中相邻两帧灰度图像做差分计算,并对差分结果做目标检测。假设 $f_k(x,y)$ 和 $f_{k-1}(x,y)$ 分别表示第 k 和第 $k-1$ 帧图像,则差分结果为 $D_k(x,y)$ 为

$$D_k(x,y) = |f_k(x,y) - f_{k-1}(x,y)| \quad (2\text{-}46)$$

相邻帧差分法一般应用于固定场景中的目标检测。在固定场景中,属于背景的点在相邻两帧图像上的灰度值变化很小,因为其位置没有发生变化。但属于前景的点由于运动而在两帧图像上发生了偏移,且该偏移量一般较大,从而可以设定一个阈值 T,并对整个差分结果进行二值化处理,将差分结果大于阈值 T 的记为前景点(记为 1,显示为白色),小于阈值 T 的记为背景点(记为 0,显示为黑色),来判定该点属于前景或者后景的点。

$$R_k(x,y) = \begin{cases} 1 & D_k(x,y) > T \\ 0 & D_k(x,y) \leq T \end{cases} \quad (2\text{-}47)$$

2) 背景减除法。背景减除法是通过学习前面若干帧的图像变化来总结背景扰动的规律,得到背景图像,再与当前帧的图像进行对比,得到运动目标的一种方法,与相邻帧差分法类似。其原理如图 2-69 所示。

背景减除法可通过下式进行计算:

$$R(x,y) = |I(x,y) - B(x,y)| \quad (2\text{-}48)$$

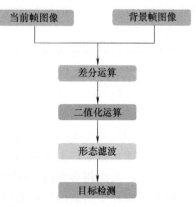

图 2-69 背景减除法原理示意图

$$D(x,y) = \begin{cases} 1, & R(x,y) \leq T \\ 0, & \text{其他} \end{cases} \tag{2-49}$$

式中，T 为给定的阈值；$I(x, y)$ 与 $B(x, y)$ 分别为前景图像和背景图像；$D(x, y)$ 为前两者差分得到的二值图像。当前帧的前景点在 $D(x, y)$ 中表示为 1，背景点表示为 0。背景减除方法类似于相邻帧差分方法，其本质区别在于前者创建背景图像，而非将前一帧作为差分目标。但想要在没有背景的情况下拍出一幅完整的画面几乎是不可能的，且在汽车盲区监控系统中，背景也是不断变化的。一般通过序列图像中前几帧的平均来获取背景减除法中的背景图像。除此之外，还可采用卡尔曼滤波与高斯背景建模的方式。一般情况下，越复杂的背景建模算法，其建模得到的背景越精确，但同时所需的运算量和存储空间也越大。

3）光流场法。光流（Optical Flow）是三维空间物体的运动在成像平面像素点的瞬时速度。通过图像序列中前后帧之间的相关性，计算前后帧之间物体运动的方法。光流的产生是由于场景中相机和运动目标存在相对运动或相机和运动目标单独的运动。

实质上，光流就是一个速度矢量，在二维图像平面可以分解成 x 和 y 两个互相垂直的速度分量。相对于三维空间来说，光流缺少深度信息，因此研究光流的目的便是从一个二维的速度场推导出物体在三维空间的运动场信息。

图 2-70 所示为观测场景中可见点的三维速度在成像表面上的投影。对于整幅图像来说，光流的估计过程就是建立一个包含所有

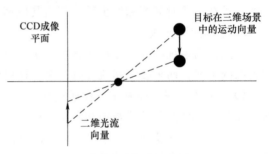

图 2-70　光流示意图

运动向量的运动场。当它只关注部分像素的运动向量时，被称为稀疏光流。而当它关注所有的像素时被称为稠密光流。稀疏光流和稠密光流的用途不同，稀疏光流只计算部分点的光流，计算量小，但依赖于特征提取的数量。稠密光流计算图像中所有点的光流，计算量比较大，不适用于实时系统。

(2) 雷达　根据国家相关标准规定，车载毫米波雷达有两个工作频段，分别为 24.25~26.65GHz 和 76~77GHz。相较于前者，后一个频段的雷达传感器的波长更短，带宽更大，波束更短，分辨率更高，更加适用于 BSD 系统，因此得到了更多的关注。雷达多安装于车侧或后保险杠处，在车辆行驶速度大于 10km/h 时自动启动，通过发出微波侦测车辆两侧及车尾来车。

常用的雷达有普通脉冲雷达、脉冲压缩雷达和连续波雷达。雷达工作时发出探测微波信号，系统对反射回的微波信号进行分析处理，即可得到后方车辆的距离、速度和运动方向等信息。通过系统算法，排除固定物体和远离的物体。雷达测距与测速的原理在本书 2.3.1 节中已经介绍，此处不再赘述。

当雷达检测到有车辆接近盲区时，指示灯会亮起，此时驾驶人虽然看不见位于盲区内的车辆，但也能从指示灯上判断出后方有车在行驶。若驾驶人未发现指示灯亮起，仍开启转向灯准备变道，系统将会发出"嘀嘀嘀"的声音，以提示驾驶人此时不宜变道。通过在整个行车过程中这种不间断的探测和提醒，可以防止行车过程中因恶劣天气、驾驶人疏忽、后视镜盲区、新手上路等潜在危险而造成交通安全事故。相较于采用视觉的技术方案，雷达的方

案不受天气的影响，且微波的穿透力强，探测范围广，具有更好的应用前景。

4. BSD 系统的探测方法应用

（1）基于视觉的模型 Sotelo Miguel Angel 等人提出了一种基于视觉的盲点检测系统在智能车辆上的应用。通过一个安装在汽车后视镜上的摄像头达到视觉探测的目的，检测汽车驾驶人无法观察到的盲点，并利用计算机视觉技术，基于光学流技术对车辆盲点进行检测。

其所提出的 BSD 系统利用双级检测机制来对附近车辆进行检测。在第一阶段，由摄像头捕捉到一批运动的像素点，并将类似的对象组成多个类，此过程称为"聚类"。预检测器系统根据检测到的像素的大小确定检测的聚类是否是潜在的车辆。在第二阶段，另一个探测器寻找潜在车辆前部的外观。只要质心预检测器触发预检测信号，任何看起来像车辆前部的物体都被视为潜在车辆。因此，在图像平面中只要足够大的物体，在与本车相同的行驶方向上产生光流，并呈现出与汽车前部相似的部分，就会被验证为进入盲点的汽车。

由此可知，该系统依赖于使用视觉作为主要传感器的光流计算来提供关于道路场景的信息。为了减少计算时间，仅在图像中的一些特征点上计算光流。这些点具有某些能将它们与环境中的其他点区分开来的特征。通常，这些显著特征具有显著的能量、熵或类似统计值。根据这些特征来寻找特征点，并在这些特征点上计算光流，即可得到潜在车辆的运动方向、运动速度等信息。

（2）基于雷达的模型 使用雷达进行检测通常是先使用雷达在一定范围内进行扫描，探测有无障碍物或物体。当检测到障碍物时，雷达计算与障碍物的距离，具体的测距方法在 FCW 部分已经说明，此处不再赘述。通过距离变化、时间等判断是否为相对本车辆同向行驶的车辆，当发现在检测区域内有同向行驶车辆时，系统将会对驾驶人发出提示。

如图 2-71 所示，复旦大学的凌超等基于毫米波雷达设计了一种将近距离雷达和远距离雷达分别安装在车辆顶部和侧面进行盲点检测的系统，数据收集距离为远距离（15~20m）和近距离（6m）。将雷达安装在车顶会使雷达的检测范围更大，不受车身侧面的限制，能更好地观察车尾的情况。如果盲区里存在车辆，系统将会对驾驶人发出一个预警信号，实现预警功能。

5. BSD 系统实例分析

通过上述对于 BSD 系统的介绍，可以简单了解 BSD 系统的组成以及主要功能等。在实际道路行驶过程中，BSD 系统有着极其重要的作用。如图 2-72 所示，通过两组图片对比开启 BSD 和未开启 BSD 时的道路车况。

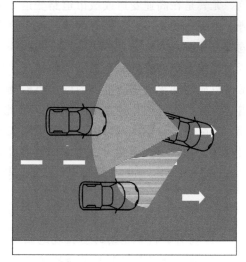

图 2-71 车顶雷达扫描示意图

如图 2-72a 所示，红色车辆未开启 BSD，当驾驶人打开转向灯准备变道时，从后视镜中并未能观察到后方有车辆存在，而当驾驶人正进行变道操作时，后方盲区视野内的车辆突然出现，此时两车极易发生碰撞。

而如图 2-72b 所示，当红色车辆在开启 BSD 后，系统可以通过探测单元对后方盲区视野进行探测，当检测到盲区内有车辆靠近时系统会通过灯光、声音等方式提醒驾驶人注意后方来车，此时不宜变道，驾驶人可以根据系统的提醒，在等待后方车辆通过后选择合适时机进行变道，在很大程度上降低由于驾驶人盲区导致变道发生碰撞的交通事故。

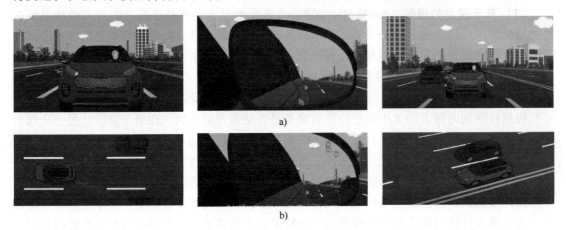

图 2-72　有无 BSD 对比图
a）未开启 BSD　b）开启 BSD

由该例可知，车辆在开启 BSD 系统后，相较于未开启 BSD 的车辆更容易发现后方盲区来车，驾驶人可以第一时间根据车辆运动情况做出反应，减少由于驾驶人对后方道路情况不清楚导致的交通事故。

6. 发展趋势

盲点检测系统对行车安全的整体提升具有重要作用，在汽车辅助驾驶中扮演着重要的角色。尤其是在高速变道或城市道路变道等情况下，盲点检测系统往往能够发挥出其独特的优势。由于车辆众多，变道时很容易发生意外，而盲点检测系统则能够及时发现并预警潜在的危险，从而有效地避免事故的发生。此外，盲点检测系统还可以提供更加全面的行车信息，帮助驾驶人更好地掌握车辆周围的情况，提高行车安全性。当前盲点检测系统所用的雷达技术可以应用到车辆周边范围内的盲点检测，但是会受到车身结构的影响。无论是摄像头还是雷达，其工作范围往往会受到限制，因此仍需考虑如何通过提高雷达以及摄像头的工作区域，来减少车身结构对盲区探测范围造成的影响。同时在车辆行驶过程中，雷达系统也容易出现误识别现象，因此可以考虑如何通过提高数字分析识别能力来提高雷达的工作效率。

思　考　题

1. 为什么汽车制动时会出现跑偏和侧滑？
2. 什么叫滑移率？在干燥硬实路面上制动时，最佳滑移率约为多大？
3. 哪种 ABS 的布置方案效果最好？为什么？
4. 简述 ABS 对汽车制动性能和操纵性能的意义。
5. ASR 与 ABS 的异同点有哪些？
6. 简述 ASR 的基本组成。
7. ASR 有哪几种主要的控制方式？

8. ESP 由哪些部分组成？各部分的基本作用是什么？
9. 为什么汽车应具有转向不足特性而不是中性转向特性？
10. 简述汽车行驶在弯道时 ESP 的工作过程。
11. FCW 的传感器主要由哪些部分组成？各有什么优缺点？
12. FCW 的主要功能是什么？它与 AEB 有哪些不同？
13. 毫米波雷达作为一种常见的车载雷达，它有哪些优缺点？
14. 通过单目摄像头进行车距检测时，通常有哪几种检测方法？请简要介绍。
15. AEB 的工作原理可以分为几个部分？分别是什么？
16. AEB 的功能包括哪些方面？请简要介绍。
17. LDW 的主要作用是什么？其基本工作原理是什么？
18. LDW 的常见模型有哪几种？请分别简要介绍。
19. BSD 中雷达的工作频段有哪几种？常用频段是哪种？
20. BSD 的监控盲区警告范围应符合怎样的标准？

参 考 文 献

[1] 杨帅，张金换，钱占伟，等. 汽车安全多领域融合的研究与展望［J］. 汽车安全与节能学报，2022，13（1）：29-47.

[2] 朱晴. 基于逻辑门限的 ABS 控制方法与驱动信号研究［D］. 天津：河北工业大学，2016.

[3] 王艺颖. 汽车主动安全技术现状及发展趋势综述［J］. 黄河水利职业技术学院学报，2020，32（3）：44-49.

[4] 李源. 汽车制动性能检测数据研究分析［J］. 大众标准化，2022（4）：187-189.

[5] 杨瑞蔚. 汽车制动性能检测方法的研究［J］. 轻工科技，2019，35（1）：52-54.

[6] 刘倩. 汽车防抱制动系统（ABS）模糊控制方法的研究［D］. 长春：吉林大学，2008.

[7] 舒华，姚建军，姚国平，等. 桑塔纳 2000GSi 型轿车 MK20-Ⅰ型 ABS 结构研究［J］. 汽车电器，2003（1）：46-49.

[8] 李建华. 基于 ESC 控制系统的 ABS 控制策略研究及试验［D］. 长春：吉林大学，2010.

[9] 王少凯，孙骏. 牵引车 ABS 系统的联合仿真研究［C］//中国汽车工程学会. 2007 中国汽车工程学会年会论文集. 北京：机械工业出版社，2007.

[10] 张文. 基于 AOH 制动系的重型多轴车 ABS 仿真分析系统研究［D］. 武汉：武汉理工大学，2015.

[11] 高逾. 全挂汽车列车制动稳定性的仿真研究［D］. 合肥：合肥工业大学，2009.

[12] 高为炳. 变结构控制的理论及设计方法［M］. 北京：科学出版社，1996.

[13] HARIFI A, AGHAGOLZADEH A, ALIZADEH G, et al. Designing a sliding mode controller for antilock brake system［C］//EUROCON 2005-The International Conference on "Computer as a Tool". IEEE, 2005, 1: 258-261.

[14] KACHROO P, TOMIZUKA M. Chattering reduction and error convergence in the sliding-mode control of a class of nonlinear systems［J］. IEEE Transactions on automatic control, 1996, 41 (7): 1063-1068.

[15] 张代胜，李伟. 基于滑移率的汽车防抱模糊控制方法与仿真［J］. 农业机械学报，2002（2）：28-31.

[16] 郭孔辉，王会义. 模糊控制方法在汽车防抱制动系统中的应用［J］. 汽车技术，2000（3）：7-10.

[17] KHATUN P, BINGHAM C M, SCHOFIELD N, et al. Application of fuzzy control algorithms for electric

vehicle antilock braking/traction control systems [J]. IEEE Transactions on Vehicular Technology, 2003, 52 (5): 1356-1364.

[18] KOKES G, SINGH T. Adaptive fuzzy logic control of an anti-lock braking system [C] //Proceedings of the 1999 IEEE International Conference on Control Applications (Cat. No. 99CH36328). IEEE, 1999, 1: 646-651.

[19] BUCKHOLTZ K R. Use of fuzzy logic in wheel slip assignment - Part I: yaw rate control [J]. SAE Transactions, 2002: 1615-1621.

[20] LAYNE J R, PASSINO K M, YURKOVICH S. Fuzzy learning control for antiskid braking systems [J]. IEEE Transactions on Control Systems Technology, 1993, 1 (2): 122-129.

[21] 郝新平, 孙国栋. 浅议汽车ABS技术的发展趋势 [J]. 汽车运用, 2008 (10): 34-35.

[22] 程健. 2.8T型柴油机与轻型越野车传动系统匹配研究 [D]. 长春: 吉林大学, 2006.

[23] 余志生. 汽车理论 [M]. 5版. 北京: 机械工业出版社, 2009.

[24] 刘杰军. 汽车ABS和ASR联合控制的研究 [D]. 哈尔滨: 哈尔滨工业大学, 2008.

[25] 沈杰. 驱动防滑技术ASR在商用车上的应用 [J]. 客车技术与研究, 2009, 33 (3): 34-36.

[26] 邢伟. 基于模型的ABS/ASR系统故障预测仿真研究 [D]. 天津: 河北工业大学, 2013.

[27] 朱永振. ASR基本原理及控制策略浅析 [J]. 上海汽车, 2015 (1): 49-51.

[28] 户望力. 基于路面附着系数的汽车ESP系统控制策略研究 [D]. 西安: 长安大学, 2021.

[29] 罗磊. 汽车操纵稳定性的研究与评价 [J]. 南方农机, 2019, 50 (6): 209.

[30] 李成. 汽车ESP控制系统研究 [D]. 桂林: 桂林理工大学, 2017.

[31] 林梅彬. 主动安全技术在汽车上的应用与发展 [J]. 机电技术, 2018 (4): 101-103.

[32] 杨心悦. AEB, FCW测试场景的研究和仿真测试 [D]. 天津: 天津职业技术师范大学, 2022.

[33] 郑望晓, 刘建平, 郑阳, 等. 前向碰撞预警系统报警策略分析 [J]. 汽车实用技术, 2019, 2: 139-142.

[34] 徐豪. 汽车主动防撞预警系统规避控制研究 [D]. 长春: 吉林大学, 2012.

[35] 于广鹏, 谭德荣, 马福霞. 汽车防碰撞预警/碰撞算法研究现状及分析 [J]. 山东理工大学学报: 自然科学版, 2014, 28 (6): 1-5.

[36] 王建强, 迟瑞娟, 张磊, 等. 适应驾驶员特性的汽车追尾报警-避撞算法研究 [J]. 公路交通科技, 2009 (S1): 7-12.

[37] 杨良坤, 靖苏铜, 陈传阳, 等. 不同车型FCW试验中TTC安全时间阈值分析 [J]. 交通节能与环保, 2019, 15 (2): 16-17.

[38] 宋晓琳, 冯广刚, 杨济匡. 汽车主动避撞系统的发展现状及趋势 [J]. 汽车工程, 2008, 30 (4): 285-290.

[39] 曾杰, 王戡, 张仪栋, 等. FCW系统目标检测距离精度测试与研究 [J]. 客车技术与研究, 2018, 40 (5): 52-55.

[40] 陆单. 基于毫米波雷达的雾天前方车辆信息获取技术 [D]. 武汉: 武汉理工大学, 2009.

[41] 尹申燕. 应答式厘米波汽车防撞雷达的研究 [D]. 重庆: 重庆大学通信工程学院, 2003.

[42] 庄俊, 杨沛, 王鹏. 波形切换对雷达距离测量的影响 [J]. 舰船电子对抗, 2019, 42 (4): 16-19.

[43] 康丽艳, 苏涛, 牛亚莉. 基于部分脉压的雷达测距方法 [J]. 雷达科学与技术, 2006, 4 (6): 335-338.

[44] 钟科学. 基于毫米波雷达与DSRC的车辆前向碰撞预警系统研发 [D]. 重庆: 重庆大学, 2020.

[45] 何仁, 冯海鹏. 自动紧急制动 (AEB) 技术的研究与进展 [J]. 汽车安全与节能学报, 2019 (1): 1-15.

[46] 李迎弟. 汽车自动紧急制动系统控制策略研究 [D]. 西安: 长安大学, 2019.

[47] 曾杰, 王堪, 来飞, 等. 客车FCW系统性能测试与评价 [J]. 西南汽车信息, 2017, 11: 38-44.

[48] 包崇美. 自动紧急制动系统（AEB）的前世今生［J］. 世界汽车, 2015（12）: 74-79.
[49] 齐伟. 浅析 AEB 自动紧急制动系统［J］. 汽车维修, 2023, 293（1）: 13-20.
[50] 王奥特, 李传友, 朱明. 自动紧急制动系统概述［J］. 摩托车技术, 2019（2）: 32-36.
[51] 田永. 基于多传感器融合的汽车 AEB 系统控制策略研究［D］. 郑州: 华北水利水电大学, 2022.
[52] 荣同康, 陈学文, 徐欢. 汽车自动紧急制动系统研究进展［J］. 汽车实用技术, 2022, 47（5）: 167-169.
[53] 杨斌, 袁胜学, 王朝新. 浅谈自动紧急制动（AEB）技术的研究现状及趋势［J］. 商用汽车, 2022, 9: 91-93.
[54] 王小明. 浅析汽车主动安全技术的辅助系统［J］. 机电技术, 2013, 36（1）: 150-152.
[55] 郑磊, 周祥祥, 郑望晓. 整车车道偏离预警系统虚拟测试方法研究［J］. 河南科技, 2019, 20: 22-24.
[56] 田傲霜, 陈华清, 陈学文. 车道偏离预警系统研究综述［J］. 汽车实用技术, 2020, 45（23）: 30-32.
[57] 陈华清. 基于车道偏离预警的辅助驾驶系统车辆识别［D］. 锦州: 辽宁工业大学, 2021.
[58] 杨方媛. 汽车车道偏离预警系统控制优化研究［D］. 重庆: 重庆交通大学, 2021.
[59] 胡三根. 面向驾驶辅助系统的车辆行驶安全预警模型研究［D］. 广州: 华南理工大学, 2016.
[60] BENDIX. Autovue Lane Departure Warning System strengthens Bendix commercial vehicle safty protfolio［EB/OL］.（2012-05-17）［2023-07-19］. https://www.bendix.com/media/documents/press_releases/2012/mid_am/AutoVue_LDW_System_Alerts_Drivers_To_Unintended_Lane_Drift.pdf.
[61] 孙振平, 安向京, 贺汉根. CITAVT-IV—视觉导航的自主车［J］. 机器人, 2002（2）: 115-121.
[62] 李春梅. 车道偏离预警模型及评价算法研究［D］. 昆明: 昆明理工大学, 2011.
[63] 曾俊延. 汽车盲区监测系统测试与评价方法研究［D］. 重庆: 重庆交通大学, 2018.
[64] 张巍. 车载雷达 BSD 系统的算法研究与实现［D］. 成都: 电子科技大学, 2021.
[65] 李森. 基于 DSP 的车辆盲区监测与预警系统研究［D］. 上海: 上海工程技术大学, 2016.
[66] SOTELO M Á, BARRIGA J. Blind spot detection using vision for automotive applications［J］. Journal of Zhejiang university-SCIENCE A, 2008, 9: 1369-1372.
[67] 凌超. 汽车侧面盲区防撞预警系统的设计与实现［D］. 上海: 复旦大学, 2013.
[68] 李守晓, 毕欣, 曹云侠. 毫米波雷达的汽车盲点检测系统研究与设计［J］. 机械设计与制造, 2013（9）: 25-27.
[69] 陈迪峰, 冯曙, 姜凤春, 等. 汽车智能化技术分析（Ⅱ）［J］. 汽车电器, 2011（6）: 3-6.
[70] 全国汽车标准化技术委员会. 道路车辆盲区监测（BSD）系统性能要求及试验方法: GB/T 39265—2020［S］. 北京: 中国标准出版社, 2020.
[71] 马文博, 陈帅, 赵士舒, 等. 乘用车盲区监测系统（BSD）主观评价方法研究［J］. 中国汽车, 2021, 356（11）: 9-12+48.
[72] 杨静伟. 基于粒子滤波的行人跟踪［D］. 西安: 西安科技大学, 2014.
[73] 深圳前海米乐视科技有限公司. 详解 ADAS 之 FCW 前碰撞预警系统技术原理［EB/OL］.（2018-07-17）［2023-07-22］. http://mileview.cn/gongsixinwen/22-43.html.
[74] 莫子显, 刘潍凯. 一种演示汽车自动制动功能的辅助道具: 202121742602.6［P］. 2021-11-30.
[75] 崔胜民. 现代汽车新技术解析［M］. 北京: 化学工业出版社, 2016.
[76] 刘春晖. 汽车新技术新配置入门必知 200 问［M］. 北京: 机械工业出版社, 2015.
[77] BWM. BWM 售后服务培训手册: E60/E61 车道偏离警告系统［Z/OL］.（2019-06-27）［2023-07-22］. https://wenku.baidu.com/view/388bde70306c1eb91a37f111f18583d048640f7b.html?_wkts_=1690196633493.
[78] 崔胜民. 智能网联汽车新技术［M］. 北京: 化学工业出版社, 2016.
[79] 方明等. 视频图像光流场估计技术及应用［M］. 北京: 国防工业出版社, 2019.

第 3 章　智能电动汽车被动安全系统

3.1　概述

被动安全是指汽车在发生碰撞事故时,能够有效保护乘员的能力。简单地讲,在汽车发生碰撞事故时,汽车的被动安全系统需要确保人员的安全。汽车的被动安全性又可称为"汽车碰撞安全性",因为汽车的被动安全性总是与汽车碰撞事故联系在一起。

汽车碰撞安全问题自汽车诞生之日起就存在,而且随着汽车的大规模制造与应用以及车速的日益提高,汽车碰撞安全问题也日益突出。汽车发生碰撞事故所带来的影响不仅仅有对车辆自身的损害,更重要的将会导致乘员伤残甚至死亡。且当汽车与行人碰撞时,还可能导致行人的伤亡。因此,一定要高度重视汽车碰撞事故所导致的人员伤害,以及由此引发的一系列会给人们生活、生产带来严重影响的社会经济问题。

在电动汽车行业快速发展的今天,电动汽车的碰撞安全性在其设计与制造过程中也是非常重要的一环。虽然电动汽车在碰撞安全性问题上与传统燃油车有诸多相似之处,但由于动力系统的不同,除了传统燃油车所固有的问题,还存在其自身特有的、易存在安全隐患的结构,如动力电池包、高压电部件、高压线束等。由于电动汽车所搭载的高能量密度的动力电池在碰撞过程中受到挤压后可能导致内部短路、起火甚至爆炸等安全事故,因此,在设计电动汽车碰撞安全性时,需要充分考虑动力电池的碰撞性能。

汽车乘员约束系统是除车身结构设计之外,汽车碰撞安全性设计的另一个重要环节。乘员约束系统的作用是把车内乘员固定在一个安全的位置上,在碰撞过程中利用车身安全结构上的导引和变形,尽可能地吸收碰撞能量,从而保证车内乘员的安全。汽车乘员约束系统主要包括安全带、安全气囊、安全座椅等。在电子技术日益发达的今天,开发能提高汽车碰撞安全性的智能乘员约束系统已成为技术趋势。智能乘员约束系统的作用是通过对乘员状态和碰撞发生时车速等工况的判断,对约束系统参数进行自动调节,能够有效减少车内乘员受到的事故伤害。

本章旨在对电动汽车被动安全系统进行详细介绍。3.2 节分析了动力电池的碰撞性能与碰撞保护措施,其中碰撞保护措施主要包括电池箱体机械碰撞保护和电解液碰撞泄漏防护。3.3 节对不同碰撞事故类型下的电动汽车整车被动安全性和行人保护性能进行了分析,其中整车碰撞安全性内容主要包括正面碰撞、侧面碰撞、尾部碰撞以及行人碰撞保护。3.4 节介绍了汽车智能约束系统，主要包括智能安全带系统、智能安全座椅系统和智能座舱乘员约束系统。

3.2 电池碰撞保护

电动汽车动力电池的碰撞防护一直是电动汽车安全领域的热点问题。对电动汽车而言，如果在汽车发生碰撞时，其搭载的具有高能量密度的动力电池由于受到挤压、冲击等外力作用可能会导致内部短路而导致电池起火甚至爆炸，从而威胁到乘员的生命财产安全。因此，对动力电池进行碰撞保护具有十分重要的意义。

3.2.1 电芯碰撞性能

电动汽车在发生碰撞后由于电池发生热失控而导致汽车起火、爆炸是电动汽车安全领域中的一种主要事故类型。而造成电动汽车起火爆炸的主要原因是发生碰撞后，内部电池受到挤压发生过大变形，导致其内部结构发生破坏而出现内部短路，从而导致电池包出现热失控现象而发生起火。电芯是电动汽车动力电池的最小组成单元，由数个电芯组成一个电池模组，再将多个电池模组安装至电池箱中组成一个完整的动力电池。在汽车碰撞过程中，电池箱与车身结构会对电池起到保护作用，避免其中的电池受到挤压等外力作用，但在某些极端碰撞工况下，车身结构以及电池箱无法提供充分保护，此时电芯自身的力学性能便成了最后的防线。所以，通常要求电芯也具有一定的力学性能来应对一些极端工况，以提高电池系统在碰撞中的安全性。下面对电芯的结构及其各组成部分材料的选择进行介绍。

1. 锂离子电池及其结构

电池的结构形式以及电池材料的力学特性对电池的机械性能具有很大的影响。目前，常用的锂离子电池主要有圆柱形锂离子电池、软包锂离子电池以及方形锂离子电池三种。各类锂离子单体电池的基本结构相同，均由外壳、内芯正负极、隔膜和电解液等组成，如图3-1所示。

2. 电芯结构

电芯是电池受到机械载荷时主要的受力和吸能部分。已有研究表明，对于软包锂离子电池和圆柱锂离子电池，电池的机械强度主要由电芯提供。因此电芯的力学性能在很大程度上直接决定了电池的力学强度，下面将对电芯的结构形式与电芯材料的力学特性进行介绍。

电芯由正、负电极和隔膜通过堆叠或卷绕的方式得到，主要包括圆形卷绕、方形卷绕和堆叠三种形式，图3-2所示为三种电芯结构。不同的电芯结构在机械强度上也存在一定差异，其中圆形卷绕结构的力学性能较其他两种结构形式而言最高，堆叠式结构的机械强度次之，方形卷绕结构的机械强度最低。

因此，选择合适的电芯结构可以在一定程度上提高电池的力学安全性能。同时，对电芯结构进行优化也能有效提高电池的安全性。例如比亚迪刀片电池通过增加电芯长度和降低电芯厚度等方式有效减少了电池穿刺过程中的热量积累，提高了电池包的安全性。

3. 电芯材料

除电芯结构形式之外，电芯材料的力学特性对电池的碰撞安全性也有很大的影响。电

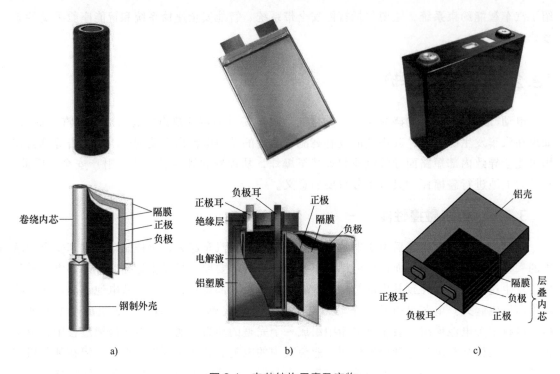

图 3-1 电芯结构示意及实物
a) 圆柱形锂离子电池　b) 软包锂离子电池　c) 方形锂离子电池

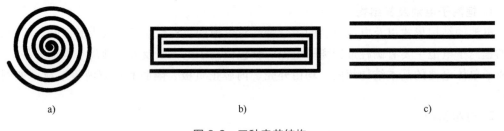

图 3-2 三种电芯结构
a) 圆形卷绕　b) 方形卷绕　c) 堆叠

芯由正极、负极和隔膜组成，其中隔膜被至于正、负电极之间，以将其隔开，避免其直接接触发生短路，同时提供离子通道，使锂离子在正、负电极之间移动。下面将对隔膜材料和电极材料进行介绍。

(1) 隔膜材料 隔膜对于电池的安全性有着极其重要的影响，隔膜失效会导致电池的正负电极直接接触而造成内部短路，进而可能导致电池出现热失控而起火甚至爆炸，因此隔膜的力学特性在一定程度上直接决定了电池是否具有良好的安全性能。图 3-3 所示为清华大学周青教授团队进行的隔膜穿刺实验，包括低速穿刺和高速穿刺两个实验工况。在低速穿刺过程中，由于隔膜材料具有很大的延伸率，因此断口处充分延展的隔膜材料可以继续阻隔正负电极，防止短路的发生。而在动态载荷作用下，隔膜展现了明显的应变率效应，即随着加载速率的提高，隔膜的韧性逐渐降低，在高速穿刺工况下，隔膜无法充分延展来阻隔正负电极避免短路的发生。通过该实验可以看出，同一隔膜材料在面对不同工况时会有不同的力学表现，甚至出现失效的情况。同理，隔膜材料的力学性能不同，所能适应的工况也不同。因此在设计动力电池时选择合理的隔膜材料对于保障电池的安全性能具有重要的意义。

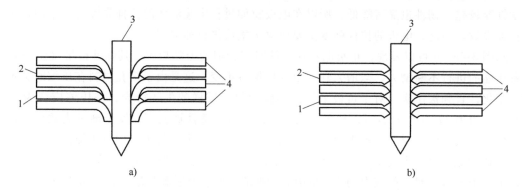

图 3-3 隔膜穿刺实验
a）低速穿刺隔膜充分延展 b）高速穿刺隔膜韧性降低
1—负极 2—正极 3—冲头 4—隔膜

在选取隔膜材料时主要关注隔膜的化学稳定性、厚度、孔隙率、孔径、渗透性、机械强度、可湿性、尺寸稳定性、热收缩性、高温闭孔性、成本等因素。一般来说，隔膜的机械强度越高、热收缩率越小，电池的安全性能越好。目前，市面上电池所应用隔膜主要有聚烯烃微孔薄膜、无纺布垫和无极混合物膜 3 种。其中干法制成的聚烯烃薄膜具有化学性能稳定、力学性能强的优点，在新能源汽车中应用较为广泛，其类型主要包括聚乙烯（PE）、聚丙烯（PP）、聚乙烯聚丙烯混合物（PE-PP）、高密度聚乙烯（HDPE）等。但聚烯烃薄膜也具有一定的缺点，如孔隙率小、电解液湿润性差，尤其是该类薄膜的热稳定性较差，高温时会发生收缩而导致电极接触引起电池内部短路。

为提高隔膜材料的机械强度，除了选择高机械强度的隔膜材料外，也可以采用喷涂、多层隔膜制作和热处理等工艺来提高隔膜的机械强度，同时对隔膜材料进行热处理也能提高其穿刺强度，降低横向和纵向收缩率。此外，还可以通过在隔膜表面涂覆无机陶瓷层来提高隔膜材料的耐击穿和绝热特性。例如比亚迪、国轩高科等车企通过在隔膜表面增加功能涂层来提升电池隔膜的机械强度，降低电池内部短路风险。目前采用耐热涂层涂敷技术的隔膜在超高温 150℃ 下仍能保持良好的尺寸结构，防止内部短路扩散。

（2）电极材料　电极由集流体和活性物质组成，其中集流体起着承载活性物质的作用，并将电子导入外电路，完成化学能转化为电能的过程。正极的集流体多为铝箔，负极集流体多为铜箔，将不同类型的活性物质与黏结剂一起均匀的混合并涂抹粘接在正负极的集流体表面，便构成正负电极。常见的正极活性物质有钴酸锂、磷酸铁锂和镍钴锰三元锂化合物等；而常见的负极活性材料为石墨。电极材料的力学性能和失效行为对电池的力学性能也有很大的影响。图 3-4 所示为某型号锂离子电池正负极拉伸试验、压缩试验的应力-应变曲线。

从图 3-4a、b 可以看出，正极的拉伸失效应变在 0.031~0.033 之间，对应的失效应力约在 20MPa 左右，负极的拉伸失效应变 0.08~0.086，对应的拉伸失效应力约为 22~25MPa，对比可见正极的拉伸失效应变比负极的拉伸失效应变小很多，因此在拉伸工况下正极材料较负极材料更容易失效。实验中观察到，当金属集流体断裂时，应力会明显下降，此时电极失效，但是活性物质并没有完全断裂，因为活性物质比集流体具有更好的柔韧性，其本身是多孔结构而且其中的黏结剂具有良好的延展性，而集流体具有较大的脆性，因为在电极的制造过程中已经对集流体产生了一定程度上的破坏，导致相比于同等厚度的相同金属，集流体的力学性能较差，韧性也显著降低，所以在电极拉伸过程中集流体的拉伸失效要早于活性物质的拉伸失效。因此，电极的拉伸强度主要取决于集流体拉伸强度。

从图 3-4c、d 可以发现，正负电极在压缩时有相似的力学响应，其弹性模量（斜率）会随着压缩的进行不断增大，当增大到一定值后保持不变，这是由于多孔材料在压缩时会不断的致密化，直到被压实。对于负极来说，实验测得了试样的失效行为，在压缩应变为 0.55 左右，应力为 178MPa 左右时，负极压缩试样的机械完整性被破坏，发生渐进失效行为，直到负极试样被压溃。对于正极来说，实验没有测到明显的失效行为，但是正极的模量有两个明显的转折点：第一个转折点对应的应力为 12MPa，这可能代表着活性物质中黏结剂的屈服；第二个转折点对应的应力约为 105MPa，刚好为铝箔的屈服强度，说明此时正极中的铝箔集流体在压缩下发生了屈服。

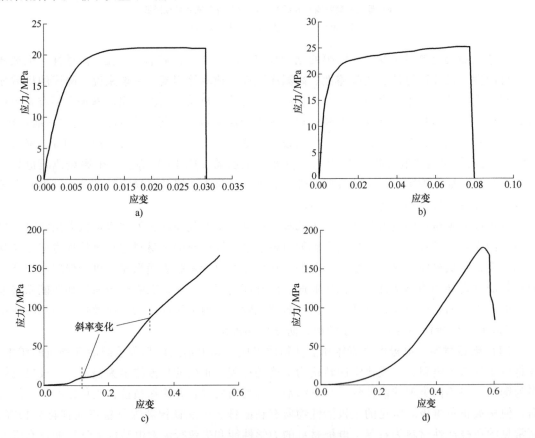

图 3-4 正负极拉压试验结果曲线
a）正极拉伸应力-应变曲线 b）负极拉伸应力-应变曲线
c）正极压缩应力-应变曲线 d）负极压缩应力-应变曲线

由图 3-4c、d 对比可知，正极在 105MPa 左右集流体屈服，负极在 178MPa 左右，由此可知同样工况下正极更容易屈服，故电池阳极材料是锂离子电池中经常发生失效的材料。因此，发展新型电池材料、新型材料选择方法与理论以及阳极材料电化学反应机制是未来的研究重点。同时，更加深入地理解硅或合金作为阴极材料在锂离子电池使用过程中的失效机理也是亟待解决的问题。此外，由于电池受到碰撞极易导致内部短路使电池温度升高，从而使电极材料由于发生剧烈的分解反应而失效，因此选择热稳定性好的电极材料对于电池碰撞安全性能也极其重要。

4. 外壳材料

外壳作为电池的支撑骨架，对锂离子电池内部的部件进行封装，防止与外部直接接触，且当电池受到外力作用时，能够作为电池保护层保护电芯不被破坏，是保持锂离子电池结构完整性的一个重要组成部分。因此，研究电池外壳材料的力学特性对于提高电池的力学性能也有着重要意义，外壳力学强度越高，电池在发生碰撞时发生大变形的风险更小。

目前常用的外壳材料主要有钢、铝和铝塑膜三种，其中钢的力学强度最高，铝塑膜力学强度最低，铝制外壳的力学强度介于两者之间。但是在出现热失控之后钢壳电池和铝壳电池由于变形很小，电池内部聚集的热量无法在短时间内扩散，容易导致热量在短时间内大量聚集而引起爆炸，而铝塑膜由于具有很好的延展性和更好的散热性，使用该类外壳的软包电池通常只会发生鼓包。

外壳作为电池最先接触外部载荷的单元，具有一定的抗冲击和抗变形能力，下面通过某电芯的应力-位移图分析外壳的变形特点。图 3-5 所示为某方形锂离子电芯受到平面挤压时的压力-位移曲线。根据曲率变化的不同，整个过程可以分为三个阶段，分别是外壳承载阶段、内芯压实阶段以及塑性硬化阶段。在外壳承载阶段中，电池受到的外部载荷主要由外壳承受，此时内芯的受力相对较小。

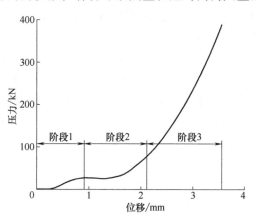

图 3-5 电芯平面挤压力-位移曲线

由于外壳是具有一定厚度的铝合金，其强度和刚度都比内芯材料要大得多，因此在外壳承载阶段应力随位移增加不断增大，在阶段末达到 27kN 左右的载荷峰值。

外壳的受力达到峰值后进入内芯压实阶段，此时外壳开始发生较大的塑性变形，内芯也开始逐渐承受外力。由于电池内芯主要由多孔颗粒状的活性物质组成，内部存在一定的孔隙，因此在开始承受外力时电池内芯的应力不会在第一时间增大，而是随着孔隙不断被压缩出现压实致密化的现象。所以在第 2 阶段的前期，随着位移的增加，电池的变形量不断增大，但是电池的整体受力基本保持不变。到了第 2 阶段的后期，随着内芯致密化程度的增加，电池的整体受力缓慢上升，当外部载荷达到外壳的破坏强度后（变形量在 2~2.5mm 之间），外壳顶盖的焊接部位会发生开裂，同时导致电解液泄漏。

外壳开裂后，电池的受力进入了塑性硬化阶段。此时电池内芯达到高度致密化状态并出现塑性硬化现象，电池的整体受力以接近线性的形式快速增大。在这一阶段外壳对电池的整体力学特性基本没有影响，起主要作用的是电池内芯。

3.2.2 电池箱体机械碰撞保护

电池包一般由顶盖、底盖、电池托盘、电池罩盖、加强横梁、电池模组等组成，典型电池包的结构如图3-6所示。顶盖主要功能是确保箱体的整体密封以及防尘防水，不能作为电池模组的主要承载部件，通常可采用钢板材料冲压成型、铝合金冲压成型、复合材料注塑成型等工艺进行加工，通常在顶盖上布置一定的加强筋以提高顶盖的刚度。底盖是电池组的主要保护和承载部件，需要保证电动汽车在多种复杂工况下电池模组及其内部电子元件的牢固稳定，避免由于电池模组在运行过程中出现松动而导致的电动汽车安全事故。目前常规的底盖可以采用高强钢冲压拼接、铸造铝合金、挤压铝合金焊接以及碳纤维材料等进行设计。加强横梁是电池包中较为重要的一个构件，用于支撑电池罩盖和维持电池包底盖的刚强度性能，减小电池箱在碰撞过程中的变形。

图3-6 典型电池包的结构
1—电池包底盖　2—电池托盘　3—电池包顶盖
4—电池罩盖　5—电池模组　6—横梁

电池箱体处在电池包的最外侧，是电动汽车动力电池的重要载体和防护结构。当发生碰撞时，电池箱首先承受冲击，通常希望电池箱在碰撞过程中不要发生过大的变形，避免对内部的电池造成挤压，所以要求电池箱具有一定的力学强度。通过高强度材料制作电池箱、设计高强度结构和增加箱体厚度等方式能有效提高电池箱的力学强度，但可能会导致箱体质量较大。

通过对电池箱进行优化设计，可以在一定程度上提高电池箱的耐撞性，并降低电池箱的质量。对于电池箱的优化主要包括尺寸优化、形貌优化以及拓扑优化。尺寸优化是找出结构中最佳的尺寸与材料参数；形貌优化是在箱体钣金件（如顶盖）上找到最优的加强筋位置和形状；拓扑优化是在给定的空间内找到最优材料分布。

除了对于电池箱整体结构与材料等进行优化设计，也可以根据电池包的摆放位置，分析主要的受力面，对电池箱局部进行加强。目前的新能源汽车的电池包主要有前舱、底板以及行李舱三种安装位置，其中将电池包安装在汽车底板下方是目前主流的安装方式，尤其对小型汽车而言，将动力电池布置在汽车底部，能够降低汽车重心、改善整车的碰撞性能，且将电池包安装在汽车底部，其与整个车身结构相连，在多种碰撞工况下，车身结构能够很好地保护电池包。但是将电池包安装在汽车底部，电池包的底面是整个电池包最脆弱的地方，路面的碎石可能击穿底部的钢板，造成电池的损坏，甚至其他安全事故。所以，为了确保电池在底部碰撞中的安全，通常会在电池箱底部采取一定的防护措施，如通过增加底面钢板的厚度或将两种具有不同属性的板堆叠起来以提高电池箱的强度，减小电池箱在碰撞中的变形，但这种防护方法可能会导致电池箱的重量较大，随着高性能材料的发展，这种防护措施在未来也存在着一定的发展空间，另外通过在电池箱前部等位置设置防撞梁，或在电池箱底部钢板上覆盖涂层材料也能有效提高对电池的防护能力，吉利银河L7车型便采用了底部防撞梁和涂层材料的防护方法，其在1.5mm厚1180DP钢板上涂覆了一层1mm厚的PVC涂层，使其抗拉强度达到了普通钢板的2倍以上。

除了上述方式外，也可以通过吸能结构来制造电池箱体。通过吸收外部冲击能量来减小触底冲击对内部电池的损伤，也是箱体碰撞防护中一个重要方式。通过轻质吸能结构来制造箱体，除能对电池进行保护外，还能在一定程度上减轻电池箱体的质量。如清华大学周青教授团队所研制的用于电池箱底部防护的波纹型填充三明治结构，该结构能够有效减少电池箱的变形，增强电池包在碰撞中的安全性，同时减轻了箱体质量，如图 3-7a 所示。该团队对波纹型填充夹芯结构与抗爆自适应夹层（Blast Resistant Adaptive Sandwich，BRAS）结构（图 3-7b）进行了轴向压缩试验，以对比两者的防护性能，得到压缩载荷-位移曲线如图 3-8 所示。

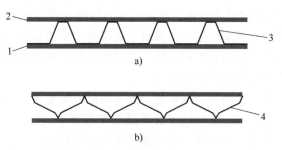

图 3-7　电池箱底部夹芯防护结构
a）波纹夹芯结构　b）BRAS 夹芯结构
1—下底板　2—上底板　3—波纹板　4—BRAS 折弯结构

如图 3-8 所示，在进行轴向压缩试验时，波纹夹芯结构存在一个急剧的变化，提供了一个很大的峰值力，但是非常不稳定，过了这个峰值后对于能量的吸收没有明显变化。而 BRAS 夹芯结构的响应曲线则更加平滑，在经过一个较小的峰值力后，载荷曲线进入平稳区，这种响应更加稳定并且有利于吸收冲击能量；同时可以看出，BRAS 响应曲线的包络面积大于波纹夹芯结构，因此在相同工况下，BRAS 结构能够吸收更多的能量，从而提供稳定的阻力，获得更好的耐撞性，因此 BRAS 结构的防护性能要优于波纹夹芯结构。

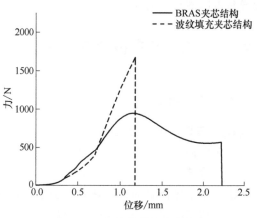

图 3-8　压缩载荷位移曲线

3.2.3　电解液碰撞泄漏防护

电解液是组成动力电池的核心之一，动力电池在工作时通过向正负电极不断传送阴阳离子，使得电解液内部产生电流，与外部的电极一起构成完整电路。电解液由电解质和有机溶剂组成，锂离子电池的电解质通常为锂盐，常用的锂盐有 $LiBF_4$、$LiPF_6$、$LiAsF_6$ 等，而常用的有机溶剂包括碳酸乙烯酯、碳酸丙烯酯和碳酸二乙酯等有机碳酸酯类物质。

电解液的热稳定性对于电池安全有着十分重要的影响，当电池在碰撞过程中出现内部短路时，电池的温度会急剧上升，而电解液在温度过高情况下会发生剧烈的分解反应，当有机溶剂的分解产物与锂盐分解所产生的气体产物相接触时可能引起燃烧甚至爆炸。以锂盐 $LiPF_6$ 为例，当电池内部温度达到 90~100℃时，$LiPF_6$ 开始分解；而当电池温度达到 150℃

时，其内部会发生剧烈的放热反应，电解液会大量的分解生成 PF_5，并进一步催化有机溶剂发生分解反应；随着温度的持续升高，电解液继续发生剧烈反应，释放大量的热和高温气体，进而导致电池出现起火甚至爆炸。

良好的热稳定性可以使电解液在高温条件下保持稳定，避免热失控现象的发生，而电解液的热稳定性主要取决于溶质锂盐的热稳定性。所以目前主要是通过采用热稳定性更好的锂盐来提高电解液的热稳定性，如二草酸硼酸锂（Li_2BOB）。其具有较高的热稳定性，分解温度可达302℃，将其作为电解质锂盐可以改善电池的热稳定性。此外，电解液中有机溶剂的易燃性也是影响电池安全的重要因素，通常可以在电解液中添加具有高沸点、高闪点的阻燃剂来改善电解液的易燃性，提高其热稳定性。常见的阻燃添加剂主要有有机磷化物、有机氟化物、氟代烷基磷酸酯和复合阻燃添加剂等。

除此之外，由于电动汽车用动力锂电池一般采用液态电解液，所以当汽车发生碰撞时可能导致电解液的泄漏。当受到碰撞时电解液泄漏主要有两个原因：一是电池外壳出现损坏，产生破损或裂纹；二是电芯受到挤压，电解液被从电芯中挤出。由于电解液具有易燃性、导电性和腐蚀性，有些电解液还具有毒性，当电解液泄漏后可能会导致一些安全问题，故需要制定一些保护措施。对于电解液的泄漏防护，尽量选择不易挥发、耐高温、热稳定性好的溶剂，以降低碰撞中电解液泄漏的风险；或提高电池外壳力学强度，降低电池因发生过大变形而导致电解液泄漏的风险。

3.3 汽车整车被动安全性

3.3.1 概述

1. 汽车碰撞事故分类及特征

汽车碰撞事故可分为单车碰撞事故和多车碰撞事故。

（1）单车碰撞事故 单车碰撞事故可分为翻车事故和与障碍物碰撞事故。翻车事故一般是由于车辆驶离路面或高速转弯引起的，其严重程度主要与事故车辆的最高时速有关，也与翻车的道路状况有关。与障碍物碰撞事故大致可分为前撞、侧撞和尾撞。以撞击方式对汽车施加冲击载荷的障碍物既可能是有生命的人，也可能是没有生命的物体。显然，包括质量、形状、尺寸和刚性等在内的障碍物特性和运动状态对汽车事故的后果影响较大。这些特性参数的实际变化范围很大，会不同程度地对车辆及乘员造成损害。

（2）多车碰撞事故 在讨论多车碰撞事故特征时，可以只考虑两辆车相撞的情形。两车相撞的情形可主要分为正面碰撞、侧面碰撞和追尾碰撞三类状态。其中正面碰撞和侧面碰撞都属于典型的交通事故状态，危险程度非常高，并且在事故中所占比例超过70%。追尾事故一般在城市交通中发生，虽然碰撞速度相对较低，但其后果仍十分严重，因为追尾可以导致被撞车中乘员的颈部受到重创而致残。多车碰撞事故主要有两个明显的特点：①在多车碰撞事故中，上、下两个方向一般不存在冲击载荷；②碰撞车辆之间每一对撞击力都是大小相等，方向相反。

在现实生活中，除了上述所述的典型单车碰撞事故和典型多车碰撞事故外，还有一辆或多辆车与行人或其他障碍物发生碰撞的典型事故类型。针对这一类综合型事故的分析，可结合典型单车碰撞事故和典型多车碰撞事故的分析方法加以研究。

2. 汽车碰撞事故中的人体损伤机理

车内乘员和车外行人是因汽车碰撞事故而伤亡的两类人员。对于行人来说，汽车对人体的直接碰撞作用造成了汽车碰撞事故对人体的损伤。而车内乘员的损伤原因则比较复杂，乘员在正面碰撞中如果没有安全带的有效保护，会由于惯性向前飞行，前排乘员很容易与风窗玻璃产生碰撞；如果有安全带的有效保护，乘员一般不会飞离座椅，但会与汽车内部结构发生碰撞，从而可能会因为受到撞击、压缩或弯曲力的作用而对身体部位造成伤害（如乘员头部、胸部和颈部等）。综上，车内乘员的伤亡多数是由于汽车碰撞造成车内乘员与车内部件发生剧烈碰撞所致。为了便于讨论，通常把汽车与外界物体发生的直接碰撞称为"一次碰撞"，人体与车内部件发生的碰撞称为"二次碰撞"，如图3-9所示。

图3-9 "一次碰撞"和"二次碰撞"

汽车碰撞对人体的损伤，根据人体生物力学的特点，又可分为机械损伤、生物损伤和心理损伤。机械损伤指如骨折、皮肉撕裂等内伤和外伤，是在外界直接的碰撞载荷作用下所产生的损伤，这是由于外力负荷强度超过了人体骨骼或肌肉组织承受极限造成的；生物损伤是指人体某些部位，如脑部在碰撞引起的加速度作用下，发生脑组织分离而失去知觉等生物功能损伤；心理损伤指人心理上由碰撞过程造成的恐慌、害怕等。

以下四点可以总结出碰撞过程中乘员受伤的主要原因：

1）"一次碰撞"向乘员传递的加速度超出了人体耐受极限，损伤人体器官。

2）乘员在碰撞时受到外部刚硬物体侵入乘员舱内部的挤压而发生伤亡。

3）乘员受到单次或多次"二次碰撞"伤害。

4）乘员在碰撞中因乘员舱变形过大导致乘员生存空间不足而发生伤亡事故。

电动汽车与传统燃油车相比，还需要考虑以下三种乘员损伤：

1）机械冲击伤害。电动汽车动力蓄电池组的质量一般在300 kg左右，在碰撞发生时，由于惯性作用蓄电池组可能冲入乘员舱，对乘员造成机械冲击伤害。

2）电击伤害。动力蓄电池和电力系统负载可能因为碰撞而导致遮栏/外壳等破裂，甚至是绝缘保护层的损坏，进而造成乘员直接接触高压带电部件或者因为漏电而间接接触原本不带电的可导电外壳，受到电击伤害。

3）电化学腐蚀。在前面的章节中已经介绍过，动力蓄电池中含有腐蚀性的电解液，如果电解液在碰撞过程中泄漏、飞溅至乘员舱，可能导致乘员受到电化学腐蚀或皮肤灼伤等伤害。

3. 汽车碰撞安全法规

针对在汽车碰撞事故中常见的人体损伤等危害，行业相关机构先后制定了关于车辆对车内乘员和路上行人的碰撞保护性能的碰撞安全法规。正面碰撞、侧面碰撞、尾部碰撞和行人碰撞保护是目前汽车碰撞安全法规针对的主要碰撞事故类型。每一种碰撞事故类型的法规内容将在接下来的 3.3.1~3.3.5 节中具体介绍，下面将主要讲解电动汽车碰撞后的电安全性法规内容，GB/T 31498—2021《电动汽车碰撞后安全要求》中电动汽车碰撞后的电安全性测试项目及要求见表 3-1。

表 3-1 电动汽车碰撞后的电安全性测试项目及要求

测试项目		要求
防触电保护	低电压要求	碰撞后的 5~60s 内，V_1、V_2、V_b 分别小于 AC30V 或 DC60V
	低电能要求	碰撞后的 5~60s 内，E_x 小于 0.2J，$E_{y1}+E_{y2}$ 小于 0.2J
	物理防护要求	直接接触：满足 IPXXB 级别保护
	绝缘电阻要求	间接接触：电流大于 0.2A 时其电阻应小于 0.1Ω
电解液泄漏要求		碰撞结束后的 30min 内，不能出现电解液溢入乘员舱，且电解液溢出量小于 5L
REESS 安全要求	位置移动要求	碰撞后，REESS 布置在乘员舱内不能出现位置移动，部件应保持于外壳内；乘员舱外的 REESS 部件不能侵入到乘员舱
	特殊要求	碰撞结束的 30min 内不起火、爆炸

注：对于上面的防触电保护的 4 项要求，必须满足 1 项以上；能够采用高压断电保护则应满足后两项指标中的 1 项。

目前，电动汽车主要可分为纯电动汽车（Battery Electric Vehicle，BEV）和混合动力电动汽车（Hybrid Electric Vehicle，HEV），纯电动汽车完全使用电力作为驱动能源，车身结构中仅有动力电池系统，而混合动力汽车则是传统燃油系统和动力电池系统同时使用。车身结构不同，碰撞安全要求也会发生变化，纯电动汽车和混合动力电动汽车碰撞后电安全性要求对比见表 3-2。

表 3-2 纯电动汽车和混合动力电动汽车碰撞后电安全性要求对比

	项目		纯电动汽车	混合动力电动汽车
1	乘员保护	动力蓄电池包穿入	如果动力蓄电池或蓄电池包安装在乘客舱的外部，动力蓄电池、蓄电池包或其部件（蓄电池模块、电解液）不得穿入乘客舱内	如果动力蓄电池或蓄电池包安装在乘客舱的外部，动力蓄电池包及其部件（动力蓄电池、蓄电池模块、电解液）不穿入乘客舱内
			如果动力蓄电池或蓄电池包安装在乘客舱的内部，动力蓄电池、蓄电池包的任何移动应确保乘客安全	如果动力蓄电池或蓄电池包安装在乘客舱的内部，动力蓄电池、蓄电池包的任何移动应确保乘客安全
		电解液溢出	碰撞试验期间，电解液溢出不能超过 5L	碰撞试验中和试验后均不能有电解液进入乘客舱
			碰撞试验期间和试验后，均不能有电解液进入乘客舱	碰撞试验中和试验后，动力蓄电池或蓄电池包不能出现爆炸、着火
2	第三方的保护		动力蓄电池、蓄电池包或其部件（蓄电池模块、电解液）不能由于碰撞而从车上甩出	动力蓄电池、蓄电池包或其部件（蓄电池模块、电解液）、超级电容器等储能装置不能由于碰撞从车上甩出
3	防止短路		应防止造成动力电路的短路	应防止造成动力电路的短路
4	绝缘电阻		无要求	Ⅰ类设备：应大于 100Ω/V Ⅱ类设备：应大于 500Ω/V

注：Ⅰ类设备依靠基本绝缘；Ⅱ类设备使用双重绝缘或加强绝缘。

4. 碰撞安全性设计

汽车碰撞安全法规是指导汽车碰撞安全性设计和改进的依据，而提高碰撞安全性的措施一般是针对如何直接和间接地根据法规规定的伤害指标提升车辆安全性能。现在的汽车碰撞安全措施主要可以分为两类，第一类是车内乘员保护措施，将在 3.4 节中具体介绍；第二类是汽车结构缓冲与吸能措施。下面将先对汽车结构缓冲与吸能措施进行简单介绍。

"一次碰撞"在很大程度上决定了"二次碰撞"的剧烈程度，因此尽管汽车"二次碰撞"是造成人体损伤的直接原因，但"一次碰撞"对人体损伤仍然有很大影响。控制好"一次碰撞"，对降低人体损伤意义重大，而对汽车结构缓冲与吸能特性进行合理设计是控制"一次碰撞"的关键。

因此，汽车在发生碰撞事故时所需要具备的基本特性是：

1) 要确保在乘员舱内不发生过大的碰撞变形，保证乘员具有足够的生存空间。

2) 为了合理吸收碰撞能量，车身结构部分除乘员舱外应尽可能多地发生变形，使得作用于乘员身体上的力和加速度峰值不超过人体的耐受极限。根据这一要求，汽车可以被划分为乘员安全区（1 区）和缓冲吸能区（2 区）两大类区域，如图 3-10 所示。在设计上，为了保证乘员舱内人员不因结构侵入而受到伤害，必须使 1 区变

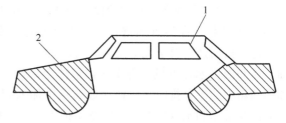

图 3-10　汽车乘员安全区和缓冲吸能区
1—乘员安全区　2—缓冲吸能区

形较小，减少结构的侵入；2 区结构能够发生合理变形，通过塑性变形或结构失效来吸收碰撞能量，降低车体的冲击加速度，从而有效地减小向乘员传递的冲击加速度，确保乘员不因过大的冲击加速度而受到伤害。合理设计汽车结构，以使乘员安全区在尽可能小的变形情况下获得优良的缓冲与吸能性能，是汽车碰撞安全性设计与改进的基本目标。

5. 汽车碰撞安全性研究方法

目前汽车碰撞安全的研究方法主要有实车碰撞试验和计算机仿真模拟这两类。其中，最早采用的汽车碰撞研究方法是实车碰撞试验法，主要分为实车碰撞试验、台架冲击试验、台车碰撞模拟试验和静态强度试验四大类。实车碰撞试验法是将整车按照相应法规或规则的要求进行碰撞试验，其中包括固定壁障碰撞、移动壁障碰撞及车对车碰撞等试验。图 3-11 所

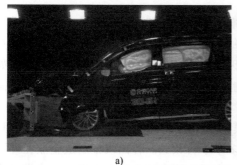
a)

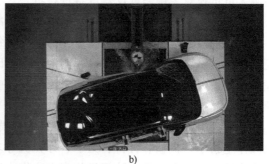
b)

图 3-11　实车碰撞试验
a) 正面碰撞实车试验　b) 侧面碰撞实车试验

示是 C-NCAP 中正面碰撞和侧面碰撞的实车试验图,这一类方法虽然能够准确真实地反映车辆的碰撞情况,为该车的台车碰撞模拟试验和虚拟仿真试验提供可靠的参照,但其成本高、可重复性低且周期长。计算机仿真模拟法(Computer Simulation)是随着计算机技术的不断发展运用到汽车碰撞分析中的汽车碰撞仿真建模和精确求解的一种方法,其成本低、可重复性极高、周期短,可以大大缩短产品的开发周期,是目前广泛应用于汽车碰撞分析中的方法,但其仿真计算结果的准确性还需与实车碰撞试验进行对比验证。

(1) 实车碰撞试验法 在 3.3.1~3.3.5 节中将介绍各个类型的碰撞试验方法,下面只介绍电动汽车所需的额外的试验设计内容。由于纯电动汽车和混合动力电动汽车整车的动力用高压系统以及动力用高压系统传导连接的高压部件的存在,纯电动汽车和混合动力电动汽车的碰撞试验研究内容与传统燃油车略有不同,其中涉及试验前的车辆准备和试验设备配备和碰撞试验后异常情况的处理。

1)试验前车辆准备和试验设备配备。纯电动汽车和混合动力电动汽车的碰撞试验应在车辆充电结束后的 24 h 内进行。对于可外充电式纯电动汽车和混合动力电动汽车,可将动力蓄电池按制造商要求充电至最大荷电状态。将所有液体包括制动液、洗涤液、变速器润滑油、冷却液(水冷电机)等车辆内液体全部排除;混合动力电动汽车还要将发动机润滑油和燃油箱中的燃料排除,并且在燃油箱中加入相当于燃油箱注满时燃料质量 90%的水。准备如绝缘手套和绝缘安全鞋等安全防护用品,检验人员在试验过程中应至少配备一种绝缘防护用品用于漏电防护。在碰撞试验广场内,为防止碰撞试验过程中动力电池着火,应至少配备 8 只断氧型干粉灭火器,还要准备各种中和电解液的化学试剂。

2)碰撞试验后异常情况处理。图 3-12 所示为实车碰撞试验后的检测现场,试验电动汽车泄漏的液体或电解液在测试结束后需要立即收集起来;用红外测温仪监测动力电池箱的温度是否急剧上升,若温度急剧上升则转为异常情况处理;利用电池管理系统或线排测量电芯电压,若电压过低,则转为异常情况处理。

异常情况处理:由配备了绝缘防护装备的检测人员迅速对关键测量仪器设备进行拆

图 3-12 电动汽车实车碰撞试验后的检测现场

除,试验车辆从核心测试区拖出,其他检测人员准备使用灭火器随时灭火。

汽车碰撞安全性试验是一种破坏性的试验,每一个产品样件不论是车辆零部件、车身结构还是整车,试验一次便失去了再利用的价值,因此碰撞试验是一个昂贵的试错过程。如果碰撞安全性设计与改进研究过程中完全依赖于试验法,那么不仅需要花费大量时间,更需要不菲的成本。

(2) 计算机仿真模拟法 汽车碰撞的仿真模拟研究包含有限元及多刚体动力学理论,涉及人体生物学、机械、材料、力学、计算机等多个学科领域。各国汽车制造企业在计算机技术飞速发展的今天,都将计算机仿真方法作为汽车碰撞研究的主要方法之一,该类方法在汽车被动安全领域主要分为如下两种:多刚体动力学方法和有限元仿真方法,其中有限元仿真方法在整车碰撞分析中应用较多,而多刚度动力学方法在乘员约束系统计算分析中应用较多。整车碰撞的多刚体动力学仿真结果（基于 MADYMO 软件）如图 3-13 所示，多刚体动力学方法计算效率高，但计算精度不如有限元仿真方法。

有限元仿真方法是指建立有限元模型，并将模型提交到计算软件中进行计算求解，最终得到仿真结果的方法。图 3-14 所示为建立的整车碰撞有限元仿真模型，通过有限元仿真方法可以得到相对比较精确的仿真分析结果。

图 3-13　整车碰撞的多刚体动力学仿真结果　　图 3-14　整车碰撞有限元仿真模型

由于整车碰撞过程是一个非线性的过程，因此通常采用非线性有限元法对这一问题进行模拟分析。目前世界上应用最广泛的汽车碰撞仿真计算软件是采用显式有限元算法的 LS-DYNA 软件，该软件可以大大减少计算时间，提高运算效率，并能够对汽车碰撞全过程进行非常好的模拟。

总结起来，有限元仿真方法主要有以下几个方面的优点：

1）成本低：一个整车有限元模型可用来进行无数次的碰撞，没有碰撞物理损失。
2）周期短：有限元分析计算过程时间短，一般单次汽车碰撞分析只需要几个小时。
3）方便快捷：如果结构设计发生改变，只需改动模型中的相关参数，即可重新进行碰撞分析，比实体改装后重新测试更方便和快捷。
4）结果丰富：能得到试验中难以测量的结果，如某些内部结构的应力、应变、位移和人体内部组织受力等。
5）可重复性强：可以任意多次地重复碰撞过程，方便对结构进行观察、分析和改进。

然而，尽管有限元仿真方法具有强大的优势和功能，但它并不能脱离试验而单独存在，仿真力学模型一般都需要通过物理试验加以验证，模型的计算结果才准确可靠。

3.3.2　电动汽车正面碰撞安全性

1. 正面碰撞安全法规和评价规程

（1）**正面碰撞法规**　汽车正面碰撞安全法规内容主要包括试验车辆质量状态、碰撞速度、假人乘坐数量、假人质量、固定障碍壁的几何形状和质量、固定障碍壁与被试车辆的位置关系等。美国 FMVSS 208 法规中将正面碰撞试验中车辆碰撞速度统一规定为 56km/h，并以下面四种方式进行，如图 3-15 所示：

1）车辆纵轴线与障碍壁表面垂直。
2）障碍壁前放置 30°的楔形块，碰撞时车辆左前端先接触楔形块。
3）障碍壁前放置 30°的楔形块，碰撞时车辆右前端先接触楔形块。
4）车辆与可变形吸能碰撞发生偏置碰撞，重叠系数为 40%。

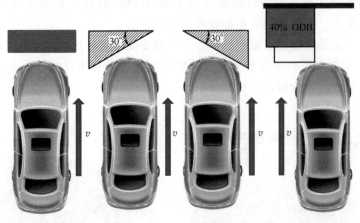

图 3-15 FMVSS 208 法规规定的正面碰撞试验工况

在测量用假人方面,FMVSS 208 法规中测量假人允许使用 Hybrid Ⅱ 和 Hybrid Ⅲ 假人,但从 1997 年开始规定统一使用 Hybrid Ⅲ 假人,并给出了乘员损伤限值。

欧洲 ECE R94 法规中将正面碰撞试验规定为车辆与可变形吸能壁障发生偏置碰撞,重叠系数为 40%,碰撞速度为 56km/h。

我国正面碰撞安全法规 GB 11551—2014《汽车正面碰撞的乘员保护》中将正面碰撞试验规定为与刚性壁障进行碰撞,重叠系数为 100%,碰撞速度为 50 km/h,如图 3-16 所示。由于亚洲成年人体型分布与欧美成年人体型分布存在差异,因此对于采用亚洲人体标准设计的车型来说,它的前排座椅可以通过向后调节的方式来确保假人的正确坐姿。而测量假人方面,我国采用了 50% 的 Hybrid Ⅲ 假人,并针对乘员损伤给出了限值。

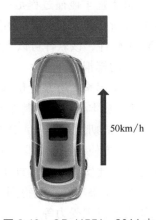

图 3-16 GB 11551—2014 中正面碰撞试验工况示意图

(2)新车评价规程(NCAP) 随着汽车技术的不断发展,相应的标准和规程在不断完善。特别是我国的新车评价规程(C-NCAP)实施以来,我国汽车整体被动安全技术水平有了显著的提高。在 C-NCAP 2021 版管理规则中,主要将正面碰撞试验形式规定为正面 100% 重叠刚性壁障试验、正面 40% 重叠可变形壁障试验和正面 50% 重叠移动渐进变形壁障(MPDB)试验三种。其中,电动汽车需要以正面 100% 重叠刚性壁障试验和正面 50% 重叠移动渐进变形壁障试验的形式进行正面碰撞测试。

1)正面 100% 重叠刚性壁障试验。图 3-17 所示为正面 100% 重叠刚性壁障试验,试验中试验车辆碰撞速度为 50~51km/h(试验速度不得低于 50km/h),车辆中心线与刚性壁障表面中心线的偏差在横向任一方向 ±150mm,刚性壁障由钢筋混凝土制成,前部宽度不小于 3m,高度不小于 1.5m,壁障厚度应保证其质量不低

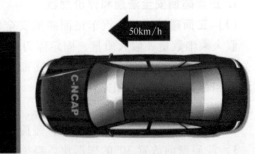

图 3-17 正面 100% 重叠刚性壁障试验

于 $7×10^4$ kg，壁障前表面应铅垂，其法线与车辆直线行驶方向呈 0°夹角，且壁障表面应覆以 20mm 厚的胶合板。如果必要，应使用辅助定位装置将壁障固定在地面上，限制其位移。

2）正面 50%重叠移动渐进变形壁障（MPDB）试验。图 3-18 所示为正面 50%重叠移动渐进变形壁障（MPDB）试验，MPDB 试验的主要目的是更加全面地考察两车正面碰撞的兼容性，使得车辆在碰撞事故中既能保护本车乘员，又能减少对另一方碰撞车辆造成的伤害。该工况中试验台车与测试车辆均以（50±1）km/h 的速度进行碰撞，

图 3-18 正面 50%重叠移动渐进变形壁障（MPDB）试验

碰撞角度为 0°±2°，重叠率为车宽的 50%±25mm。图 3-19 所示为移动渐进变形壁障（MPDB）的参数，试验台车总质量为（1400±10）kg，重心位于纵向中垂面±10mm，前轴向后（1000±30）mm，地面向上（500±30）mm 的位置，壁障最低处距离（150±5）mm，轮间距离为（1500±10）mm，轴距（3000±10）mm，碰撞块前面至台车重心的距离为（2290±30）mm，壁障与台车接口板宽度为 1700mm，高度为 650mm。

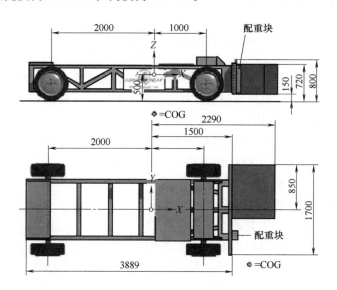

图 3-19 移动渐进变形壁障（MPDB）参数

而测量用假人方面，C-NCAP 的正面碰撞试验中分别在驾驶人和前排外侧乘员座椅放置一个 Hybrid Ⅲ 50th 男性假人，在第二排随机一侧座椅上放置一个 Hybrid Ⅲ 5th 女性假人，在第二排另一侧座椅上固定一个儿童约束系统，并在其上放置一个 Q 系列 3 岁儿童假人，儿童约束系统使用安全带或 ISOFIX 装置固定。测量过程中所使用的这 3 类假人如图 3-20 所示。

对于正面碰撞过程中假人的损伤评价与分析，主要从头部、颈部、胸部以及腿部四个部位进行。

1）头部。头部主要根据头部伤害值 HPC 以及头部加速度进行评价。

$$\text{HPC} = \max \left[\frac{1}{t_2 - t_1} \int_{t_1}^{t_2} R(t) \mathrm{d}t \right]^{2.5} (t_2 - t_1) \tag{3-1}$$

式中，$R(t)$ 是头部的合成加速度；t_1 和 t_2 是 HPC 达到最大值的时间间隔的初始时间和最终时间。根据 GB 11551—2014 中规定，HPC 值应不大于 1000。

2) 颈部。颈部主要通过颈部伸张力矩进行评价。颈部伸张力矩为

$$(M_y)i = M_y - F_x d \tag{3-2}$$

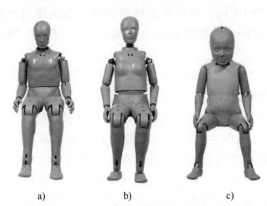

图 3-20 正面碰撞试验中测量用的假人
a) Hybrid Ⅲ 50th 男性假人 b) Hybrid Ⅲ 5th 女性假人
c) Q 系列儿童假人

式中，M_y 和 F_x 通过传感器测得；d 是传感器中心岛头颈交界面中的距离，SAE J1733 中规定 $d = 0.01778$。根据 GB 11551—2014 中规定，颈部伸张力矩应不大于 57N·m。

3) 胸部。胸部损伤的评价指标为黏性准则 VC 和胸部压缩变形的峰值，通过测量胸部压缩变形量（ThPC）和胸部压缩速度来求得 VC 值，两者的乘积即为 VC 值。

$$\text{VC} = v(t) C(t) = \frac{\mathrm{d}[D(T)]}{\mathrm{d}T} \frac{D(T)}{b} \tag{3-3}$$

式中，$D(T)$ 是变形量；$v(t)$ 是 $D(T)$ 微分得到的变形速度，单位为 m/s；$C(T)$ 是瞬时压缩函数，即变形量 $D(T)$ 和初始的躯体厚度之间 b 的比值。根据 GB 11551—2014 中规定，ThPC 值应不大于 75mm，VC 值应不大于 1.0m/s。

4) 腿部。大腿性能指标为大腿压缩力指标 FFC，为轴向传递至假人每条大腿的压力，根据 GB 11551—2014 中规定，FFC 值应不大于 9.07kN。

2. 正面碰撞安全性分析

(1) 正面碰撞特性分析 正面碰撞是汽车碰撞事故中最常见的形式之一，电动汽车发生正面碰撞时碰撞载荷的传递路径与传统燃油车基本相似，如图 3-21 所示，主要有两种：第一种是碰撞过程中由前防撞梁将碰撞力传递到前纵梁，再由上横梁、上纵梁及 A 柱传递碰撞力，最后向车身尾部传递碰撞力；第二种是碰撞力首先由前保险杠传递至压溃引导区，再由下纵梁传递到纵梁延伸段及门槛梁，最后传到车身尾部。通过对正面碰撞传力路径的分析可知，需要对汽车前端结构

图 3-21 正面碰撞过程中传递路径

进行合理的设计，这样才能使正面碰撞传力路径完整，并能对相应的结构件变形吸能起到引导作用。车辆前端结构需要在正面碰撞过程中合理充分地变形，尽可能多地吸收碰撞能量，从而使得尽可能少的能量向车内乘员身体上传递，减少"二次碰撞"对车内乘员造成的接触伤害。

汽车正面碰撞过程是一个复杂的非线性过程，碰撞中汽车结构发生非线性的大变形，乘员本身更是一个复杂的非线性系统，联系二者的约束系统也包括许多不同布置位置的零部件。通过分析约束系统的乘员响应-乘员相对车体位移，约束系统可以近似为一个线性弹簧，弹簧刚度即为胸部载荷-相对位移曲线拟合直线的斜率

$$K = \frac{ma_o}{d_{ov}} \tag{3-4}$$

式中，a_o是乘员胸部的加速度；d_{ov}是乘员胸部的相对位移。

据此，可以将整车碰撞这个复杂的非线性系统进行一定的简化与假设，建立包含一维线性弹簧的车辆-乘员系统动力学模型，如图3-22所示。

正面碰撞发生后，乘员在约束系统的作用下经历了加速度$a_0(t)$，被吸收的乘员动能E_0为

$$E_0 = \int_0^t m_0 a_0(t) \, dx_0(t) \tag{3-5}$$

设$s(t) = x_0(t) - x_v(t)$，则

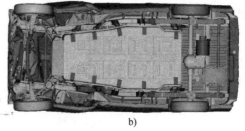

图3-22 车辆-乘员系统动力学模型
k—约束系统特征刚度　f—车辆的碰撞加速度
δ—乘员与约束系统间隙　M_v—车辆质量
m_0—乘员质量

$$E_0 = \int_0^t m_0 a_0 \, ds(t) + \int_0^t m_0 a_0 \, dx_v(t) \tag{3-6}$$

动能的前半部分组成为约束系统耗散的能量，后半部分组成为车体耗散的能量。相关研究表明，车体耗散能量越高，乘员胸部加速度会越低，乘员越安全。

(2) 碰撞变形过程分析 某电动汽车正面碰撞初始时刻和最终时刻的变形如图3-23所示，可以看出车辆的主要变形区域为车架前纵梁和车架中部纵梁。随着纵梁的进一步压缩，车辆的前端空间已经被完全挤压，前围板也已经侵入驾驶舱，电池包产生了较大的位移，其安装支架受剪切变形力严重，电池包前端保护罩发生挤压变形。由此可见，由于电池包的参与，电动汽车的碰撞变形与传统燃油车正面碰撞变形模式会有一定的差异。

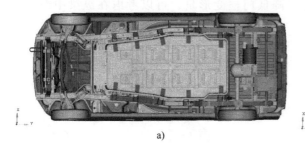

图3-23 电动汽车正面碰撞变形过程
a) 碰撞变形前　b) 碰撞变形后

(3) 整车吸能分析 汽车正面碰撞中主要吸能件为前保险杠骨架、吸能盒、前纵梁，传统燃油车的发动机、电动汽车的动力电池包及其他附件吸收能量很少，主要是传递碰撞力和能量。图3-24为前纵梁、纵梁中部以及整车内能随时间的变化曲线，可以看出前纵梁在

碰撞中吸收了绝大部分的碰撞能量，因此，对前纵梁进行设计和优化，在正面碰撞时能更有效地减少车辆受到的冲击。

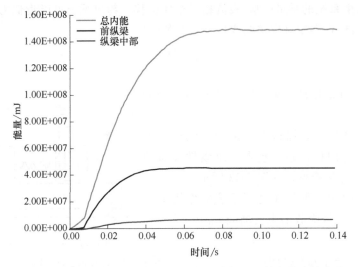

图 3-24　正面碰撞过程中前纵梁、纵梁中部以及整车的内能变化

（4）前围板侵入情况分析　前围板是驾驶舱前部最容易对驾驶人和乘员造成伤害的部件，当汽车的保险杠和前纵梁受到挤压溃缩变形后，车辆前端部件会对前围板产生挤压，因此需要分析前围板的侵入量。图 3-25 所示为前围板的位移云图，如果前围板的侵入量过大，就会发生侵入驾驶舱的现象，极有可能伤害乘员腿部，因此需要将前围板侵入量纳入正面碰撞安全性分析中。

（5）门框变形情况分析　正面碰撞安全性分析中，门框的变形量是需要检测的项目之一。过大的门框变形可能会产生两种不利后果：一种情况是碰撞时车门打开，可能将乘员甩出车外；另一种情况是车门在发生碰撞后无法打开，不利于乘员逃生，甚至对乘员生命造成危险。图 3-26 所示为门框变形量测量位置，为了在碰撞中考虑门框的安全性，一般选择侧围车门铰接处与锁扣区的相对位移作为门框变形量。纵梁中部在整车变形过程中发生的溃缩对车门变形的影响非常大，因此为了降低门框变形量，可以考虑在纵梁中部采取优化措施。

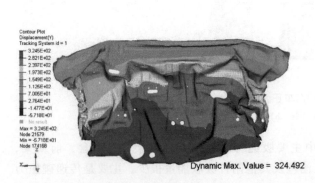

图 3-25　前围板位移云图

图 3-26　门框变形量测量位置

(6) 整车加速度情况分析　在整车的正面碰撞过程中，在B柱之前一般都会出现变形挤压，而B柱下方的变形较小，因此一般以B柱下方的加速度来代表整车的加速度。为保证乘员碰撞后的安全，需要将B柱的加速度值纳入正面碰撞安全性的分析中。一般情况下，希望B柱下方点的加速度峰值越小越好。

3. 正面碰撞安全性设计

(1) 结构变形控制要求　汽车正面碰撞结构变形控制要求主要包括以下4个方面。

1）最大变形量控制。乘员在正面碰撞过程中受伤的主要原因之一是由于车体结构侵入乘员空间所造成的接触伤害，因此在保证乘员舱结构整体刚度的同时，也要尽量避免由于自身溃缩或其他结构的侵入导致的对乘员的伤害。因此应控制最大变形量，将碰撞变形限制在一定区域内。在实际的车辆结构设计中，控制最大变形量的方法是对变形截止结构进行设计，即在车辆允许变形区之后，设置一个刚度、强度都较大的区域，在这个位置对车辆结构进行强制性的变形终止。变形截止结构对于车辆的最大变形的控制是相当有效的方法，也可以将碰撞变形是否超过了允许变形区作为衡量车辆吸能特性的标准。

2）控制结构变形模式。不同结构的碰撞变形模式主要包括以下几种：褶皱、弯曲、断裂。断裂包括连接的破坏失效，如焊点以及结构本身的破坏失效。不同变形模式的吸能能力差异很大，例如在弯曲失效的情况下，前纵梁的吸能特性会降低40%左右，因此要设计出能够在多种碰撞条件下稳定变形、变形吸能作用发挥到极致的吸能结构。其中，对于正面碰撞主要承载件的前纵梁而言，其变形模式的控制可谓头等大事。

3）结构变形次序的控制。汽车碰撞的结构变形不是在瞬间完成的，而是按照一定的顺序，随着碰撞过程的推移发生的。一般由各部位的强弱决定结构变形的次序，最先变形的将是最薄弱的部分，并逐步地向邻近区域扩展。合理的变形次序不仅可以使结构有效地发挥变形吸能的作用，还可以在一定程度上引导结构稳定变形。如果在碰撞发生时，前纵梁后端先发生弯曲变形，则很容易引导整个前纵梁未变形区域发生相对转动形成弯曲失效。而这种不利于乘员保护的危险情况，如果按照由前向后的次序变形，则基本不会发生。

4）保证结构有效性。结构的失效破坏包含多种情况，除了结构本身无法维持高吸能特性的失效形式之外，还有一种非常重要的失效形式就是结构由于连接失效而发生崩溃。在连接失效的情况下，汽车耐撞结构耗散的碰撞能量不足，导致刚性较大的乘员舱吸收了大部分剩余的动能。所以结构的有效性在某些情况下决定碰撞安全性的高低。

总结来说，在结构设计上，首先必须将碰撞总变形量控制在允许变形区内，通过各种结构形式的合理设计、变形导向的设置、碰撞结构按一定强度次序的合理排列等方法控制汽车结构合理变形，使变形由前到后循序渐进。

(2) 正面碰撞吸能结构设计　保险杠骨架、吸能盒、前纵梁是典型的薄壁金属结构，材料特性、截面形状、壁厚、薄壁直梁长度和诱导槽形式、布置等是其吸能特性的主要影响因素。对碰撞吸能特性的影响，下文将主要从壁厚、截面形状、诱导槽形态三个方面进行介绍。

1）壁厚对吸能特性的影响。薄壁结构的壁厚直接关系到碰撞吸能，对于相同模式的变形而言，变形所吸收的能量与壁厚是指数增长的关系。但壁厚的选择在结构设计上一定要符合实际情况，太小的壁厚可能吸能能力不够，而壁厚过大则容易增加质量和成本。

壁厚有两个方面影响着碰撞变形的吸能特性：①在不同壁厚情况下碰撞所产生的最大阻

力是不一样的;②在不同壁厚情况下缓冲吸能时间的长短不同。在吸能结构设计中,可充分利用以上特点对正确的壁厚进行优化和选择。当然,汽车吸能结构的壁厚也要受到重量、制造工艺等其他方面要求的限制。

2) 截面形状对吸能特性的影响。在工程实践中,汽车前纵梁截面形状大体可分为五种类型:正方形、矩形、圆形、六边形和八边形。

由图 3-27 所示的仿真结果可知:截面为矩形、正方形薄壁结构吸收的能量较其他三种截面形状的薄壁结构吸收的能量要少 50%左右,六边形和圆形薄壁结构吸收的能量相当,而八边形薄壁结构吸收的能量最多。

可以看出,不同的截面形状会导致薄壁结构在碰撞过程中的吸能特性不同。因此,在设计前纵梁等薄壁金属构件时可以根据需要对横截面的形状加以考虑。

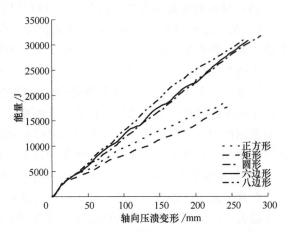

图 3-27　五种截面形状轴向压溃下的能量吸收特性

3) 诱导槽对吸能特性的影响。汽车正面碰撞中各吸能件之间的相互运动是复杂多变的,往往会造成前纵梁不能按理想设计目标进行规则压溃变形并充分吸收碰撞能量。因此,通常的做法可以在薄壁结构上采用冲压、挤压等制造工艺设计出多种多样的诱导槽,以确保其稳定的轴向变形和使碰撞能量得到充分吸收。诱导槽的形状可以多种多样,如凹槽、菱形凹口、球状凹痕、塑性压痕、减薄、圆形凹口、圆形孔、椭圆形孔等,如图 3-28 所示。

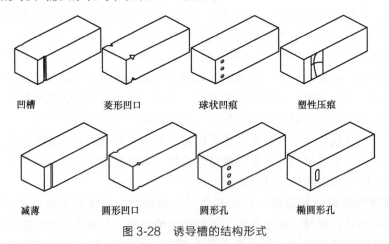

图 3-28　诱导槽的结构形式

诱导槽布置在薄壁结构前端能很好地降低薄壁结构的初始压溃力峰值,碰撞压溃力曲线会在后续的变形中变得平坦均匀,并且薄壁结构在诱导槽的作用下会发生规则的轴向压溃变形。

4. 电动汽车正面碰撞安全性设计的特殊性

电动汽车在整车布局和动力配置方面与传统燃油汽车相比有很大的差异,如图 3-29 所示。

传统燃油车会将动力系统布置在前舱，前地板下方较空，燃油箱则一般布置在后地板下方；而电动汽车一般将电机放置在前舱，巨大的电池包系统则分布在前后地板下方。在正面碰撞安全设计过程中，一方面由于电池包过重导致整车整备质量明显增加，车身在碰撞事故中耗散的动能显著增加；另一方面，除了保护乘员舱内乘员的安全以外，为了避免电动汽车在碰撞后动力电池起火或爆炸，电池舱的完整性也必须在碰撞时得到保证。这些难点使得电动汽车的碰撞安全性设计相比传统燃油车面临更大的挑战。

图 3-29　传统燃油车和电动汽车的布置形式对比
a）传统燃油车布置形式　b）电动汽车布置形式

发动机、变速器等刚性大部件主要布置在传统燃油车的前舱内，而电动汽车前舱内主要包括在碰撞时基本不发生变形吸能的高压配电盒、电池、驱动电机、减速器以及充电机等刚性零部件，图 3-30 所示为电动汽车前舱的布置。

图 3-30　电动汽车前舱布置

动力电池包布置在底盘下面有利于安全，图 3-31 所示为某电动汽车动力电池包布置方式。这款电动汽车的电池包布置在地板下方，电池包布置在电动汽车两侧纵梁之间，在碰撞过程中电池包会受到两侧纵梁以及前后底盘结构的保护，且地板下方是一个远离乘员舱的位

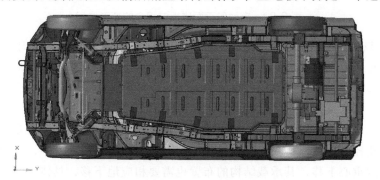

图 3-31　某电动汽车动力电池包布置方式

置,因此电池包在发生事故时对乘员的影响较小。

在电动汽车正面碰撞过程中,主要需要将动力电池的变形情况和加速度情况纳入正面碰撞安全性分析。

(1)电池变形情况分析 当发生正面碰撞时,电池包随整车一同前移,变形过程如图 3-32 所示。电池包前端缓冲件碰撞整车底盘前部,开始挤压变形,电池包随着车架一起前倾,这是由于整车前端吸能部件的溃缩和纵梁中部的挤压缩减所致。电池包可能会在挤压力过大或者挤压变形量过大的情况下产生起火、爆炸的现象,所以在电动汽车正面碰撞安全分析设计过程中,需要在安全范围内限制电池挤压方向的变形量。

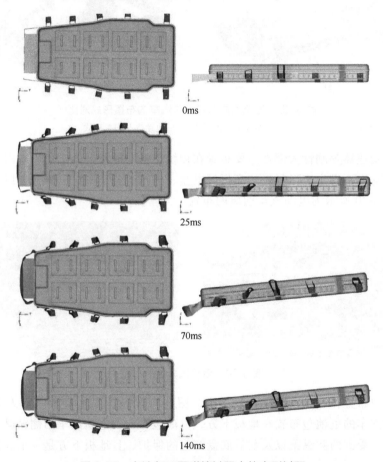

图 3-32 电池包正面碰撞过程中的变形过程

(2)电池包加速度情况分析 电池包在碰撞发生后加速度会逐渐上升,由于碰撞后电池包加速度值过大有可能造成电池包内部短路甚至着火爆炸,危害到车内乘员安全。因此电动汽车正面碰撞安全性分析也需要将电池包的加速度峰值作为一个限定目标。

优化汽车结构来提高汽车防撞性能是提高电动汽车正面碰撞安全性的主要方法,但由于电动汽车的吸能长度比较短,在设计过程中也存在非常大的难度。下面将介绍一种电动汽车基于力学传递路径进行正面碰撞优化设计的方法。在电动汽车的碰撞中,电动汽车由于承载动力电池而导致重心下移,其承载结构的布置也需要相应地下移,具体可以通过合理分配各载荷传递路径的承载能力,也可以通过对结构进行有针对性的布置来实现。

针对车身结构的正面碰撞能量管理，可将车身结构划分为前、中、后 3 个主要吸能区，如图 3-33 所示。

其中，通常由保险杠横梁和吸能盒构成前吸能区，以在速度较低的碰撞工况下吸收尽可能多的碰撞能量，在高速碰撞工况下将碰撞载荷向车身后部传递为设计目标；中吸能区包括前纵梁、副车架等，是高速碰撞工况下最主要的吸能部件，通过合理的压溃、弯曲变形模式设计吸收碰撞能量；后吸能区的设计目标是不仅要产生适当的碰撞变形，同时还要在合理的范围内控制乘员舱的侵入量。

根据电动汽车正面碰撞过程中力学传递路径分析，可以对电动汽车车身结构碰撞力目标进行分解，某电动汽车正面碰撞中各力传递路径分解如图 3-34 所示。

图 3-33　电动汽车车身吸能区分配　　图 3-34　某电动汽车正面碰撞中各力传递路径分解

由于电动汽车采用柔性高压线传输电能，其空间布置具有一定的灵活性，这也为通过增加载荷传递路径，使整个车身结构参与到碰撞吸能中创造了有利条件，有利于迅速吸收和发散碰撞能量，从而提高承载效率。因此，为了更好地布置力学传递路径，提高乘员和电池包的正面碰撞安全性，电动汽车可以对现有的结构进行拓扑优化。

3.3.3　电动汽车侧面碰撞安全性

1. 侧面碰撞安全法规和评价规程

（1）侧面碰撞安全法规　美国对侧面碰撞法规的测试方法与欧洲有较大差异，主要体现在移动障碍壁的质量尺寸及形状、碰撞形式、试验用假人、碰撞速度、碰撞点的位置、乘员损失评价等方面。其中，美国 FMVSS 214 规定侧面碰撞试验采用可变形吸能障碍壁，碰撞角为 27°（即台车纵轴线与台车运动方向之间的夹角），碰撞速度为 54km/h；而欧洲 ECE R95 中也采用了可变形吸能障碍壁，但侧面碰撞形式为 0°碰撞（即移动障碍壁台车纵轴线与被试车辆纵轴线垂直），碰撞速度为 50 km/h。美国和欧洲法规中侧面碰撞试验工况如图 3-35 所示。

我国相关的侧面碰撞安全法规主要有 GB 20071—2006《汽车侧面碰撞的乘员保护》和 GB/T 37337—2019《汽车侧面柱碰撞的乘员保护》。其中侧面碰撞试验被 GB 20071—2006 规定为与移动变形壁障进行碰撞，碰撞速度为 50km/h，如图 3-36 所示。GB/T 37337—2019 中将侧面柱碰撞试验规定为与刚性柱进行碰撞，碰撞角度为 75°，碰撞速度为 32km/h。

（2）新车评价规程　在 C-NCAP 2021 版管理规则中，侧面碰撞试验主要有两种：侧面 AE-MDB 试验和侧面柱碰撞试验。其中电动汽车需要进行的侧面碰撞试验主要是侧面柱碰撞试验，下面将对这项试验进行简要介绍。

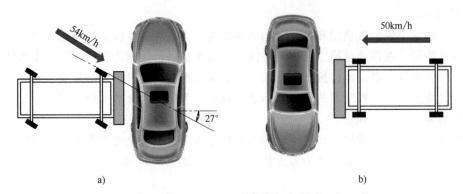

图 3-35 美国和欧洲法规中侧面碰撞试验工况
a) FMVSS 214 中侧面碰撞试验工况 b) ECE R95 中侧面碰撞试验工况

侧面柱碰撞试验中，碰撞刚性柱是一个垂直的、不能变形的刚性金属结构，最下端不能高于被测车辆撞击侧轮胎最低点之上 102mm，上端延伸距离至少在车辆顶棚最高点之上，如图 3-37 所示。柱体的直径为（254±3）mm，并与支撑架表面分开。车辆与刚性柱开始接触的 100ms 内，不应与支撑架表面接触。车辆载体（飞行地板）应水平，且面积要足够大，确保在车辆碰撞变形阶段，能够纵向顺畅移动（约 1000mm），满足车辆旋转空间要求。为确保车辆与载体表面之间的摩擦降至最低，应在车辆轮胎下放置聚四氟乙烯板，车辆接触柱体后，飞行地板的减速时间不得早于 80ms。

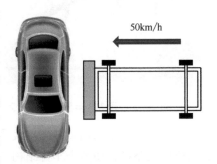

图 3-36 GB 20071—2006 中侧面碰撞试验工况示意图

碰撞试验时碰撞基准线应对准刚性柱表面中心线，当车辆与刚性柱发生碰撞时，在与车辆运动方向垂直的平面上，刚性柱表面中心线距离碰撞基准线在 ±25mm 的范围内，车辆纵向中心线之间应形成 75°±3° 的碰撞角度。试验车辆驱动过程中，与刚性柱体第一次接触前的加速阶段，其加速度不得超过 $1.5m/s^2$。在碰撞瞬间，车辆的碰撞速度为（32±0.5）km/h，而且至少在碰撞前 0.5m 内保持稳定。

在测量用假人方面，C-NCAP 的侧面碰撞试验中使用一个 World SID 50th 型假人放置于车辆撞击侧前排位置，如图 3-38 所示，该假人标配半臂组件，选配 E 级踝关节。

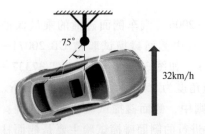

图 3-37 C-NCAP 侧面柱碰撞试验工况

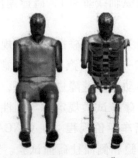

图 3-38 World SID 50th 型假人

(3) 假人损伤评价指标 对于侧面碰撞过程中假人的损伤评价与分析,主要从头部、胸部、骨盆以及腹部四个部位进行评价。

1)头部。头部主要根据头部伤害评价 HPC 以及头部加速度进行评价。

$$\mathrm{HPC} = \max\left[\frac{1}{t_2-t_1}\int_{t_1}^{t_2}R(t)\mathrm{d}t\right]^{2.5}(t_2-t_1) \tag{3-7}$$

式中,$R(t)$ 是头部合成加速度;t_1 和 t_2 是 HPC 达到最大值的时间间隔的初始时间和最终时间。根据 GB 20071—2006 中的规定,HPC 值应不大于 1000。

2)胸部。胸部主要采用肋骨侧向位移 D_{ytherax} 和胸部黏性指标 VC 进行损伤评价。

$$D_{\mathrm{therax}} = \max[D_{\mathrm{therax}}(t)] \tag{3-8}$$

$$D_{\mathrm{ytherax}} = \max[D_y(t) - D_y(0)] \tag{3-9}$$

$$D_y(t) = R(t)\sin\phi(t) \tag{3-10}$$

式中,$R(t)$ 是胸部 IR-TRACC 滤波后长度;$\phi(t)$ 是胸部 IR-TRACC 滤波后转动角;$D_y(0)$ 是 0°时刻胸部肋骨侧向位移;D_{therax} 是肋骨的整体位移,是与时间相关的函数。

$$\mathrm{VC} = V(t) \times C(t) \tag{3-11}$$

$$V(t) = \frac{8[D(t+1) - D(t-1)] - [D(t+2) - D(t-2)]}{12\delta t} \tag{3-12}$$

$$C(t) = \frac{D(t)}{0.17} \tag{3-13}$$

式中,$D(t)$ 为 t 时刻的变形量,为滤波计算后的胸部肋骨侧向位移 D_{ytherax};δt 为变形量测量的时间间隔。根据 GB 20071—2006 的规定,肋骨变形指标应不大于 42mm,VC 值应不大于 1.0m/s。

3)骨盆。骨盆性能指标为耻骨结合点峰值力(PSPF),根据 GB 20071—2006 的规定,该指标应不大于 6kN。

4)腹部。腹部性能指标为腹部峰值力(APF),根据 GB 20071—2006 的规定,该指标应不大于 2.5kN 的内力(4.5kN 的外力)。

2. 侧面碰撞安全性分析

(1) 侧面碰撞特性分析 当发生侧面碰撞时,电动汽车的碰撞载荷传递路径与传统燃油车基本相似,最主要的传力路径有两条:一条是 B 柱,另一条是门槛梁。其中 B 柱向上传递至车顶纵梁,然后通过车顶支撑横梁横向传递的垂向传力路径;门槛梁向前传递至 A 柱,向后传递至 C 柱,同时也会通过底板横向支撑梁横向传递的纵向传力路径,如图 3-39 所示。在侧面碰撞试验法规中,车辆的车门、B 柱以及门槛梁与壁障会发生碰撞。为了使侧面结构在相同变形量下吸收更多能量,在碰撞过程中应尽早让更多部件参与到变形吸能中来。通过对侧面碰撞传力路径进行分析可知,车辆侧面结构也需要经过合理的设计,这样才能使它的侧面碰撞传力路径完整,才能对相应结构件的充分变形吸能起到引导作用。车辆侧面结构在侧面碰撞过程中发生合理充分的变形,更多地吸收碰撞能量,能够降低"二次碰撞"对车内乘员造成的接触伤害。

在侧面碰撞过程中的受力分析如图 3-40 所示。$F_{\mathrm{structure}}$ 由车门的支撑结构提供,主要包括车门框结构(即 A 柱、车顶边梁、B 柱和门槛梁组成)、车门抗侧撞梁、地板即地板横梁、车顶横梁等。在侧面碰撞中，希望尽量减小 F_{dummy}，从而减少人的冲击损伤风险，这就需要减小 F_{MDB}，并增大 $F_{\text{structure}}$。

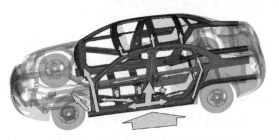

图 3-39　侧面碰撞过程中传力路径

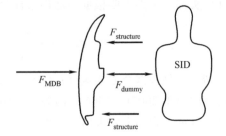

图 3-40　侧面碰撞过程中的受力分析

F_{MDB}—MDB 作用在车门上的撞击力　F_{dummy}—车门与假人之间的相互作用力　$F_{\text{structure}}$—被撞车辆侧面结构对车门侵入的抵抗力

(2) 碰撞变形过程分析　如图 3-41 所示，从电动汽车侧面碰撞初始时刻和最终时刻的变形可以看出，由于 B 柱、前后门和门槛梁所形成的区域是侧面碰撞的主要受力区，碰撞变形主要发生在 B 柱中下部、前后门中部和门槛梁前中部。其中，如果 B 柱中部侵入变形严重，乘员胸部将会受到较大的伤害，而如果 B 柱下部侵入变形严重，则对乘员的骨盆位置造成的伤害较大。

图 3-41　侧面碰撞过程中整车结构变形
a) 碰撞前　b) 碰撞后

(3) 整车吸能分析　对于电动汽车而言，吸能主要集中在 B 柱、车门和门槛梁的变形吸能上。碰撞时 B 柱、车门及门槛梁受力较大，很容易发生侵入变形较大的情况。因此，B 柱、车门和门槛梁是电动汽车侧面碰撞结构设计中的重点，需要确保其在侧面碰撞中吸收足够的碰撞能量，以满足碰撞安全性的要求。

(4) 侵入量分析　需要对 B 柱以及车门内板、门槛梁等部位进行重点分析。

1) B 柱侵入量。对于保证碰撞后乘员的生存空间来说，侧面碰撞过程中 B 柱中下部的侵入量较大是非常不利的。而且 B 柱中部腰线处与乘员的胸部位置相对应，该部位过大的侵入量会导致车体在碰撞过程中向内侵入到驾驶室，使乘员的生存空间缩小，从而给乘员带来致命损伤。所以侧面碰撞安全性分析需要考虑 B 柱的侵入量。

2) 车门内板、门槛梁侵入量。车门侵入量会对乘员的生存空间产生较大的影响，因此较弱的车门结构会导致乘员生存空间较小，需要将车门侵入量纳入到侧面碰撞安全性分析中。

门槛梁在侧面碰撞时侵入量较大会对乘员的骨盆产生较大的影响，这是由于侧面碰撞中主要传递路径上，门槛梁厚度较薄结构较弱，因此需要将门槛梁侵入量纳入侧面碰撞安全性分析中。B柱和车门内板在侧面碰撞过中侵入量的测量点如图3-42所示。

（5）**加速度分析** 需要对B柱以及车门位置进行分析。

1）B柱加速度分析。B柱结构在整个侧面碰撞过程中都在发生塑性变形吸收碰撞能量，因此B柱加速度的波动情况能反映出车身侧面结构的碰撞形态，为车身结构设计提供依据。

2）车门加速度分析。车门内板结构正对着乘员的胸部、腹部和骨盆位置，对乘员的安全有很大的影响，因此需要将车门加速度纳入侧面碰撞安全分析中。

3. 侧面碰撞安全性设计

侧面碰撞时，B柱下端和车门容易出现侵入量与侵入速度过大，进而导致车内乘员受伤严重。另外，不合理的门槛梁设计会发

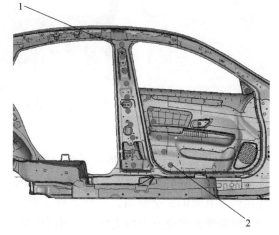

图3-42 B柱和车门内板侵入量测量点
1—B柱侵入量测量点 2—车门内板侵入量测量点

生门槛内翻等结构失稳现象，从而进一步加剧车门与B柱的侵入，所以B柱、车门及门槛梁的结构设计一直以来是车辆侧面碰撞安全结构优化设计的重点内容。

（1）**B柱结构设计** 侧面碰撞过程中主要吸能和承力结构件——B柱结构如图3-43所示，其结构强度的优劣及变形模式的合理与否直接影响着侧面碰撞安全性能。在整车侧面碰撞过程中，B柱的不合理变形，会对车内乘员造成胸部、腹部和骨盆等部位的损伤，故B柱结构的合理设计是侧面碰撞安全结构设计的重中之重。合理的B柱的变形设计策略一般是上部与中部的结构较强，使其不发生折弯变形，下部设置软区，让变形吸能的位置集中在B柱下部，这样的设计既可让B柱充分的变形吸能，同时也可将乘员的伤害降低。为了实现这一策略，需要正确选用材料，合理地设计B柱截面腔体尺寸和形状，在需要加强的适当位置可以增加加强板。

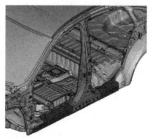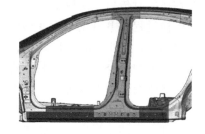

图3-43 B柱结构

（2）**车门结构设计** 车门结构如图3-44所示，如果车门在侧面碰撞过程中侵入量和侵入速度过大，会对车内乘员造成严重损伤，所以合理的车门结构能够为车内乘员提供稳妥的安全保护。一般采用加装车门防撞横梁（如图3-45所示）来减小车门在碰撞过程中的变形，

再通过优化防撞横梁的位置、截面形状、材料和厚度等来完善其耐撞性。

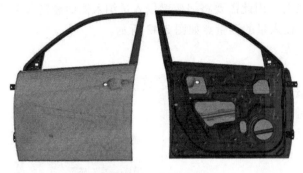

图 3-44　车门结构　　　　　图 3-45　车门防撞横梁结构

（3）门槛梁设计　图 3-46 所示为门槛梁结构图。在侧面碰撞过程中，门槛梁是重要承力结构件，它与地板上的座椅安装横梁形成了坚固的桁架结构，为布置在地板下部的高压动力电池等提供了有效的安全空间，并与 B 柱一起构成了一道强有力的侧面安全防线，为车门和 B 柱的变形吸能提供强有力的支撑。钢制门槛梁一般采用在其内部增加支撑件的策略，并通过优化其结构形状、材料及厚度等来提升门槛梁的横向变形吸能能力和整体的结构稳定性。

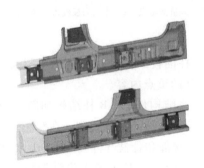

图 3-46　门槛梁结构

4. 电动汽车侧面碰撞安全的特殊性

电动汽车高压电器件集中在前舱的布置方式，在侧面碰撞中有效避免了直接挤压造成的漏电，且由于电池包布置在地板下方，电池支架也会在碰撞时传力，使得车体结构和强度设计与传统燃油车并不一致。侧面碰撞过程中 B 柱的最大变形量如图 3-47 所示，安装电池包后与无电池包时相比，B 柱下部变形减小，但上部变形增大。B 柱下部和车顶横梁截面力如图 3-48 所示，B 柱下部的作用力在增加电池包后有所增大，而车顶横梁的作用力有所减小。这说明车体下部在加装电池包后刚度增大，而上部刚度则相对降低，这就有可能导致 B 柱中上部侵入量过大，使乘员头部和胸部受到伤害的概率增大，因此电动汽车的 B 柱中上部需要进行优化设计。

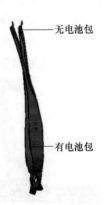

图 3-47　B 柱最大变形量

电动汽车的动力电池包大多布置在车身地板下方，这样就造成了电动汽车整车的重心较低。而且为了保证电池组的固定牢固可靠，电动汽车地板结构强度较高，这样就会导致车门门槛梁在发生侧面碰撞时变形的幅度相对较小。但侧面碰撞时，如

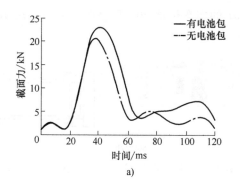
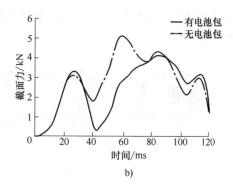

a)

b)

图 3-48 结构件截面力

a) B 柱下部截面力 b) 车顶横梁截面力

图 3-49 所示,电动汽车前后门的侵入量增大,座椅后安装点处的地板变形严重,由此可能会导致动力电池壳体变形,因此需要对动力电池结构进行优化设计。

图 3-49 侧面碰撞前后电动汽车地板结构变形情况

3.3.4 电动汽车尾部碰撞安全性

1. 电动汽车尾部碰撞试验设计

美国 FMVSS 301 法规中主要对碰撞后燃油泄漏特性进行了全面的评估,其中除了针对车辆前部、侧面、后部障碍物进行碰撞试验外,还包括静态翻滚、轮廓障碍壁等碰撞内容。轮廓障碍壁是质量大于 4536kg 的小车,沿障碍壁纵向中心线以 ≥48km/h 的任何速度和角度撞击测试车辆,要求燃油泄漏不得超过标准规定值。我国 GB 20072—2006 中的要求与欧洲 ECE R34 法规要求基本一致,只是将碰撞基准速度提高到了 50km/h。图 3-50 所示为 GB 20072—2006 中追尾碰撞工况示意。

由于电动汽车在整车设计中往往会在车辆后部增设动力电池及电路配置以提高续驶里程,因此当电动汽车发生尾部碰撞事故时,会对车辆的高压电部件产生更大的碰撞冲击隐患和安全性能考验。因此,我国的安全法规对电动汽车尾部碰撞测试进行规定是十分必要的。

电动汽车尾部碰撞试验流程的制定,应将电安全测试项目与传统燃油车尾部碰撞法规(如 FMVSS 301、ECE R34、GB 20072—2006)规定的试验流程有机结合,形成一套完整的基于电动汽车特殊结构和特性的试验流程。

通过相关研究,除参考 GB/T 31498—2021《电动汽车碰撞后安全要求》进行相关项目测试外,电动汽车尾部碰撞试验的流程和方法还可将碰撞后电池电压以及电池温度的监测列入测试范围,并参照 FMVSS 301 进行碰撞后静态翻转测试,对绝缘电阻、电解液泄漏和电池位置移动状况进行检查。其中，参照 FMVSS 301 的实车尾部 70%重叠碰撞试验工况示意如图 3-51 所示。

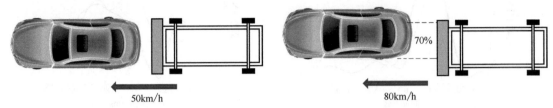

图 3-50　GB 20072—2006 中追尾碰撞工况示意　　图 3-51　实车尾部 70%重叠碰撞试验工况示意

2. 电动汽车尾部碰撞安全性设计

汽车发生尾部碰撞通常为追尾事故，因为碰撞速度较低，乘员受到的伤害较小。传统燃油车设计时，通常将燃油箱布置在压缩变形区以外，防止尾部碰撞中尾部结构对燃油箱造成挤压。电动汽车的设计思路也基本相同，会将动力电池布置在汽车后轮中间或偏前一些。

汽车在发生尾部碰撞时主要有两条传递碰撞能量的路径：一是通过后防撞梁传递给后纵梁；二是由后车轮向门槛梁传递。对电动汽车车身尾部碰撞性能的评估主要是对车身结构对于动力电池的保护效果进行分析，也就是动力电池的变形情况。

动力电池组与电池外包壳接触力、动力电池模组与动力电池模组壳接触力和电池外包壳塑性应变等结果应满足以下要求，以保证电动汽车的尾部碰撞安全性：动力电池模组与电池外包壳在碰撞过程中接触力应小于 10kN；动力电池模组与动力电池模组壳接触力在碰撞过程中应小于 10kN；电池外包壳塑性应变碰撞过程中应小于 30%；如果 REESS 系统布置在车辆行李舱处，电池外包壳在碰撞过程中不得入侵乘员舱。

3.3.5　电动汽车行人保护安全性

行人一直处于交通系统中弱势的地位，在发生交通事故时，行人的伤亡风险通常会更高。中国交通事故深入研究（CIDAS）对我国近几年来发生的道路交通事故数据进行了统计，并总结出以下特点：行人事故占比较高、行人事故伤亡人数占比较高。在人车碰撞交通事故中，我国众多的人口以及以混合交通为主的路面更容易发生行人伤亡事故。因此，根据我国道路交通的特点，有必要对行人的安全性进行研究。

1. 行人保护安全法规

（1）欧洲　欧洲车辆安全促进委员会（EEVC）提出了汽车与行人碰撞安全性的冲击器冲击试验评价方法，主要通过分别代表行人身体的头部（分为成人与儿童两种）、大腿及盆、下肢三个部分的冲击器，对整车或汽车前部与行人碰撞相关的部件进行冲击试验，并对相应的指标性能参数进行测量和安全性评价。试验方法主要由以下几项试验组成：①下腿部与车辆保险杠部位的冲击测试；②上腿部与车辆保险杠部位的冲击测试；③上腿部与车辆发动机舱盖前端边缘的冲击测试；④儿童头部与车辆发动机舱盖的冲击测试；⑤成人头部与车辆发动机舱盖和风窗玻璃的冲击测试。根据保险杠装置、发动机舱盖前端边缘与前风窗玻璃等不同零部件，受测车辆将会有不同的测试方法。图 3-52 所示为行人碰撞保护试验。

（2）美国　美国 GTR 行人保护试验评价方法与 EEVC 行人法规基本一致。

（3）日本　日本行人保护试验评价方法与 EEVC 的差异主要体现在碰撞仿真器质量、

碰撞区域、碰撞角度与速度、头部伤害指数极限值等方面。

1）碰撞仿真器质量。日本法规中采用3.5kg儿童头部和4.5kg成人头部仿真器撞击发动机舱盖测试。

2）碰撞区域、角度与速度。日本的头部仿真器撞击速度为35km/h，EEVC法规规定的撞击角度为50°，小于日本法规所规定的撞击角度。

3）头部伤害指数极限值规范。日本的伤害指数极限值计算方法与EEVC相同，发动机舱盖的前三分之一区域须小于1000，另外后三分之二区域须小于2000。

（4）中国 我国行人保护安全法规主要有GB/T 24550—2009《汽车对行人的碰撞保护》，下面进行简要介绍。

1）试验场地。试验时，试验设备和车辆或其他部件应在相对湿度40%±30%和温度20℃±4℃的环境下，冲击试验场地应平坦、光滑、坚硬，且不平度不大于1%的平面构成。

2）车辆的准备。车辆应处于正常行驶姿态，并且牢固地安放在支撑架上或在驻车

图3-52　行人碰撞保护试验

制动器制动状态下停在水平平面上。试验中车身应包括车辆前部结构的所有部分，所有前舱盖下面的部件和风窗玻璃后面的可能在正面碰撞中与行人等弱势道路使用者有关的所有部件，车身应在车辆正常行驶姿态下牢固地固定。在发生碰撞时，所有设计用于保护行人等弱势道路使用者的装置，在相关试验之前应正确启动并保证其在试验中作用。

3）试验的冲击器。冲击器分为腿型冲击器和头型冲击器。下腿型冲击器应由两个外覆泡沫的刚性件组成来代表大腿和小腿，如图3-53所示，由可变形的模拟关节相连接。冲击器的总长应为926mm±5mm，试验质量13.4kg±0.2kg。大腿和小腿的直径应为70mm±1mm，外覆泡沫肌肉和皮肤，泡沫肌肉的厚度为25mm的CF-45型泡沫或等效物。皮肤由氯丁橡胶泡沫制成，两面覆盖0.5mm厚的尼龙布，总厚度为6mm。大腿和小腿的总质量应分别为8.6kg±0.1kg和4.8kg±0.1kg，大腿和小腿的质心距膝部中心应分别为217mm±10mm和233mm±10mm。大腿和小腿相对于过各自质心且垂直于冲击方向的水平轴的惯性矩应分别为$0.127kg \cdot m^2 \pm 0.010kg \cdot m^2$和$0.120kg \cdot m^2 \pm 0.010kg \cdot m^2$。上腿型冲击器应是刚性的，撞击侧覆以泡沫，长度为350mm±5mm。上腿型冲击器总质量应为9.5kg±0.1kg，包括在撞击过程中作为冲击器重要部分的推进和导向的部件。儿童头型冲击器应为铝制，均质结构，球形。直径为165mm±1mm，质量为3.5kg±0.07kg，相对于过质心且垂直于冲击方向的轴的惯性矩应为$0.008 \sim 0.012 kg \cdot m^2$，包括仪器的头型冲击器的质心应位于球的几何中心，偏差为±2mm。球体用厚度为14mm±0.5mm的合成皮肤覆盖，覆盖面积至少为球体的一半。成人头型冲击器为铝制，均质结构，球形。直径为165mm±1mm，质量为4.5kg±0.1kg，相对于过质心且垂直于冲击方向的轴的惯性矩为$0.010 \sim 0.013kg \cdot m^2$，包括仪器的头型冲击器的质心应位于球的几何中心，偏差为±5mm。球体用14mm±0.5mm厚的合成皮肤覆盖，覆盖面积至少为球体的一半。儿童头型冲击器和成人头型冲击器尺寸图和实物图如图3-54所示，行人头部冲击试验示意图如图3-55所示。

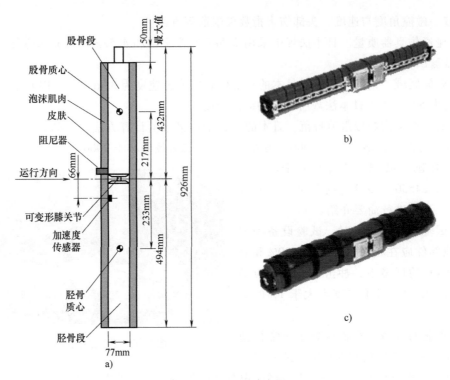

图 3-53 下腿型冲击器
a) 下腿型冲击器尺寸图　b) Flex_PLI-GTR01 型下腿型冲击器实物图　c) Flex_PLI-GTR02 型下腿型冲击器实物图

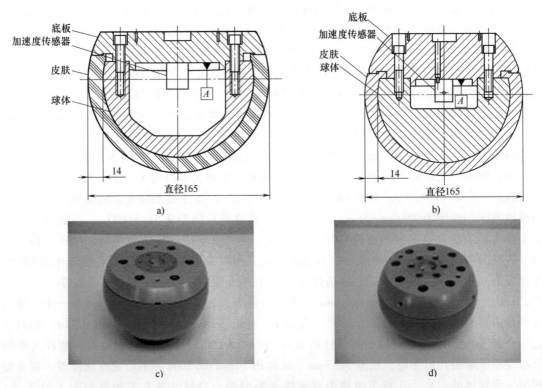

图 3-54 头型冲击器
a) 儿童头型冲击器尺寸图　b) 成人头型冲击器尺寸图　c) 儿童头型冲击器实物图　d) 成人头型冲击器实物图

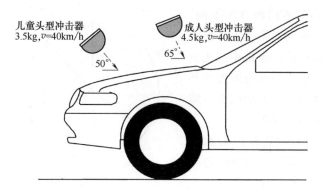

图 3-55　C-NCAP 中行人头部冲击试验

4）撞击保险杠时，冲击器的冲击速度为 11.1m/s±0.2m/s，如图 3-56 所示。

在进行行人保护性能评价时，2021 版 C-NCAP 中用成人头型和儿童头型分别以 $40^{+0.72}_{-0.72}$ km/h 的速度按照规定的角度冲击被测试车辆特定部位，进行行人保护头型试验，通过每次获得的 HIC_{15} 值进行评价行人头部保护性能。用 aP-LI 腿型以 $40^{+0.72}_{-0.72}$ km/h 的速度按照规定的方向撞击保险杠，通过每次获得的腿部弯矩以及膝部韧带伸长量等性能指标进行行人腿部保护性能评分。

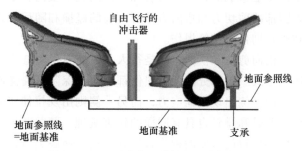

图 3-56　腿型冲击器碰撞前保险杠试验

2. 行人-车碰撞分析

当行人与车辆发生碰撞时，与行人最初接触的部位是保险杠和前舱前边缘。保险杠与行人的小腿与膝部发生接触，前舱前边缘则与行人的大腿或骨盆部位接触，根据行人与保险杠和前舱前边缘的相对高度来决定接触的精准位置。接着行人将被撞倒，或者绕前舱前边缘转动，直到头部、肩部或胸部、背部撞击前舱、前风窗玻璃或前风窗玻璃框。在较高的撞击速度下，行人可能绕头部或肩部继续翻转，腿部撞击汽车棚顶，从而使行人以相当于车速的速度飞出。如果汽车紧急制动，行人将被车辆推向前方，并且在车辆前方倒地。如果碰撞速度很低，则行人仅接触到保险杠和前舱前边缘，不与前舱和前风窗玻璃碰撞，然后倒地。

如图 3-57 所示，在人车碰撞过程中，各部位的碰撞特点各不相同。行人与汽车的接触部位以前部玻璃、窗框和 A 柱以及前舱等为主，而与之接触的部位则以行人的头部居多。下面将简要介绍人车碰撞过程中行人身体各个部位所受到的损伤，其中头部和下肢的受伤频率最高。

（1）头部　头部与前舱或风窗框架的碰撞通常会造成严重的头部损伤，损伤程度主要取决于前舱和前风窗边框的硬度。当冲击强度超过了头部的最高耐受时，就会发生颅骨破裂，头骨和大脑内部组织之间可能会发生相对移动，大脑相当于受到剪切伤害。

（2）胸部　胸部伤害也常见于汽车与行人的碰撞过程中，胸部与车辆前部的接触位置会因行人年龄和身高的不同而有所不同。成人和体格大的儿童的胸部伤害主要是由于和前舱顶部碰撞造成的，体格小的儿童胸部伤害则大部分是由于与前舱前边缘和车的最前面接触造成的。过大的胸部压缩力会造成肋骨骨折和胸骨骨折。

（3）**骨盆** 硬的前舱边缘或前舱上部会在碰撞过程中伤害骨盆，由前舱边缘向大腿施加冲击力，造成挤压伤害。

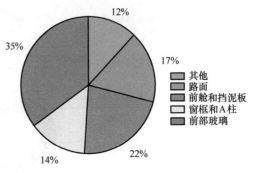

图 3-57 行人与汽车的接触位置统计

（4）**肢体** 大部分下肢伤害是由于车前接触造成的，碰撞力若和可能的腿部轴向转矩相结合，就会导致腿部伤害成倍增加。行人腿部的剪切力和弯曲力随着车前的碰撞和随后行人下肢的加速，会导致长骨骨折、膝盖骨破碎及韧带拉伤等损伤。

横向剪切和横向弯曲是行人在下肢与保险杠碰撞过程中最常见的与下肢伤害相关的两种作用形式。大部分的胫骨损伤都归因于保险杠碰撞而引起的弯曲力矩，弯曲导致胫骨在发生撞击的一侧出现压缩应力，而另一侧则出现拉伸应力，当应力超过极限时，胫骨就会发生骨折。股骨和腓骨也具有同样的伤害机理。膝关节损伤主要是由横向平移位移导致的剪切以及角位移导致的弯曲两种伤害形式造成。而膝关节韧带的伤害则主要来源于关节弯曲转动时韧带内的拉伸力，当拉伸载荷超过韧带的拉伸强度时，就会撕裂或扯断韧带束。

3. 行人保护系统设计

由于行人的下肢和头部的受伤频率最高，所以行人保护系统主要分为行人下肢碰撞保护系统和行人头部碰撞保护系统。

（1）**下肢碰撞保护系统** 小腿的损伤主要是由小腿和前保险杠相撞产生弯曲力矩引起的，受伤形式以骨折为主。而膝关节损伤主要是因为膝关节直接与保险杠相撞，或小腿与保险杠相撞但大腿运动相对滞后引起的，受伤形式主要表现为韧带拉伤和骨折。小腿和膝盖的损伤程度主要和前保险杠、前照灯、前翼子板的结构和硬度有关。保险杠必须有足够的压缩距离（或吸能空间），并限制其压缩强度，以吸收碰撞能量，使腿部撞击器减速以限制腿部的碰撞加速度峰值，从而避免造成腿部骨折。下面将介绍一些可以用来提高行人下肢模块碰撞性能表现的措施。

1）改变保险杠的材料。保险杠的结构如图 3-58 所示，其刚度特性是影响腿部加速度及碰撞载荷的关键因素。通过降低保险杠的材料刚度，就可以有效降低腿部的损伤程度。而为了降低保险杠的刚度，许多汽车保险杠都采用了刚度相对较低的复合材料或高分子材料。但需要注意的是，汽车保险杠与汽车前端结构的刚性同时也会影响汽车的正面碰撞安全性，因此不宜过分降低其刚性来满足行人碰撞安全性的要求。

2）设置吸能块。车身保险杠首先必须有足够的变形空间来减速腿部撞击器，以限制碰撞时胫骨加速度的峰值，从而避免骨折带来的伤害。为了增加吸能变形的空间，保险杠内部通常会填充泡沫吸能块，如图 3-59 所示。通过改变吸能块上下的厚度配比，能够降低碰撞第一撞击点的位置；以及通过改变吸能块的结构，能够增加保险杠靠近前照灯处的有效吸能空间。

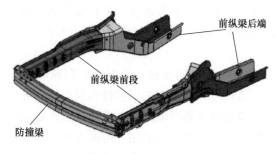

图 3-58 保险杠结构

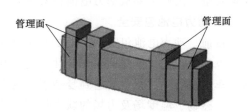

图 3-59 汽车保险杠吸能块

3)增大接触面积。增大腿部与保险杠的碰撞接触面积,可以降低小腿的应力、膝关节的侧向弯曲和小腿的弯曲,从而可以有效降低腿部损伤。

4)改变保险杠的位置。适当增加保险杠与前舱盖前端的距离、适当降低保险杠的离地高度都将对行人腿部有较好的保护效果。

(2)头部碰撞保护 头部和车辆的碰撞区域主要为前舱盖、前翼子板、前风窗玻璃、车顶前缘和前风窗等,其中前舱盖的结构如图 3-60 所示。头部严重受伤往往是头部和前舱盖下的硬物相碰,或者头部与前风窗玻璃、前舱盖与翼子板交界处等硬度较大的部位接触所致,头部损伤值主要由碰撞力和力的持续时间决定,要降低头部损伤,可采用改变前舱盖的结构和增加行人保护装置等措施。

1)增加碰撞压缩距离。头部重伤往往是由于撞到前舱盖下的硬物造成的,因此增大碰撞压缩距离可以有效降低头部损伤和吸收头部碰撞动能。比如采用锥形凹陷的发动机罩内板,就能够增加发动机罩下的碰撞压缩距离。另外,采用弹起式发动机罩,也可增加前舱盖与舱盖下硬物间的距离,从而减小头部损伤的风险。

2)调整前舱盖刚度。降低前舱盖的

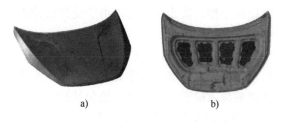

图 3-60 前舱盖结构
a)正面 b)反面

刚度可以降低行人头部与发动机罩的撞击力。前舱盖不能过硬,否则碰撞时 HPC 值很大;但也不能过软,否则需要很大的碰撞深度。例如,可设计三明治式前舱盖,这既可以降低前舱盖的刚度,也可以增加碰撞深度。另外,还可以通过减小前舱盖外板的厚度,改变前舱盖内、外板截面形式等来降低前舱盖的刚度。

3)调整前舱盖铰链设计。前舱盖铰链结构通常刚性较大,易对行人头部造成较大伤害。一种有效的方法是将铰接点布置在碰撞区域外,或将其设计成可压溃的机构。当行人头部与其发生碰撞时,该结构可以产生压溃变形,从而有效吸收碰撞能量,降低其对行人头部造成的伤害。

4)采用车外安全保护气囊。前风窗玻璃和 A 柱是头部碰撞的危险区域,采用前风窗玻璃气囊可使行人头部不与前风窗玻璃或 A 柱接触,从而减小头部撞击 HPC 值。

3.3.6 总结

随着近年来电动汽车推进进程的加快,电动汽车安全问题也愈发突出,研究电动汽车碰撞安全性具有重要意义。由于电动汽车碰撞安全设计时需要同时考虑保护乘员安全和动力电池包安全，因此主要从动力电池包安全和电动汽车结构耐撞性设计两个方面进行研究。

1. 动力电池包安全

目前，动力电池包安全问题的研究主要集中在电芯材料的改进、电安全控制策略的设计、电池包在滥用条件下热安全性能的提升以及电池壳体、电池架的耐撞性和模态特性等方面。车辆在行驶过程中会遇到复杂多变的工况和不确定的外界环境因素，电池系统在复杂的电场、磁场、温度场及力场的联合作用环境中工作，可能导致机械滥用、电滥用和热滥用的发生，从而令电池发生内部短路。因此要求动力电池应同时满足电安全、热安全、机械安全的条件。针对动力电池的整体安全性，可以从多个方面进行分析，包括利用试验或者仿真模拟电动汽车正面碰撞、侧面碰撞、追尾碰撞等工况，在碰撞过程中对动力电池的失效状况进行深入分析；从机械完整性的角度对动力电池可能出现的失效模式进行分析；针对各大组织模块如动力电池的箱体、电池模组布置、热管理系统等进行优化设计，提升动力电池的整体安全性。

在碰撞安全性方面，目前有三个基本原则可以对车辆的动力电池包结构进行安全设计：

1）电池包箱体结构开发设计阶段，通过材料、结构等优化方法，在相同碰撞工况下，尽可能缩短电池包在垂直方向的压缩变形量，电池包发生变形但不短路，提高电动汽车动力电池的结构碰撞安全性。

2）碰撞时应避免电芯的局部变形，尽可能让更多的电池参与变形，这样有利于碰撞冲击能量的分摊，防止个别电池由于受到的冲击能量过大而造成突然短路，从而避免更加严重的热失控。

3）箱体结构设计。在兼顾成本的基础上，选择具有一定吸能能力的结构和材料，如双层铝板等，且夹层泡沫铝作为一种高碰撞吸能性的功能材料，随着制造工艺不断发展以及相关性能的深入研究，在动力电池包结构设计方面也具有广泛的应用前景。

2. 电动汽车结构耐撞性设计

汽车结构的耐撞性设计已被证明是提高车辆被动安全性的有效手段。通过不同结构设计方案的对比以及基于优化理论获取满足结构性能要求的方案是目前耐撞性设计领域普遍采用的两种方法。前者通过对碰撞过程中汽车结构的仿真和模拟来评估整车或部件的碰撞安全特性，并对比多种方案辅助汽车结构改进设计。这种方法适合用来做定性分析，但却很难给出最好的设计方案。后者有理论支撑，利用数学方法可以使结构性能的提升潜力得到最大程度的挖掘。在结构耐撞性优化研究中，求优过程需要对设计指标进行反复迭代评估，直接调用仿真模型由于单次碰撞模拟成本昂贵效率较低，延缓了新产品的研发速度。再加上现有的耐撞性设计准则不仅数量多、重要性相当，且彼此互相冲突，采用单一目标优化方法仅能提供一个最优解，那么设计者就无法结合实际需求进行深入剖析。因此，通过构造代理模型近似设计变量与准则之间的函数关系，代替耗时的仿真模型，采用多目标优化方法求解策略获取一系列优化方案，是汽车结构耐撞性设计的研究重点。

由于电动汽车的安全设计一方面需要保证乘员舱等车身结构的完整性，为车内乘员保留有足够的安全生存空间；另一方面，为了防止碰撞事故中电池包起火或爆炸，也需要保证动力电池包的安全性能。因此，进行电动汽车碰撞安全性研究具有重要的理论指导意义和实际工程价值。

3.4 智能约束系统安全性

汽车乘员约束系统由座椅、安全带和安全气囊等部件组成，这些部件的协同保护可以有效降低交通事故中的乘员伤亡率。现有普通乘员约束系统大多围绕有限的特定碰撞工况而设计，在应对复杂多样的实际碰撞事故时呈现明显的局限性。乘员年龄、身高体重、位置坐姿以及城市道路交通状况差异等都决定了碰撞事故类型及危害程度的多样性。其中，智能座舱中乘员坐姿的多样性与当前的约束系统会有较大的安全兼容问题，若发生碰撞事故，可能会给乘员带来较大的损伤风险。为智能汽车匹配相应的智能约束系统是解决未来智能座舱中乘员姿态多样性问题的一种手段，智能约束系统利用主动安全技术感知碰撞的发生，并根据碰撞强度和乘员坐姿等影响乘员损伤的关键因素来自适应调节约束系统参数，即座椅的位置和角度以及安全带预紧时刻和限力级别等。智能约束系统对乘员的保护过程需要安全带和安全座椅等部件的协同配合，下面分别介绍智能约束系统中的智能安全带系统和智能安全座椅系统，最后详细介绍智能座舱中智能约束系统的工作过程。

3.4.1 智能安全带系统

1. 概述

（1）**安全带的起源和发展**　如图 3-61 所示，安全带的起源可以追溯到 19 世纪初，英国的工程师乔治·凯莱发明了安全带。自此之后，安全带技术逐渐被应用到汽车上，功能逐渐完善。如今，安全带的发展主要是由汽车制造商及相关供应商企业推动。多年来，在传统三点式安全带的基础上出现了各种新型安全带，如复合敏感锁止式安全带、限力式安全带、预紧限力式安全带、气囊式安全带和主动预紧式安全带等。

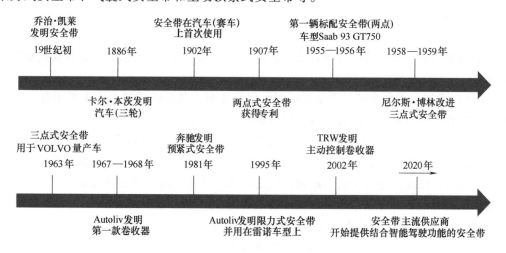

图 3-61　安全带发展历史时间轴

随着安全带技术研究的不断深入，其结构以及性能也越来越完善，除了注重新产品的开发，国外不少研究机构开始将研究重点转移到安全带的锁止性能以及约束性能上。目前国内安全带核心技术相对缺乏，近年来国内学者对汽车安全带的研究大多是把安全带集成在约束系统中，探究发生碰撞后乘员的损伤情况。

(2) 安全带类别 安全带按固定方式分类，大致可分为两点式、肩带式、三点式和四点式等等，如图 3-62 所示。

1) 两点式安全带：又叫腰带式安全带。此种安全带可以防止乘员被甩出车外，但躯干上部有可能与车内物体产生二次碰撞。

2) 肩带式安全带：与腰带式安全带不同，此种安全带在汽车发生碰撞时，容易使乘员下半身向前方冲出，因而对人体的保护还不是特别理想。

3) 三点式安全带：在汽车上应用广泛，其由腰带和肩带组成，可以有效保护乘员防止其冲出座位。座椅安全带系统（Belt in Seat，BIS）也是三点式安全带，但与传统的三点式安全带不同的是，BIS 系统固定在座椅上而不是车辆结构上。

4) 四点式安全带：又叫全背式安全带。它由两条肩带和一条腰带组成，对乘员的保护性能良好，但对人体的约束较多，一般在赛车上使用。

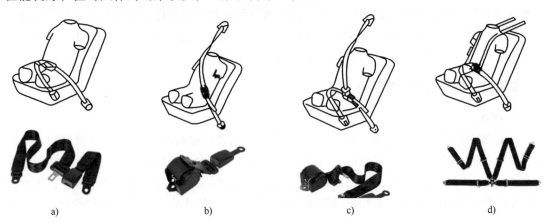

图 3-62 安全带类别
a) 两点式安全带 b) 肩带式安全带 c) 三点式安全带 d) 四点式安全带

安全带按功能分类大致可分为普通式、限力式、预紧式、预紧限力式和预卷式预紧限力式安全带。

1) 普通式锁止式安全带：安全带拉到一定长度时，其卷收器就会被卡爪卡住，安全带就不会再拉长，只有安全带回收和卷收器回卷的时候卡爪才会松开。

2) 限力式安全带：在普通式安全带的基础上，限力式安全带在卷收器中增加了限力杆，当车辆受到外界冲击、安全带承受的力超过某一值时，限力杆会产生扭曲变形限制织带的拉长，它将作用在安全带上的力限制在设定的某一定范围内，降低胸部加速度、减小胸部位移量，从而可以缓解安全带给乘员胸部带来的冲击。

3) 预紧式安全带：当汽车发生碰撞事故的一瞬间，电子控制单元会发出触发气体发生器引爆的电流信号。引爆气体发生器后，气体发生器产生高压气体，由气体的压力推动转动机构运动，通过离合机构带动卷收器的卷轴，使卷轴回转以实现织带将乘员紧紧地束缚在座椅上，防止乘员受到因二次碰撞带来的伤害。预紧器主要有齿轮齿条式、活塞式和钢球式三种，均采用火药引爆作为动力源。

4) 预紧限力式安全带：相对限力式，增加了预紧装置。

5) 预卷式预紧限力式安全带：也被称为主动预紧式安全带、可逆预紧式安全带或电机安全带。这种安全带在预紧限力式的基础上增加了预卷电机系统，通过车辆的雷达系统感知车辆与前车间距，当这个距离小于预先设定的范围时，安全带 ECU 发出信号控制电机运动，消除织带与乘员间的间隙，同时，提醒装置会提醒驾驶人紧急制动来保证乘员安全。

2. 基本组成与原理

安全带种类繁多，三点式、复合敏感锁止式安全带是现在最常用的普通安全带，它的锁止原理几乎运用于所有类型的安全带，包括更先进的预紧限力式安全带和主动预紧式安全带等，它是作为安全带必备的基本功能而存在的。下面将循序渐进介绍各类安全带的组成及结构原理，首先对复合敏感锁止式安全带进行详细的结构分析；其次对预紧限力式安全带进行简要介绍；最后，详细介绍目前安全带前沿技术主动预紧式安全带，它是主、被动安全技术结合的产物。

（1）复合敏感锁止式安全带的组成 如图 3-63 所示，在汽车中最广泛使用的复合敏感锁止式安全带主要由织带、带扣、吊环、卷收器、安装固定点等组成。

1）织带用于约束乘员身体并将所受到的力传到安全带固定点的柔性部件，它缠绕在卷收器本体的芯轴上，可以拉出和自动回卷。

2）带扣是提供锁舌插入及解锁的部件，主要集成了主体承力部件、锁止/解锁机构等，某些带扣也集成了预紧机构、限力机构等。

3）吊环是车内布置的安全带织带变向导向件，也是主要的强度件之一，其强度、与织带接触面光滑度及耐磨擦度是主要的考量性能。

图 3-63 复合敏感锁止式安全带的组成
1—织带 2—带扣 3—吊环 4—卷收器
5—安装固定点

4）卷收器是实现安全带功能的核心部件，结构复杂。其发展经历了无锁式卷收器、自锁式卷收器、紧急锁止式卷收器、限力式卷收器及预紧限力式卷收器等几次革新。目前的主流类型还是紧急锁止式卷收器。紧急锁止式卷收器通过其感应装置感知织带拉出的速度、车体的加速度或车体倾斜角度，当达到设定值时，锁止机构的棘爪张开卡在框架上完成锁止，这时候织带将不能够被拉出，从而起到安全带约束作用。

5）安装固定点是用来固定安全带的结构或部件，其强度和位置布置是主要的设计要点。

（2）复合敏感锁止式安全带卷收器的工作原理 如图 3-64 所示，卷收器大体可分为骨骼支架 1、卷簧回卷端 2、织带卷轴 3 和卷收器锁止端 4 几部分。图 3-65 所示为复合敏感锁止式安全带卷收器的爆炸结构。其中卷簧回卷端包含了卷簧端盖 1、芯头 17、卷簧 18 和卷簧盖 16，卷簧端盖 1 和锁止端盖 11 主要起到了固定和容纳卷簧的作用，芯头 17 则是和卷簧 18 的一端连接，起到连接卷簧和卷轴的作用。

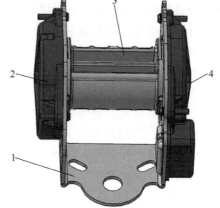

图 3-64 复合敏感锁止式安全带的卷收器工作原理
1—骨骼支架 2—卷簧回卷端 3—织带卷轴
4—卷收器锁止端

锁止侧则包含了织带加速度敏感锁止部分（惯性摆块 5、惯性压簧 10）、车身倾斜减速锁止部分（敏感钢球 12、车感座臂组件 13、车感底座 14）、辅助这两部分起作用零件（锁止摆轮 8、锁止端盖 11），还有直接与支架两侧对称锯齿槽啮合的左棘爪 2、右棘爪 9 以及连接两棘爪且使其同步作用的棘爪连杆 4 等。下面分别从回卷原理、锁止原理等具体阐释卷收器的工作机理。

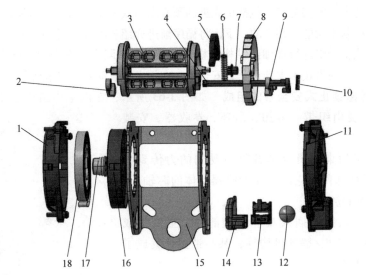

图 3-65 复合敏感锁止式安全带的卷收器爆炸图

1—卷簧端盖　2—左棘爪　3—卷轴　4—棘爪连杆　5—惯性摆块　6—缓冲簧
7—轴套　8—锁止摆轮　9—右棘爪　10—惯性压簧　11—锁止端盖　12—敏感钢球
13—车感座臂组件　14—车感底座　15—支架　16—卷簧盖　17—芯头　18—卷簧

1）拉出、回卷原理：织带的拉出、回卷是由盘簧侧来实现的。如图 3-66 所示，"切掉"卷簧端盖 6 的端部，可以看出卷簧端盖 6 依靠周部的三颗胀销 7 与支架 1 牢固地连接在一起，盘簧压盖 2 容纳在卷簧端盖 6 中，且与其按相应位置配合，盘簧安装在两者形成的空间中，其中涂抹适量黄油，以使盘簧运动顺畅。盘簧 b 端 9 依赖形状约束固定于盘簧压盖上，盘簧 a 端 8 与芯轴 5 开槽配合，芯轴与卷轴连接。织带被卷在卷轴上，当织带拉出时，卷轴 3 被带动顺时针转动，使芯轴 5 顺时针转动，使得盘簧 4 由盘簧 a 端 8 开始顺时针拉卷，直到织带停止拉出。当织带释放时，盘簧 4 自动逆时针回卷，带动芯头，从而驱动卷轴逆时针转动，使织带回卷。

2）锁止原理：复合敏感式卷收器的锁止方式有三种：织带拉出加速敏感锁止、车身倾斜锁止、减速敏感锁止，如图 3-67 所示。

锁止端盖 8 靠周部的三个胀销固定在支架 17 上，卷轴套 7 固定连接在卷轴 18 的卷轴端部中心

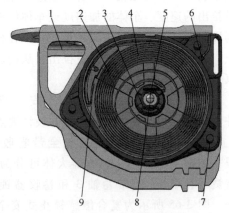

图 3-66 拉出、回卷原理

1—支架　2—盘簧压盖　3—卷轴　4—盘簧
5—芯轴　6—卷簧端盖　7—胀销
8—盘簧 a 端　9—盘簧 b 端

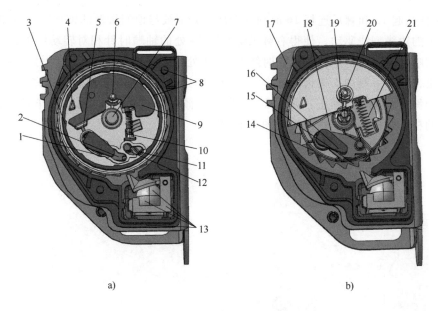

图 3-67　安全带锁止原理

a）整体锁止结构　b）锁止摆轮内侧细节结构

1—圆柱端部　2—凹槽 a　3—锁止端盖内圈凸起　4—摆块左端部　5—摆轮凸起　6—圆柱凸起 a　7—卷轴套
8—锁止端盖　9—惯性摆块　10—惯性压簧　11—凹槽 b　12—圆柱凸起 b　13—倾斜锁止组件　14—卷轴 a 处
15—右棘爪　16—棘爪连杆　17—支架　18—卷轴　19—卷轴端部中心　20—锁止摆轮　21—锁止摆轮撑簧

19，卷轴依靠卷轴套与锁止端盖以转动副连接，使卷轴可以自由绕轴线旋转，同时能保持卷轴中心轴线定位。锁止摆轮 20 的旋转中心在卷轴端部中心 19，与卷轴端部中心 19 旋转连接，摆轮内侧一端与锁止摆轮撑簧 21 连接，撑簧另一端连接在芯轴上，初始呈压缩状态；摆轮的另一端则依靠凹槽 b11 与右棘爪 15 的圆柱凸起接触受力来平衡撑簧的力。由于撑簧的力很大，且摆轮为塑料材质，质量小，因此正常工作时摆轮与卷轴相对固定，同步旋转。如图 3-68b 所示，棘爪 15 左端与卷轴 18 在卷轴 14 处铰接（卷轴 14 处有个圆柱沉槽，轴线与卷轴端部中心 19 平行，垂直于所示运动平面），可绕卷轴 14 处的轴转动。棘爪连杆 16 的轴线与卷轴 14 处轴平行，且长杆从卷轴 14 处的沉槽穿过，另一端上面固接了一个左棘爪（图 3-65），左棘爪功能与右棘爪一致，两个棘爪可同步伸出，锁住支架两侧的齿形圈。

织带拉出加速敏感锁止：织带加速敏感锁止涉及的机构为惯性摆块-弹簧机构。如图 3-67a 所示，惯性摆块 9 与锁止摆轮 20 在其上圆柱凸起 6 处连接，且摆块可绕 6 自由旋转。摆块的右端一点与惯性压簧 10 连接，撑簧初始呈压缩状态，对摆轮有逆时针的力矩；惯性摆块左端则被摆轮凸起 5 挡住。由于惯性摆块质量较小，因此正常状态与摆轮相对位置不变（或压缩弹簧转动微小角度）。当织带以足够大的加速度（在 $0.8g$ 以上的某个加速度）拉出时，卷轴 18、锁止摆轮撑簧 20 等逆时针转动，但是惯性摆块 9 由于足够的惯性作用克服惯性压簧 10 的力绕摆轮 6 处的轴相对于摆轮顺时针转动，当到达一定的相对角度（不同设计角度不一致，多半在 5°~8°）时，即摆块左端抬起一定的高度后，摆块左端部被锁止端盖内圈凸起 3（8 个凸起中一个）挡住。锁止摆轮在逆时针转动一定角度后，惯性摆块左端被锁止摆轮上的凸起 4 阻挡。这样惯性摆块和锁止摆轮的运动都被阻止了，相对于支架 17 和锁止端盖 8 静止。这时卷轴继续逆时针转动，锁止摆轮撑簧 21 被压缩缓冲，同时，右棘爪 15 的圆柱凸起 12 和棘爪连杆 16 的圆柱端部 1 分别被与他们接触的锁止摆轮 20 的凹槽 a2 和凹槽 b11 的边缘型线驱动，使得右棘爪绕卷轴 14 处的轴顺时针相对转动伸出，与支架 17 的前侧齿圈啮合锁住；棘爪连杆也同时绕卷轴 14 处的轴顺时针转动，使得另一侧的左棘爪顺时针伸出，与另一侧的支架齿圈啮合。卷轴被锁死，织带不再拉出，锁止完毕。

车身倾斜及减速敏感锁止：如图 3-67a 所示，倾斜锁止组件 13 是实现车身倾斜及减速敏感锁止的核心部件。其工作原理如图 3-68 所示。

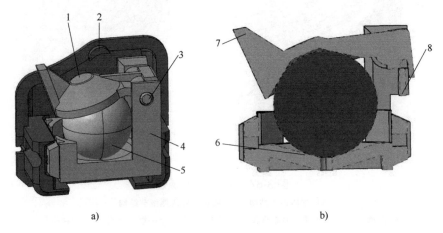

图 3-68　车身倾斜及减速敏感锁止工作原理
a) 完整组件结构　b) 组件结构剖面
1—车感臂　2—车感底座　3—铰接轴　4—车感座　5—钢球　6—圆锥斜槽　7—车感臂顶端　8—车感座侧板

图 3-68a 所示为完整的组件图，图 3-68b 所示为组件结构剖面图。车感底座 2 固定在支架的凹坑中，而 1、4、5 组成的工作机构通过形状约束固定在车感底座 2 中，钢球在一定范围内可自由活动。车感座 4、车感臂 1 与钢球 5 的接触面皆为圆锥斜槽，以保证钢球无论沿车感座 4 的斜槽往任意方向滚动对车感臂 1 都能产生相同的抬起作用，如图 3-68b 所示。车感臂 1 与车感座 4 在 3 处铰接，车感座的侧板和车感底座均会对车感臂的抬起到限位作用。当汽车车身倾斜时，钢球由于重力作用沿车感座 4 的圆锥斜槽 6 滚动（假设沿如图 3-68 所示的从右往左），车感臂 1 抬起。当车感臂抬起一定角度的时候，车感臂顶端 7 会顶住如图 3-67 所示中锁止摆轮 20 周围均布的棘齿（此时车感臂左端被车感底座的车感座侧板限制和车感座 4 凹槽的限制，固定不动，钢球的运动也被限制），使得锁止摆轮停止运动。之后系列动作与上面织带加速敏感锁止原理叙述中所述的锁止摆轮的运动被阻止后的动作完全一致。同样地，当车身加速或者急减速时，钢球由于惯性作用，相对于车感座沿圆锥斜槽 6 运动，使得车感臂抬起。当车身加速度或减速度达到一定的值时（一般在 $0.3g \sim 0.45g$），车感臂抬起到位，起到和倾斜锁止同样的作用。

（3）预紧限力式安全带的组成及工作原理　图 3-69 所示为一款预紧限力式安全带总成实物。与复合敏感式安全带相比，其主要特点就是在其基础上，整合添加了织带预拉紧功能以及织带拉力限制功能。织带预紧器包括卷收器预紧和锁扣预紧器，目前主流的织带拉力限制器结构是限力杆。

1）卷收器预紧：其通过卷收器回转卷筒实现织带收回预紧，常见的有钢球式预紧卷收器和齿轮齿条式预紧卷收器等；如图 3-70 所示，钢球式预紧卷收器利用钢球以及设计有凹槽的预卷收紧轮组成的传动机构，通过高压气体推动钢球，钢球移动的同时与预紧轮上的凹槽嵌合并推动预紧轮转动，最终实现织带回收。如图 3-71 所示，齿轮齿条式预紧卷收器则采用齿轮齿条组成的传动机构，高压气体推动齿条设计有活塞的一端，齿条移动并与安装在卷筒一端的齿轮啮合，实现卷筒的回转回收织带。两种机构各有优缺点：钢球与预紧轮的传动方案，其结构更为复杂；而齿轮齿条方案，由于齿条的活塞端受到高压气体的集中压力较大，对该处的气缸壁强度要求较高，设计不当可能导致气缸炸裂。

图 3-69　预紧限力式安全带总成实物

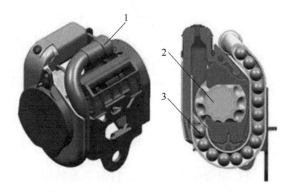

图 3-70　钢球式预紧卷收器的结构原理
1—气体发生器　2—预紧轮　3—钢球

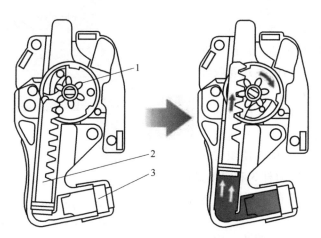

图 3-71　齿轮齿条式预紧卷收器结构原理
1—气体发生器　2—齿条　3—预紧齿轮

2）锁扣预紧器：其通过回拉锁扣实现织带预紧的目的，预紧式锁扣如图 3-72 所示。其工作原理如图 3-73 所示，锁扣与预紧器之间通过钢缆连接，预紧器的动力来源为气体发生器产生的高压高速气体，气体冲击圆筒内的活塞，活塞在向右运动过程中，带动钢缆下拉锁扣，实现织带的预紧功能。圆筒 6 侧面采用弧面设计，配置小钢球，避免了织带预紧成功后被复原的情况。

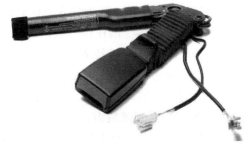

图 3-72　预紧式锁扣实物

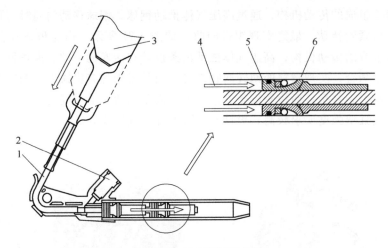

图 3-73 预紧锁扣原理
1—线缆 2—气体发生器 3—织带 4—气压 5—活塞 6—圆筒

3）织带拉力限制器：目前主流的限力机构是限力杆，如图 3-74 所示，在卷筒内部集成一根限力杆，当织带拉力达到一定阈值时，限力杆发生塑性扭转变形，吸收织带上的部分张力，以降低织带拉力。

卷收器正常工作时转轴 1 与限力杆 3 和定轴盘 4 不发生相对转动，它们一起同步运动，相当于复合敏感锁止式卷收器转轴这一个零件。

卷收器正常锁止时棘爪 6 伸出使定轴盘 4 相对于支架不发生转动，又通过 7 处的铆接限制转轴的运动，从而使织带无法拉出，这时的转轴 1、限力杆 3 和定轴盘 4 相当于复合敏感锁止式卷收器转轴这个零件。

发生碰撞时卷收器快速锁止，定轴盘 4 相对于支架不发生转动。但是由于织带

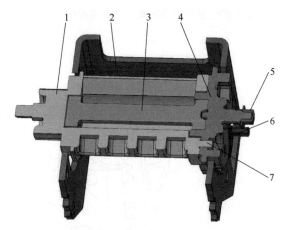

图 3-74 限力杆作用原理
1—转轴 2—支架 3—限力杆 4—定轴盘
5—转轴套 6—棘爪 7—转轴右端凸起

带动转轴 1 产生巨大的冲击，使得 7 处的铆接凸起被切断，而后转轴 1 与定轴盘 4 通过限力杆 3 的扭转而相对扭转。限力杆 3 为低碳钢，其在扭转的过程中不断消耗冲击的能量，对织带上的力起到"卸荷"的作用，从而避免了织带作用在人体上的力过大而对人体造成伤害。一般来说，限力杆 3 可扭转 6~8 圈，但一般来说在 3.5 圈左右，冲击力就已完成了卸荷。与普通安全带相比，其避免了瞬间冲击产生巨大的峰值束缚力，增加了卸荷时间，大幅降低了在碰撞时对人体的冲击伤害。

图 3-75 所示为预紧限力式安全带的工作过程，当汽车发生碰撞事故时，车身传感器输出碰撞信号，预紧器迅速工作，通过卷收器端以及锁扣端回拉织带，控制乘员位移；而后织带张力快速增加，张力达到一定阈值之后限力器开始发生塑性变形吸收能量，最终降低乘员

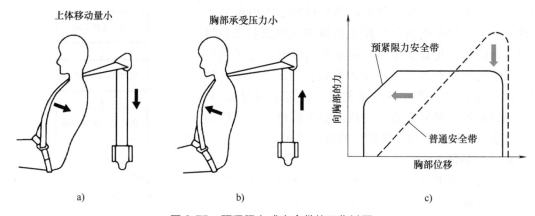

图 3-75 预紧限力式安全带的工作过程
a) 碰撞瞬间迅速卷紧 b) 安全带束缚力保持一定限度 c) 胸部力-位移图

胸部所受压力。

（4）主动预紧式安全带的组成及工作原理 对于在碰撞前采取主动避撞行为（如自动紧急制动或自动紧急转向）的情况下，传统爆炸预紧式安全带尚无法对由车辆制动或转向引起的乘员横向或纵向的离位提供纠正作用。纵向离位会增加二次碰撞的风险；横向离位则会降低约束系统的约束效率。此外，爆炸预紧式安全带织带在快速回收的过程中甚至还可能对离位乘员造成更加严重的伤害。因此，更加智能的主动预紧式安全带概念被提出，它结合高级驾驶辅助系统，可以有效控制乘员在避撞过程中的离位现象，是一种全新的预紧方式，是主、被动安全一体化发展的产物。

1) 定义和组成：主动预紧式安全带也称可逆预紧式安全带或电机安全带，主要由直流电机、传动机构、卷收器、电子控制单元组成。它能够在碰撞事故发生之前进行安全带卷收预紧，并能实现重复可逆预紧的安全带。在主动预紧式安全带基础上，可以集成若干高级驾驶辅助系统，如正面碰撞预警系统、车道偏离警示系统和疲劳驾驶监测系统，它也是未来主动预紧式安全带最具代表性的一种，可以称它为集成主动预紧式安全带。其逻辑结构如图 3-76 所示。下面以集成主动预紧式安全带为例说明主动预紧式安全带的工作原理。

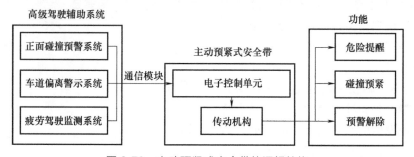

图 3-76 主动预紧式安全带的逻辑结构

2) 工作原理：集成主动预紧式安全带的工作流程如图 3-77 所示，集成主动预紧式安全带的电子控制单元包含有通信模块、电机驱动和电流检测模块等。电子控制单元通过通信模块总线接收高级驾驶辅助系统传感器的信号，根据提供的危急信号的紧急程度来控制输入电机的电压和电流，控制直流电机执行正反转；通过齿轮传动机构驱动安全带卷收器，实现安全带不同的预紧速度和预紧力;当电机的输入电流达到程序中设定的控制电流值时停止正转进入锁止状态;当高级驾驶辅助系统提供事故风险解除信号时,电子控制单元控制电机执行反转,解除预紧锁止功能。可见,集成主动预紧式安全带可多次重复使用,实现预警提醒、主动预紧和解除预紧的功能,还能够提前纠正乘员的非正常坐姿,实现"避撞与降损"的双重目标。

3. 工程实践

乘员在自动紧急转向过程中会产生不同方向的横向离位,从而破坏了原有约束系统的保护效能。研究表明,相较于传统安全带,配备主动预紧式安全带后,乘员的横向离位可以得到不同程度的改善。下面介绍一个相关工程实例,在自动紧急转向过程中,在主动预紧式安全带介入后改善乘员的横向离位基础上,进一步研究主动预紧式安全带介入后对乘员的损伤。

(1) 模型建立及工况 基于主被动安全集成的思想,利用 PreScan、CarSim、MATLAB/Simulink 三个软件搭建主动安全部分的仿真测试平台,被动安全方面利用 PRIMER 和 MADYMO 软件搭建车辆追尾模型和驾驶员侧约束系统。

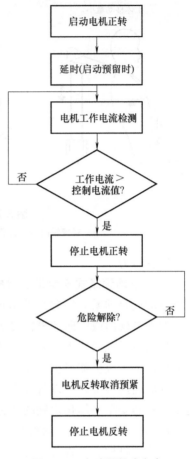

图 3-77 主动预紧式安全带工作流程

1) 仿真测试场景的搭建:最终建立的测试场景如图 3-78 所示,由于前方行人从道路旁的树丛中突然窜出,白色货车采取制动措施,后方轿车(车速为 80km/h)由于距离过近不得不采取自动紧急转向操作,在转向过程中与旁车道的 SUV(车速为 20km/h)发生追尾事故。

2) 追尾车辆有限元模型的建立:选用 2010 款丰田雅力士整车碰撞有限元模型为研究车型,该模型是美国高速公路安全管理局官方网站公布的一款开源模型,具有一定的真实性与可靠性。

3) 被追尾车辆模型的建立:考虑到真实交通事故很少是同种类型的车辆,且小轿车与大型车辆发生的车辆追尾事故一般更为严重。因此,被追尾车辆选择某款 SUV。

4) 驾驶人侧约束系统的建立:驾驶室模型主要包括座椅、地板、脚踏板、前围

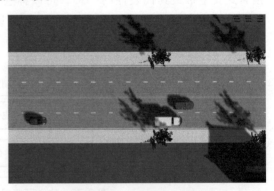

图 3-78 仿真测试场景

板、前风窗玻璃、安全带、安全气囊、转向盘、仪表板和 AB 柱等。对约束系统参数进行设置,见表 3-3。在驾驶人侧放置 HybridⅢ男性第 50 百分位假人,根据正碰试验报告调整合适的假人坐姿,最终建好的驾驶人侧约束系统如图 3-79 所示。

表 3-3　约束系统部分参数

安全带限力	安全带预紧时间	安全气囊泄气孔直径	安全气囊点爆时间	转向管柱压溃行程	转向管柱压溃力
3500N	18ms	30mm	20ms	80mm	2200N

5）转向强度：考虑到转向强度过大会导致车辆无法较好地跟踪规划路径，且较大的转向强度不仅会增加乘员的不适感，同时也会增加车辆侧滑或者侧翻的风险，车辆的横向加速度在 $0.67g$ 左右已接近响应的限制级，此时车辆响应已经非常剧烈。因此，转向强度选为 $0.6g$。

(2) 主动预紧式安全带的介入　表 3-4 是左倾离位状态下主动预紧式安全带的介入前后损伤对比；表 3-5 是右倾离位状态下主动预紧式安全带的介入前后损伤对比。可见，主动预紧式安全带介入后乘员损伤均有一定程度的改善。总的来说，左倾离位下的改善效果更好。对于右倾离位

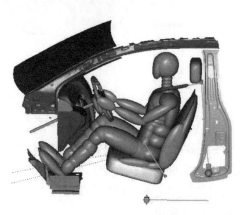

图 3-79　驾驶人侧约束系统

而言，主动预紧式安全带介入后乘员的头部和颈部降幅相对明显，其中颈部损伤指标 N_{ij} 下降了 33.3%，考虑到这是因为匹配主动预紧式安全带后，对乘员的离位有一定的约束效果，进而提高了肩带对乘员在碰撞中的保护效能。此外，匹配主动预紧式安全带后并不是所有的乘员损伤指标都降低了。相反，个别乘员损伤指标增加，这是由于新约束系统的参数没有进行优化，约束系统无法发挥出最好的效能。

表 3-4　左倾离位的损伤对比

	HIC_{36}	N_{ij}	C_{3ms}/g	C_{comp}/mm	F_{fr}/kN	F_{fl}/kN
普通安全带	64.2	0.2	21.5	19.2	0.89	0.81
主动预紧安全带	55.6	0.19	20.2	15.4	0.93	0.66
降幅	13.4%	5%	6%	19.8%	-4.5%	18.5%

注：HIC_{36} 为头部损伤指标，N_{ij} 为颈部损伤指标，C_{3ms} 为胸部 3ms 加速度，C_{comp} 为胸部压缩量，F_{fr} 为右大腿轴向力，F_{fl} 为左大腿轴向力，后同。

表 3-5　右倾离位的损伤对比

	HIC_{36}	N_{ij}	C_{3ms}/g	C_{comp}/mm	F_{fr}/kN	F_{fl}/kN
普通安全带	139.6	0.3	22.4	21.2	0.9	0.69
主动预紧安全带	130.5	0.2	23.1	20.3	0.8	0.76
降幅	6.5%	33.3%	-3.1%	4.2%	11.1%	-10.1%

如图 3-80 所示，右倾离位同时刻下假人与安全气囊接触情况对比，可以发现在主动预紧式安全带介入后，假人与气囊的接触时间相对晚一些，这避免了气囊在弹开阶段与假人发生接触产生更大的伤害。

4. 发展趋势

随着汽车电子技术的迅速发展，车辆安全带将朝着多功能、集成化和智能化方向不断发展。

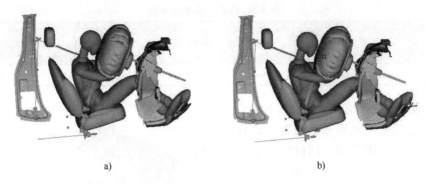

图 3-80 右倾离位同时刻下假人与安全气囊接触情况对比
a) 主动预紧式安全带介入前　b) 主动预紧式安全带介入后

1) 多功能安全带织带安装微型拾音器，使安全带具备通信功能；安全带织带变宽功能，改善乘员的保护性能；发光锁扣，具备夜间提醒功能，还能具备氛围感；安装乘员健康监测功能，如心率、呼吸传感器，实时感知乘员的身体状况；安全带的充电功能，可给智能手机等设备充电。

2) 集成化安全带集成到座椅并集成一系列高级驾驶辅助系统，实现驾乘过程中的危急提醒、碰撞预紧、解除预紧等功能。

3) 智能化集成主动安全技术的预紧式安全带正成为安全带未来发展的主流方向，其主要功能是智能化探测危险，主动预紧；自适应限力式安全带也是发展趋势之一，通过传感器识别判断乘员的碰撞能量，根据碰撞能量的大小给予乘员最优的限力值，从而达到最佳的乘员保护效果。

3.4.2 智能安全座椅系统

1. 座椅舒适性和安全性概述

汽车座椅系统的舒适性主要体现在静态舒适性和动态舒适性两大层面。静态舒适性与调节特性、表面质量、尺寸参数等紧密联系；动态舒适性和振动特性有着较大的联系。轮胎、座椅和悬架都是汽车减振不可忽视的关键点，直接关系汽车整体舒适度的提升。汽车座椅的安全性，主要是指座椅有效预防事故发生，以及在事故发生时对驾乘人员所受到的损伤减轻的能力。根据座椅在汽车事故发生前后对乘员保护所起的不同作用，将汽车座椅的安全性分为主动安全性和被动安全性两个不同方面。汽车座椅主动安全性主要是指汽车座椅能够帮助驾驶人有效预防事故发生的能力。汽车座椅主动安全性与汽车座椅设计的结构样式及空间布置有关，同时与座椅的静态及动态舒适性也有很大的联系。汽车座椅的被动安全性，主要是指汽车在发生无法避免的交通事故中和交通事故发生时，座椅对车内乘员的有效保护能力及降低乘员受到损伤的能力。

(1) 汽车座椅的静态舒适性　静态舒适性与座椅的几何特性、调节特性、物理特性等有关，需要考虑诸多因素的影响。

1) 座椅尺寸（座面宽度、高度、深度、倾角、靠背宽度、高度、倾角，头枕宽度、高度、倾角等）应与人体测量学数据相适宜，特殊人群的座椅应特殊设计。

2) 座椅可适当调节（前后行程、座面高度、靠背倾角等），这样乘员可以调整坐姿，满足其各种坐姿需求。

3）座椅应根据人体的生理特点（脊柱正常的弯曲形态等）使乘员保持舒适的乘坐姿势，舒适坐姿的关节角度。如图 3-81 所示，舒适的关节角度为 $10°<\alpha_1<20°$，$15°<\alpha_2<35°$，$80°<\alpha_3<90°$，$90°<\alpha_4<115°$，$100°<\alpha_5<120°$，$85°<\alpha_6<95°$。

4）要有合理的体压分布，座椅上人体的体压分布直接关系人体乘坐的舒适性。座垫上的压力应是在坐骨处最大，然后向四周逐渐减少，到大腿部位时减至最小，并且压力分布应过渡平滑，避免突变。

5）座椅要有良好的横向稳定性和相协调的空间，以保证乘坐的舒适稳定和驾驶的操作安全。

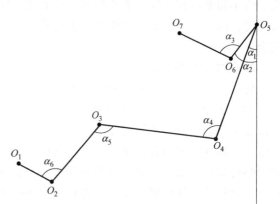

图 3-81 舒适坐姿的关节角度示意
O_1—加速踏板点 O_2—踵点 O_3—膝点
O_4—胯点 O_5—肩点 O_6—肘点 O_7—腕点

（2）汽车座椅的动态舒适性 人体直接与座椅接触，是振动的最终接受者。因此，汽车座椅的动态舒适性与人体的振动特性密切相关。人体是一个复杂的振动系统，坐在座椅上的乘员所受的振动冲击当中，垂直方向的振动对人体脊柱和与之相关的神经系统的危害最大。人体各主要部位的共振频率见表 3-6，在座椅动态舒适性设计时，应尽量避开人体较为敏感的振动区域。

表 3-6 人体各主要部位的共振频率

身体部位	共振频率/Hz	身体部位	共振频率/Hz
全身	4~8	眼	20~25
头部	20~30	肩部	2~6
胸部	4~6	手臂	10~20
胃	4~5	脊柱	3~5

（3）汽车座椅的主动安全性 利用主动悬架系统，座椅可以主动减振，提高乘员驾乘舒适性；结合主动安全技术，座椅能够提前感知碰撞并采取避撞措施。当碰撞不可避免时，主动调整座椅的位置和姿态，对车内乘员进行有效保护，降低乘员损伤。后面将对这部分内容详细介绍。

（4）汽车座椅的被动安全性 正面碰撞、追尾碰撞和侧面碰撞是汽车碰撞的主要形式。对于不同的碰撞形式，座椅的失效形式也不一样。座椅在不同的碰撞形式中都要对乘员起到不同程度的保护和减轻损伤的作用。

1）汽车正面碰撞时，对乘员起主要保护作用的是安全带和安全气囊，安全带可以将乘员约束在座椅上，避免发生二次碰撞。当座椅的自身强度不足或者与车身连接不够紧固，座椅和车身发生错位移动，安全带和安全气囊就不能起到应有的保护作用，容易对乘员造成损伤。

2）汽车发生追尾碰撞时，由于座椅靠背向前的冲击作用，乘员的胸部瞬间会产生向前的冲击加速度，使身体向前运动，而头颈部由于惯性作用和身体之间有一定速度差，致使颈椎各节间存在相对运动，颈部脊柱呈现"S"形，造成挥鞭样损伤。

3) 汽车发生侧面碰撞是非常危险的情况，因为侧面碰撞的能量主要靠座椅来吸收。因此，汽车制造商在研发制造座椅时，要加强座椅侧面结构的连接强度，避免座椅发生连接失效问题，同时研究安装座椅侧面气囊对乘员的保护作用，提高座椅的被动安全性，保护乘员安全。

2. 基本组成与原理

传统汽车座椅一般由头枕、靠背、座垫、座椅骨架、座椅连接件和一些调节机构等组成，如图 3-82 所示。靠背和座垫一般由发泡海绵和座椅蒙皮组成。发泡海绵一般由高回弹的聚氨酯发泡而成，不同配方的发泡料得到的海绵的物理性能不同，在一定程度上影响座椅乘坐的舒适性。座椅骨架支撑着整个座椅，是座椅的基础结构，它包括头枕骨架、靠背骨架和座垫骨架；座椅骨架的强度是座椅安全性的保障，它一般用轧制型材（钢管、型钢）制成或用钢板冲压件焊接而成，靠背骨架和座垫骨架通过座椅连接件组装起来。座椅的调节机构包括调角器、升降机、滑轨等装置，调角器安装在靠背骨架和座垫骨架之间，乘坐人员可以通过它调节适合自己的舒适的靠背角度；升降机一般位于座垫下方，调节座椅的上下位置；滑轨安装在座椅底部，用来调节座椅与车身的前后位置，方便驾驶人操作。

随着智能辅助驾驶技术的发展，座椅正在向智能化方向发展。与此同时，座椅不仅要保证舒适性，还要确保乘员的安全性。因此，为了同时保证舒适性和安全性，智能安全座椅大多要具备下列功能。

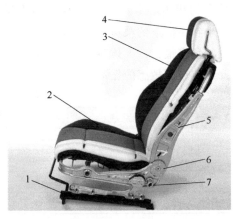

图 3-82　汽车座椅的组成结构
1—滑轨　2—座垫　3—靠背　4—头枕
5—座椅骨架　6—座椅连接件　7—调角器

1) 座椅合理设计和布置。保证静态舒适性的前提下，在传统无悬架座椅的基础上增加悬架系统以增强驾驶动态舒适性。

2) 结合高级驾驶辅助系统，提出主动式座椅。主动安全技术实现智能感知技术，提前预判碰撞，主动调整座椅或座椅部件的位置和姿态，如主动旋转座椅和主动式头枕等。

3) 在传统座椅上进行功能附加，如座椅带有按摩、生理指标监测等功能。

(1) 汽车座椅悬架系统　座椅悬架作为连接车辆与人体的重要环节，其性能是影响人体乘坐舒适性的关键因素。座椅悬架可以衰减和隔离车辆在行驶过程中由于地面不平引起的振动与冲击，现有的汽车座椅悬架绝大部分用于隔离竖直方向的振动。从有无能源输入的角度，座椅悬架可分为被动悬架、主动悬架以及半主动悬架。根据工作原理，主动悬架与半主动悬架可分为智能悬架。

1) 被动悬架系统：目前大部分工程车辆以及商用车采用被动座椅悬架系统或无悬架系统。被动座椅悬架系统刚度系数与阻尼系数为恒定值，在不同工况路面行驶时无法对刚度以及阻尼进行调控以适应不同的需求。常见的几种被动座椅悬架结构如图 3-83 所示。

被动座椅悬架又可以分为线性座椅悬架和非线性座椅悬架。线性座椅悬架的弹性元件刚

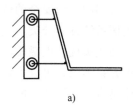 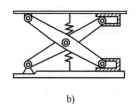 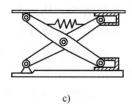 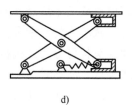

图 3-83 常见的几种被动座椅悬架结构
a) 结构 1　b) 结构 2　c) 结构 3　d) 结构 4

度为定值,故线性座椅悬架的固有频率几乎不变。线性座椅悬架对乘坐舒适性的提高非常有限。非线性座椅悬架具有更好的隔振性能,其中应用较为广泛的是空气弹簧座椅悬架,其基本结构如图 3-84 所示。空气弹簧由主气室、辅助气室以及高度控制阀组成,利用可压缩空气实现变刚度特性。主气室与辅助气室之间通过节流孔连接,该节流孔同时起到阻尼的作用。通过调节辅助气室的容积和节流孔的直径能够优化座椅悬架的隔振性能。

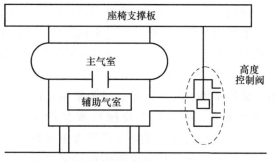

图 3-84 空气弹簧座椅悬架的基本结构

2) 智能悬架系统:主动座椅悬架的控制器根据传感器测得的座椅位移或加速度信号计算出所需的控制力,并由执行器完成控制力的输出,从而实现振动的控制。主动座椅悬架理论上可以实现全频带隔振,并且驾驶人的重量不会影响控制的效果,是一种理想的隔振技术,目前还处于实验阶段,不能完全应用于市场。主动座椅悬架根据控制系统的实现方式可分为电液式悬架、电动式悬架、气动式悬架以及电气动式悬架。但是不论哪种控制方式,主动座椅悬架可能的结构布置都如图 3-85 所示。半主动座椅悬架的隔振性能介于主动和被动座椅悬架之间,结合了两者的优良性能,具有性能好、能耗低以及结构较为简单等优点。半主动座椅悬架其可控单元主要包括空气弹簧、磁流变阻尼器以及电流变阻尼器。

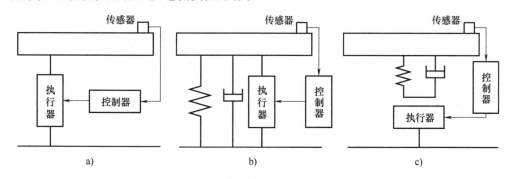

图 3-85 主动座椅悬架结构布置
a) 不含弹簧、阻尼器　b) 作动器与弹簧并联　c) 作动器与弹簧串联

(2) 主动式头枕　传统的座椅头枕在由于要综合考虑舒适性、安全性及侧面视野等因素,在追尾碰撞中颈部防护效果不佳。而主动式安全头枕兼顾安全性和舒适性,在汽车追尾

碰撞事故发生后迅速向上向前运动,从远离头部的舒适位置运动到靠近头部的更为安全的位置,减小头枕与乘员头部的间隙,有效降低乘员颈部挥鞭损伤。根据机械系统方案分类,主动式头枕可分为纯机械式主动头枕、电机驱动主动式头枕、弹簧驱动主动式头枕、电磁驱动式头枕、溃缩式主动头枕和活性物质驱动主动式头枕等。根据控制系统方案不同,可分为雷达测距预判式主动头枕、激光测距主动式头枕、基于碰撞传感器的碰撞响应式头枕和智能主动头枕等。机械式头枕装置的触发机构多布置在靠背处,需要对座椅结构做较大的改动,结构复杂,不利于头枕装置的普及适用。基于雷达传感器和激光测距控制的主动式头枕装置,主要问题是价格昂贵,无法适用于中低端车辆。

图 3-86 所示是一款基于碰撞传感器的碰撞响应式头枕的控制流程,包括执行器、传感器和控制器。碰撞传感器检测碰撞情况,距离传感器获取头枕与头部距离信息。控制器接收到碰撞信号后,进一步判断检测到的距离是否小于或等于预设距离,如果是,头枕不需要启动;如果否,启动头枕,主动头枕运动一定时间到达一定位置后锁止头枕。控制器可以控制头枕向头部运动的速度,在即将接触头部的时候可锁止头枕。

(3) 主动式座椅 结合主动安全技术,感知碰撞的发生,并主动调整座椅的位置和姿态,降低发生碰撞后乘员的损伤。座椅主动式调整保护方式作为未来智能辅助驾驶汽车特有的预碰撞被动安全保护方式,将对碰撞中的乘员提供良好的保护。

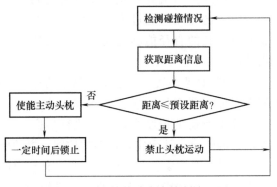

图 3-86 碰撞传感方案控制流程图

1) 主动移动式座椅,利用智能红外摄像头结合智能处理器来感知碰撞的发生,如算法识别碰撞不可避免,智能处理器会根据智能红外线摄像头探测的数据计算判断并发出相应的指令。通过摄像头探测的信号传递给智能处理器进行预测判断发生碰撞是在前方还是后方,向气压压缩器发出向前或向后喷射气体的指令;收到指令后座椅底部的气压压缩器和气压发射管喷射出大量高压气体使其座椅向后或者向前移动使其远离碰撞点,进而减小伤害。

2) 主动式旋转座椅,碰撞前改变人体受力方向,提高碰撞安全性。座椅主动旋转保护方式的整个保护过程为在碰撞前 0.1~0.35s 识别不可避免的碰撞状态,并在 200ms 内对座椅施加一个旋转运动,将座椅旋转到使乘员碰撞损伤最小的角度后,再使其承受碰撞冲击。

(4) 附加功能座椅 在传统座椅基础上集成如防侧滑与下滑、加热、通风、空调、生理指标监控、按摩和记忆等功能的智能舒适座椅,这些功能可以大大提高座椅乘坐的舒适性、安全性及方便性,能有效地减轻驾驶员的驾驶疲劳。

3. 工程实践

主动式座椅作为未来智能辅助驾驶汽车特有的保护形式,不仅需要考虑其在碰撞过程中所起到的作用,还要考虑座椅主动保护过程(座椅移动或旋转)本身对乘员是否会造成伤害。因此,下面以座椅旋转为例,探究座椅旋转过程中对乘员颈部造成的伤害。

(1) 模型建立及工况 为了对比分析,这里建立两种乘员-座椅-安全带模型,分别是乘员-传统座椅-安全带模型、乘员-新型座椅-安全带模型，并建立乘员颈椎有限元模型，最后在指定工况下进行模拟仿真。

1）乘员-传统座椅-安全带模型：包括汽车传统座椅模型、HybridⅢ男性第50百分位假人乘员模型和安全带模型，不包括转向盘、安全气囊和工作台等内饰，如图3-82a所示。乘员只受一个三点式安全带的限制，安全带集成到座椅上，可随座椅一起旋转，安全带卷收器的力限值设置为4kN，预紧力设置为2kN，座椅靠背角度和坐垫角度分别设置为24°和14.7°。将座椅头枕、靠背和座垫设置为聚氨酯泡沫这种缓冲吸能特性较好的材料。

2）乘员-新型座椅-安全带模型：为了给未来智能辅助驾驶汽车的乘员提供一个更加安全和更加舒适的乘坐环境，在传统座椅模型的基础上添加腿部挡板和脚部支撑等约束装置，其参数设置与乘员-传统座椅-安全带模型相同，如图3-87b所示。

3）乘员颈椎有限元模型：建立完整的乘员颈椎有限元模型，如图3-88所示，赋予颈椎骨骼特性的材料参数，其中密度为$1.9g/cm^3$，弹性模量为10GPa，泊松比为0.29，各向同性，采用实体单元进行的仿真模拟。

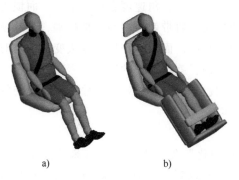

图3-87 乘员-新型座椅-安全带模型
a）传统座椅 b）新型座椅

图3-88 乘员颈椎有限元模型

4）旋转工况：在座椅主动旋转模拟过程中存在两种方向，定义为：从车辆行进方向的顶部看，旋转方向为顺时针和逆时针两种。结合两种座椅布置方式，座椅主动旋转模拟过程共有四组仿真结果。主动旋转模拟过程还需要考虑旋转幅度和时间，设定传统座椅和新型座椅在200ms内分别向顺时针和逆时针旋转90°。

（2）旋转座椅对乘员颈部的损伤机理（表3-7） 在座椅旋转90°的过程中，只有传统座椅逆时针旋转这种情况下，颈部与肩带接触，最终导致颈部的损伤；但其他的情况并不一定就意味着绝对的安全，因为其余三种情况的安全是建立在特定的旋转角度、特定的旋转方向和特定的座椅配置上的。一旦某些条件改变，安全带与颈部的接触情况和接触力就会改变，如将座椅旋转角度改为180°，那么在这个角度下旋转的角速度、角加速度都会相应增大，此时乘员颈部的损伤严重程度也会相应地增大。

通过仿真分析，可知座椅的旋转对乘员颈部的损伤机理：颈部损伤情况是乘员惯性与座椅旋转速度两者之间的博弈，乘员的惯性受身材体重和座椅约束的影响，座椅的旋转速度受旋转角度和旋转时间的影响。

1）颈部与肩带为相背运动时，即传统座椅。旋转方向为顺时针这种情况，才是绝对没有接触力的，但如果旋转角度过大，座椅的旋转角速度会相应增大，加上乘员的反向侧偏

表 3-7 座椅主动旋转中安全带肩带与乘员颈部接触的四种情况对比

座椅配置	座椅旋转方向	
	顺时针	逆时针
传统座椅	颈部和肩带相背运动 颈部和肩带未接触 无接触力	颈部和肩带相向运动 颈部和肩带接触 有接触力
新型座椅	颈部追肩带运动 颈部和肩带未接触 无接触力	肩带追颈部运动 颈部和肩带未接触 无接触力

量,这时可能会出现肩带脱离肩部,从而使乘员处于脱离肩带约束的危险。

2) 对于颈部与肩带同向运动的情况,即新型座椅。无论颈部追肩带还是肩带追颈部,它们之间是否会接触取决于座椅的旋转速度和乘员的惯性作用谁的影响占上风,在模拟仿真中,座椅旋转 90°,其最大角速度为 10.5rad/s,其刚好与新型座椅约束作用下的假人惯性作用相当,所以肩带未与颈部接触,但如果旋转角度增大,旋转角速度会相应增大,而惯性作用无太大变化,这时对于座椅旋转方向为逆时针的情况,肩带就可能与颈部接触,颈部就有损伤的风险;如果旋转角度减小,旋转角速度会相应减小,而惯性作用无太大变化,这时对于座椅旋转方向为顺时针的情况,颈部可能与肩带接触,就有损伤的风险。

3) 对于颈部与肩带相向运动的情况,即传统座椅旋转方向为逆时针时,颈部损伤的风险最高,这种情况的座椅主动旋转保护方式必须予以舍弃。

4. 发展趋势

在汽车电动化、智能化、网联化和共享化"新四化"发展背景下,未来智能座椅将与车联网深度融合,为乘客提供智能化驾驶安全性和舒适感知性体验。多场景化、安全智能化、模块化和轻量化、定制化与个性化和零重力将成为未来汽车座椅主要发展趋势。

(1) 多场景化 在未来智能辅助驾驶汽车中,智能座舱可以是移动办公空间、生活空间、娱乐空间等。为了追求驾驶和乘坐的舒适感,智能座椅可以支持更多的座椅姿态调节,除了水平、高度、靠背常规调节,还支持旋转、腿托、肩部、侧翼等方向调节来实现舒适坐姿,智能座椅同时支持加热、通风、按摩、记忆、迎宾等功能。为了满足人们对不同应用场景的要求,智能座椅识别到相应的场景后,可以快速调整座椅到合适姿态。

(2) 安全智能化 包括智能感知、智能控制和智能监测。结合主动安全技术,实现智能感知技术,提前预判碰撞,主动调整座椅的位置和姿态,有效地减少碰撞产生的能量,将伤害降低到一定的可控状态,进而达到保护驾乘人员的目的;在汽车四化背景下,人工智能技术可以应用到汽车上识别乘员的想法意图,无需乘员任何主动操作就能实现自动调节控制。通过传感器与座椅融合,座椅控制方式也将从传统的按键方式,发展为 App 控制、手势控制、意图感知控制等。在汽车中,座椅是直接与乘员进行接触的部件,在座椅上集成人体温度、湿度、电信号、心率、呼吸频率等传感器,实现乘员的健康智能监测乘员的生理指标。当识别到生理指标异常时,智能座椅可以主动提供按摩、降温或加热来帮助驾乘人员恢复到健康舒适的状态。采集到的生理特征数据也可以传送到云端对驾乘人员进行健康管理,让驾乘人员实时了解身体状况。

(3) 模块化和轻量化 模块化缩短座椅开发时间、降低制造成本;汽车座椅轻量化是实现汽车节能减排的有效措施。

(4) 定制化与个性化　在智能辅助驾驶时代，随着驾驶人角色的减弱，汽车座椅的功能会变得定制化和个性化，例如在场景体验、软硬度自适应、色彩氛围等方面满足乘客对感官和功能的不同需求。未来的智能汽车座椅可以结合人工智能算法自主分辨乘客和识别客户特征，并提供座椅定制化服务。

(5) 零重力汽车座椅　这种座椅可以让驾乘人员产生良好的静压感，使驾乘人员在保持自然状态的瞭望姿势时，肌肉能处于放松状态，体压力分布合理，不影响血液循环和不易使驾乘人员疲劳，零重力座椅很好地满足了这个要求。

3.4.3　智能座舱乘员约束系统

1. 概述

未来智能汽车的座舱将逐渐智能化，智能座舱内的乘员不会被转向盘、座椅、安全带等完全约束，有效提升了乘员的乘车舒适性。尤其是在智能辅助驾驶的情况下，乘员不再需要执行驾驶任务，乘坐姿态和车内环境的形态将更为多样，车内空间布置更为灵活。如图3-89所示，以梅赛德斯-奔驰推出的自动驾驶概念车"F015 Luxury in Motion"为例，驾驶人座椅可以向后旋转，4个独立座椅可以调整为4位乘客面对面模式。如图3-90所示，Nature杂志也刊文展示了这样的乘坐环境，预告了未来人们在智能辅助驾驶环境下，乘员的坐姿将发生巨大改变。

图3-89　智能辅助驾驶概念车
"F015 Luxury in Motion"

图3-90　乘坐环境

在车辆碰撞工况下，复杂多样的乘坐环境和乘员姿态将会导致更高的碰撞伤害风险，比如可能发生不同朝向的、不同姿态的、未约束的乘员之间的接触碰撞，碰撞对半躺乘员的脊柱形成轴向冲击，座椅安全带或气囊无法对非标准坐姿的乘员提供有效保护，反而可能造成乘员下潜、腹部和颈部损伤等。因此，与传统座舱相比，智能座舱的乘员约束系统势必要解决座舱智能化产生的一系列问题，即多样的乘员坐姿变化、更加智能化的车内结构变化和智能辅助驾驶介入后的碰撞场景变化，这些对乘员约束系统的安全保护形成新的挑战。

如上所述，智能座舱将改变驾乘人员的坐姿，使碰撞工况复杂多样。目前现有的乘员保护法规大多是针对特定碰撞强度和特定身材假人正常乘坐位置下制定的保护标准。相应地，现有乘员约束系统往往也只是围绕有限的特定碰撞工况而设计的，普通乘员约束系统在应对复杂多样的实际碰撞事故时已呈现明显的局限性。为克服传统乘员约束系统的缺点，提高乘员约束系统的防护效果，一种可适应多种碰撞工况和多种乘员类型的新型乘员约束系统被提了出来。这种新型乘员约束系统被称为智能乘员约束系统或可适应乘员约束系统。传统乘员约束系统的设计理念是"以不变应万变"，其乘员约束系统构型是单一的、预先设定好的，不能根据碰撞事故发生时的具体情况进行调节。相比之下，可适应乘员约束系统则体现了"以人为本"的设计理念，它可以感知碰撞类型、碰撞强度、乘员姿态和乘员类型，根据感知信息进行实时综合判断和调整，提供最优的乘员约束系统构型，进而更有效的保护乘员。相比于传统的乘员约束系统，自适应乘员约束系统潜在效益很大。

2. 基本组成与原理

（1）自适应乘员约束系统的组成 如图 3-91 所示，与传统的约束系统相比，自适应约束系统在硬件上增加了碰撞工况感应装置和可调乘员约束装置。在未来交通中，汽车能够在碰撞前获得更多的碰撞信息和乘员信息，使约束系统能够在碰撞发生前调整其特性和乘员姿态，为即将发生的碰撞做准备，从而降低乘员的伤害风险。

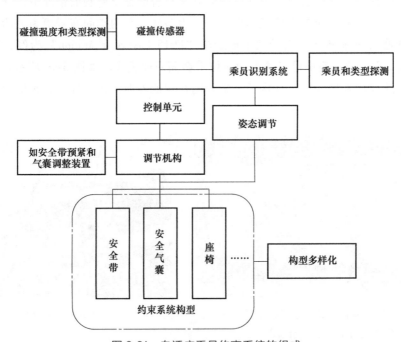

图 3-91 自适应乘员约束系统的组成

（2）自适应乘员约束系统的感知 自适应乘员约束系统是汽车主被动安全技术结合的产物，通过主动安全感知技术感知车内外环境，包括但不限于车辆碰撞参数及乘员状态参数等，进而依据感知到的环境调用与之相对应的最优乘员约束系统参数。进一步地，依据所调用的参数控制约束系统执行动作，为车内乘员实施有针对性的安全防护。然而，现阶段的自适应乘员约束系统仍存在碰撞工况少等局限，如何涵盖实际道路碰撞工况和乘员状态特征，是目前自适应乘员约束系统开发亟待解决的问题。国内外学者对自适应乘员约束系统的感知和调控技术已做了很多技术开发工作，例如在感知方面，通过压力传感器探测汽车侧撞以及感知乘员重量和坐姿，利用红外、超声与视频感知乘员空间位置（如乘员与气囊间距）。调控技术的重点是调节机构设计，例如可实现多级限力载荷的安全带限力装置，以及使用电动机、制动器或磁流变液阻尼器控制卷收器的安全力控制器。

(3) 自适应乘员约束系统的构型 对于自适应乘员约束系统的总体设计而言，除了发展感知和调控技术，还必须对乘员约束系统构型设计进行深入研究。乘员约束系统的"构型"指的是碰撞过程中座椅、安全带和安全气囊等约束保护装置的几何布局（如座椅姿态、安全带固定点高度等）以及约束施加强度（如安全带预紧时刻和限力级别、气囊触发时刻和充气强度等）的组合。

在现有感知和调控技术水平下，在满足乘员安全前提下合理优化构型、规划构型调整策略有望适当降低感知和调控设计的难度和成本。与普通乘员约束系统构型研究相比，自适应乘员约束系统构型的研究考虑了更多因素，因而更加复杂。首先，传统乘员约束系统只针对一种乘员、一种固定碰撞强度进行设计，而自适应乘员约束系统需要针对多种乘员、多种碰撞强度对约束构型进行设计和优化。各种碰撞强度以及各种假人的组合可以形成庞大的碰撞工况集合，这就使优化工作的任务量提高了很多。乘员的不同位置、碰撞偏置量、碰撞角度等因素也应该被考虑到可适应乘员约束系统的适应范围内。这样一来，要找到针对各个碰撞工况的最优乘员约束系统构型配置将是一项工作量和计算量非常大的优化工作，最终得到的是一套针对各种碰撞工况的乘员约束系统配置"构型谱"。当碰撞发生时，可适应乘员约束系统的控制单元将根据从感知设备获取的碰撞工况信息在构型谱中查找或插值得到最佳的乘员约束系统构型配置，并据此调节乘员约束系统。

可见，乘员约束系统的构型设计优化问题的特点是多设计变量、多目标函数且约束情况复杂。乘员约束系统的保护效果一般作为优化目标，最普遍的方法是采用乘员在碰撞过程中的身体损伤值作为直接的优化目标——可以是单个损伤参数，也可以是综合评估指标。多目标优化方法可以对多个评价指标进行优化，未来可以考虑应用到乘员约束系统的构型设计中。

3. 工程实践

智能辅助驾驶介入后，多样的乘员坐姿和更加智能化的车内结构变化对乘员安全保护提出了新的挑战。下面介绍一个工程实践实例，主要通过有限元仿真方法研究碰撞过程中车内乘员姿态变化以及车内结构变化对乘员损伤的影响。

(1) 多变乘坐姿态的乘员保护 仿真工况对半躺姿态下的驾驶人进行碰撞工况下的乘员保护分析，探究乘员坐姿的变化对乘员保护的影响；并对比分析正常坐姿和半躺坐姿的 THUMS 驾驶人模型的乘员伤害，如图 3-92 所示。对其设置相同的边界条件，具体参数见表 3-8。

图 3-92 车辆碰撞阶段及其对应的安全措施
a) 正常坐姿 b) 半躺坐姿

表 3-8 THUMS 驾驶人仿真模型参数表

项目	参数
工况	50FF 碰撞测试（以 56km/h 的速度碰撞正面 100%重叠刚性壁障）
点火时刻	安全带：12ms，气囊：15ms
安全带限力	3000N 预紧限力式
安全气囊	气孔 2mm×30mm，直径 680mm，体积 50L，压力 210kPa
转向管柱	溃缩距离 60mm

（2）多变乘坐姿态的乘员保护 仿真结果见表 3-9，半躺姿态下的各项伤害指标均高于正常坐姿，其中由于驾驶人乘坐姿态改变引起的约束系统效能变化，造成半躺姿态下驾驶人的头部、颈部和胸部伤害数值出现不同程度的升高，半躺姿态下驾驶人伤害更加严重。驾驶人处于半躺姿态时，安全带对下肢的约束效果降低，碰撞过程中骨盆的前移量相对较大，因此半躺姿态下驾驶人的下肢伤害更严重。可见，智能汽车虽然在一定程度上使驾驶人的驾乘姿态更加丰富，乘员的舒适性得到提高，但增加了碰撞工况下乘员损伤的潜在风险，因此智能汽车的被动安全系统匹配和测试方法，更加需要关注乘坐姿态变化后乘员伤害风险点。

表 3-9 乘员保护仿真结果

伤害评价指标	正常坐姿	半躺坐姿	增幅（%）
颅骨应力			44
颈部骨应力			10
胸肋骨应变			118

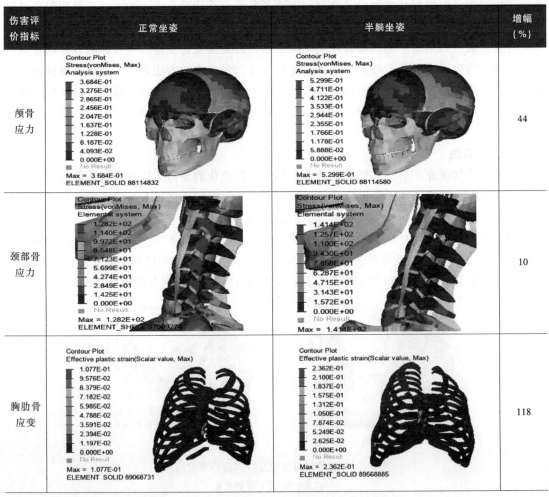

（续）

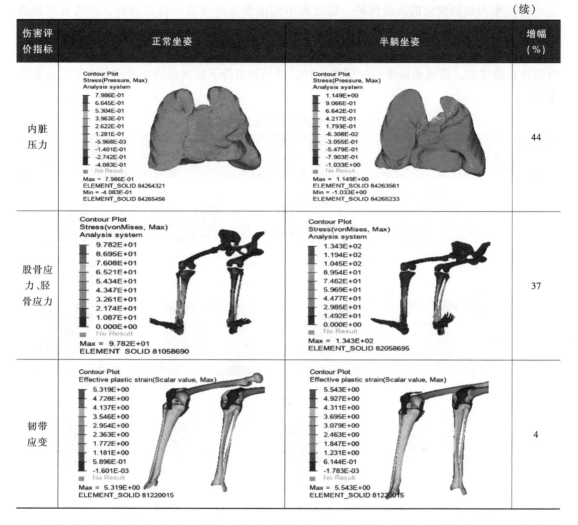

伤害评价指标	正常坐姿	半躺坐姿	增幅（%）
内脏压力			44
股骨应力、胫骨应力			37
韧带应变			4

（3）车内结构变化的乘员保护 仿真工况如图 3-93 所示，建立不同角度的乘员仿真模型，研究车内大屏等内饰件在不同座椅布置下对乘员伤害的影响，其中中央大屏布置在仪表板的中间位置；座椅布置有四种方式，分别是乘员正向左转 45°、乘员正向右转 45°、乘员反向左转 45°和乘员反向右转 45°。

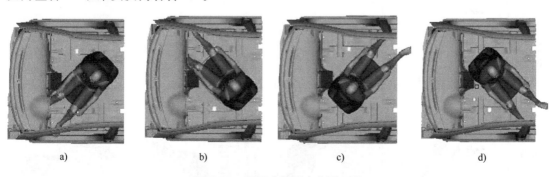

图 3-93 乘员座椅四个典型工况
a）正向左转 45° b）正向右转 45° c）反向左转 45° d）反向右转 45°

（4）车内结构变化的乘员保护 通过对不同乘坐方向乘员的仿真分析，得到各个位置的假人伤害，结果见表3-10。由于反向乘坐安全带约束效果不显著，因此反向乘坐的乘员的头、颈、胸部的伤害要大于正向乘员；同时，由于碰撞过程中正向乘坐乘员与内饰、大屏等内饰件直接接触，造成正向乘员的股骨、胫骨以及韧带等下肢部位损伤程度要大于反向乘坐乘员。

表3-10 不同乘坐方向乘员伤害对比

伤害评价指标	正向左转45°	正向右转45°	反向左转45°	反向右转45°
颅骨应力	0.27MPa	0.50MPa	14.68MPa	8.54MPa
颈部骨应力	—	—	—	—
胸肋骨应变	0.05%	0.15%	0.09%	0.09%
内脏压力	573kPa	1164kPa	670kPa	946kPa
股骨、胫骨应力	185.0MPa	118.1MPa	0.62MPa	89.72MPa
韧带应变	16.38%	17.28%	5.13%	4.46%

上述工况的乘员伤害损伤风险评估见表 3-11，其中正向左转 45°、右转 45°工况乘员的颈部、股骨、胫骨存在骨折风险，内脏会受到严重损伤，韧带有拉伤风险；反向左转 45°工况乘员的颅骨和颈部会发生骨折，内脏会受到严重的损伤；反向右转 45°工况乘员的颈部有发生骨折的风险，内脏会受到严重的损伤。可见智能汽车的乘员舱布置的灵活多变增加了碰撞场景的复杂性，对乘员保护提出了更加严峻的挑战，传统被动安全技术已不能满足智能汽车发展阶段的乘员保护要求。

表 3-11 乘员伤害损伤风险评估

伤害评价指标	损伤指标	正向左转 45°	正向右转 45°	反向左转 45°	反向右转 45°
颅骨应力/MPa	10.09	0.27	0.50	14.68	8.54
颈部骨应力/MPa	59	146.9	150.2	204.7	197.7
胸肋骨应变(%)	3	0.05	0.15	0.09	0.09
内脏压力/kPa	16	573	1164	670	946
股骨、胫骨应力/MPa	104	185.0	118.1	80.62	89.72
韧带应变(%)	11	16.38	17.28	5.13	4.96
损伤评估	—	颈部骨折风险 内脏严重损伤 股骨骨折风险 胫骨骨折风险 膝部韧带拉伤	颈部骨折风险 内脏严重损伤 股骨骨折风险 胫骨骨折风险 膝部韧带拉伤	颅骨骨折 颈部骨折风险 内脏严重损伤	颈部骨折风险 内脏严重损伤

4. 发展趋势

为了应对复杂的交通环境和新型的碰撞事故工况，未来乘员约束系统必然向着智能化的方向发展。其重点研究方向包括：

1）主动式预紧安全带与主动安全系统或者智能环境感知系统相结合，具备智能感知乘员体重和坐姿等功能，在汽车紧急制动或碰撞前提前自动预紧，并在事故警报解除后自动恢复。主要研究主动安全带的响应算法，预紧时刻和预紧力大小以及预紧装置的可靠性等。

2）智能安全气囊与主动安全系统或者智能环境感知系统相结合以提前预测碰撞的发生，应当具备感知碰撞强度与类别，乘员年龄、体重和坐姿等功能，实现对气体发生器强度、气袋大小进行实时无级控制。主要研究具备自学特征和模式识别能力的新型传感技术、气袋大小控制技术、气体发生器强度控制技术和气囊多级点爆响应算法等。

3）主动式安全座椅结合主动安全技术，智能感知汽车可能发生的碰撞，实现对座椅的调节，包括但不限于提前让座椅的前后移动、座椅旋转等方法。

4）自适应约束系统在充分考虑碰撞预警时间、硬件执行能力以及乘员乘坐环境的情况下，开发能够灵活调整各子系统参数配置和危险的乘员姿态来适应不同年龄以及不同体型的保护装置。

5）自适应约束系统匹配开发方法和设备研究高度智能化的约束系统自动化仿真匹配开发方法和相关的试验程序及设备。着力于应对各种复杂或者极限碰撞工况以及适应主动安全和智能网联汽车技术的发展。

思 考 题

1. 简述电动汽车动力电池前部、后部和底部布置对碰撞安全性的影响。
2. 简述软包锂离子电池的组成及其各组成部分的作用。
3. 简述电池隔膜应具有哪些性能。
4. 可以通过哪些方式来提高电池系统在碰撞过程中的安全性?
5. 与传统燃油车相比,电动汽车的碰撞安全性需要着重考虑哪几个方面?
6. 电动汽车碰撞安全性研究中,试验设计与仿真设计主要有什么区别?
7. 在正面碰撞工况中,电动汽车相比传统燃油车碰撞结果有什么变化?
8. 在侧面碰撞工况中,电动汽车相比传统燃油车碰撞结果有什么变化?
9. 针对行人保护,电动汽车的车身结构设计需要做出什么改变?
10. 动力电池包结构安全设计应该包括哪几个方面?
11. 简述主动式预紧安全带的工作原理。
12. 简述如何利用汽车座椅悬架系统改善乘员驾乘过程中的动态舒适性。
13. 简述智能约束系统的组成及工作原理。

参 考 文 献

[1] 许骏,王璐冰,刘冰河. 锂离子电池机械完整性研究现状和展望 [J]. 汽车安全与节能学报,2017,8 (1): 15-29.

[2] 王露. 电动汽车动力电池箱结构稳健优化设计 [D]. 北京: 北京理工大学,2016.

[3] ZHANG S S. A review on the separators of liquid electrolyte Li-ion batteries [J]. Journal of power sources,2007,164 (1): 351-364.

[4] 沙永康. 电动汽车走向春天需过安全关 [J]. 汽车与安全,2012 (11): 18-31.

[5] TENG X,WIERZBICKI T,HUANG M. Ballistic resistance of double-layered armor plates [J]. International journal of impact engineering,2008,35 (8): 870-884.

[6] ZHANG S A,ZHOU Q,XIA Y. Influence of mass distribution of battery and occupant on crash response of small lightweight electric vehicle [R]. SAE Technical Paper,2015.

[7] 刘岩,尹艳萍,黄倩,等. 我国新能源汽车动力电池安全现状分析与探讨 [J]. 电池工业,2022,26 (6): 309-312+320.

[8] 马帅. 锂离子电池多尺度仿真方法及其在电池包碰撞安全中的应用 [D]. 长沙: 湖南大学,2020.

[9] ZHANG C,XU J,CAO L,et al. Constitutive behavior and progressive mechanical failure of electrodes in lithium-ion batteries [J]. Journal of Power Sources,2017,357: 126-137.

[10] 王品健. 纯电动汽车动力电池包箱体结构轻量化设计与优化 [D]. 长沙: 湖南大学,2018.

[11] ZHU J,ZHANG X,WIERZBICKI T,et al. Structural designs for electric vehicle battery pack against ground impact [R]. SAE Technical Paper,2018.

[12] 钟志华,张维刚,曹立波,等. 汽车碰撞安全技术 [M]. 北京: 机械工业出版社,2003.

[13] 张金换,杜汇良,马春生. 汽车碰撞安全性设计 [M]. 北京: 清华大学出版社,2010.

[14] 廉玉波. 电动汽车动力系统安全设计与工程应用 [M]. 北京: 机械工业出版社,2022.

[15] 曾泽江. 纯电动汽车碰撞电安全与分析 [D]. 南昌：南昌大学，2019.
[16] 禹慧丽. 纯电动车的轻量化材料和电池碰撞安全性研究 [D]. 重庆：重庆大学，2020.
[17] 孙振东，刘桂彬，赵春明，等. 电动汽车正面碰撞试验技术研究与分析 [J]. 汽车工程，2007，29（10）：833-837.
[18] 李井吉. 某电动汽车正面碰撞安全性能分析与结构改进研究 [D]. 太原：中北大学，2021.
[19] 张晓旭. 新能源汽车碰撞后电气安全性分析 [J]. 内燃机与配件，2020（9）：59-60.
[20] 王凯，李向荣，白鹏. 电动汽车在碰撞试验中的电气安全 [J]. 汽车安全与节能学报，2012，3（1）：34-37.
[21] 王青贵，谢军，朱鑫. 新能源汽车碰撞后电安全现状与分析 [J]. 时代汽车，2022（19）：91-93.
[22] 朱永扬. 电动汽车碰撞后电气安全研究 [D]. 天津：河北工业大学，2017.
[23] 徐业平，陶绪强，张宏波，等. 中美欧汽车碰撞安全法规解析 [J]. 合肥工业大学学报（自然科学版），2010，33（11）：1612-1617.
[24] 李仲奎. 插电式混合动力汽车正面碰撞安全性的改进 [J]. 汽车工程师，2016（6）：56-58.
[25] 王国春. 基于力学传递路径的电动汽车全铝车身正面碰撞优化设计 [D]. 长沙：湖南大学，2016.
[26] 李卓. 藕状多胞结构吸能特性研究及其在车辆碰撞安全上的应用 [D]. 长沙：湖南大学，2020.
[27] 刘维海. 轿车正面碰撞被动安全性研究 [D]. 长春：吉林大学，2012.
[28] 李旭亮. 某电动汽车侧面碰撞的耐撞性设计和优化 [D]. 太原：中北大学，2018.
[29] 潘文杰. 某小型纯电动汽车侧面碰撞性能研究 [D]. 十堰：湖北汽车工业学院，2017.
[30] LI Q Q, WU L J, CHEN T, et al. Multi-objective optimization design of B-pillar and rocker sub-systems of battery electric vehicle [J]. Structural and Multidisciplinary Optimization，2021，64（6）：3999-4023.
[31] 刘飞虎. 低入口中型纯电动城市客车侧面碰撞安全性研究 [D]. 西安：长安大学，2022.
[32] 王骞，刘军，张亚军，等. 基于侧面碰撞安全性的电动汽车车身结构件轻量化设计 [J]. 汽车技术，2017（2）：44-50.
[33] 姜玥. 纯电动汽车碰撞性能仿真分析研究 [D]. 北京：北京理工大学，2016.
[34] 许书军，张亚明，乐中耀. 电动汽车后部碰撞试验的电安全研究 [J]. 汽车工程学报，2017，7（5）：334-341.
[35] 程晨. 基于纯电动汽车追尾碰撞的主动断电保护系统研究 [D]. 南昌：南昌大学，2020.
[36] 许莹莹. 基于低速碰撞和行人腿部保护的前保险杠系统研究 [D]. 湖南：湖南大学，2011.
[37] 王腾博. 面向行人保护的负泊松比材料蜂窝夹层发动机罩设计研究 [D]. 河南：郑州大学，2020.
[38] 楚小兰，张进杰. 紧急制动下驾驶员的坐姿仿真变化及损伤研究 [J]. 建模与仿真，2023，12（2）：16.
[39] 张国庆. 自动紧急转向导致斜角碰撞的乘员损伤研究 [D]. 重庆：重庆理工大学，2019.
[40] 李君明. 面向汽车主被动集成安全的乘员碰撞损伤研究及约束系统优化设计 [D]. 重庆：重庆大学，2018.
[41] 毛世民. 不同重叠率下轿车正面碰撞中肥胖体型驾驶员的损伤研究 [D]. 兰州：兰州交通大学，2022.
[42] 赵亮. 基于正面碰撞中影响乘员损伤因素的研究 [D]. 北京：北京林业大学，2020.
[43] 陈羿先. 自动紧急转向导致车辆追尾的主被动安全一体化研究 [D]. 重庆：重庆理工大学，2021.
[44] 曹立波，欧阳志高，徐哲，等. 可逆约束系统参数匹配优化研究 [J]. 机械工程学报，2016，52（10）：133-141.
[45] 王琮. 针对多种碰撞工况的乘员约束系统构型设计方法研究 [D]. 北京：清华大学，2010.
[46] 赖泽豪. 汽车安全带卷收器锁止机构动力学及设计方法研究 [D]. 广州：华南理工大学，2020.
[47] 王新华，吴海臣，李宁，等. 汽车安全带技术研究 [J]. 时代汽车，2023（2）：156-158.

[48] 邓兵宾. 预紧限力式安全带设计及性能试验［D］. 南昌：南昌航空大学，2018.
[49] 陈刘波. 安全带卷收器关键技术研究［D］. 重庆：重庆大学，2017.
[50] 隆旭. 正面碰撞中不同安全带预紧方式对乘员的保护效果研究［D］. 长沙：湖南大学，2018.
[51] 胡先男. 主动预紧式安全带控制系统开发及试验研究［D］. 长沙：湖南大学，2017.
[52] 吴俊，宋志强，曹立波，等. 集成主动预紧式安全带的乘员可接受度与优化措施［J］. 汽车安全与节能学报，2018，9（4）：379-385.
[53] 宋志强，曹立波，欧阳志高，等. 集成主被动式安全带的性能评估及优化分析［J］. 中国机械工程，2019，30（21）：2567-2576.
[54] 曹立波，宋志强，欧阳志高，等. 集成预紧式安全带的防护性能分析及稳健性优化［J］. 长沙：湖南大学学报（自然科学版），2018，45（10）：54-63.
[55] 王铁，邵丽青. 我国安全带行业发展现状与趋势［J］. 汽车与配件，2014，1046（28）：40-43.
[56] 魏娇，刘娜. 汽车座椅系统动态舒适性的研究综述［J］. 内燃机与配件，2020（7）：227-228.
[57] 张红红. 汽车座椅静强度有限元仿真分析及其结构优化［D］. 沈阳：东北大学，2006.
[58] 欧阳丹. 基于动态舒适性的汽车座椅系统的研究［D］. 湘潭：湘潭大学，2012.
[59] 张连莹. 汽车座椅振动控制及仿真分析［D］. 青岛：青岛大学，2018.
[60] 李曼利，江凯. 汽车电动座椅骨架结构及功能件分析［J］. 汽车实用技术，2023，48（12）：102-107.
[61] 李玉霞. 基于深度强化学习的磁流变半主动座椅悬架振动控制研究［D］. 重庆：重庆大学，2022.
[62] 程春. 汽车座椅高静低动刚度非线性隔振方法与技术研究［D］. 南京：南京航空航天大学，2017.
[63] 陈亚. 主动式头枕机械及控制系统研究［D］. 长沙：湖南大学，2014.
[64] 李正坤. 主动式头枕开发与仿真研究［D］. 长沙：湖南大学，2012.
[65] 徐兆恒. 多功能汽车安全座椅. CN107020985B［P］. 2018-05-01.
[66] 刘厚宇. 一种汽车主动安全座椅. CN207889585U［P］. 2018-09-21.
[67] 武和全，侯海彬，胡林，等. 自动驾驶汽车中乘员在不同座椅朝向下的损伤风险及规避策略［J］. 中国公路学报，2019，32（6）：206-215.
[68] 王杰雄. 自动驾驶汽车主动旋转座椅的乘员保护研究［D］. 哈尔滨：哈尔滨工业大学，2022.
[69] 徐浩. 汽车座椅的功能及其发展趋势［J］. 汽车实用技术，2022，47（17）：196-199.
[70] 胡瑄. 汽车座椅的智能化分析［J］. 今日制造与升级，2022，5：76-78.
[71] 周青，姬佩君，黄毅，等. 未来交通事故场景中乘员智能保护的挑战与机遇［J］. 汽车安全与节能学报，2017，8（4）：333-350.
[72] 黄毅. 考虑乘员身材和碰撞强度差异的约束系统影响参数研究［D］. 北京：清华大学，2014.
[73] 江卫国. 考虑乘员和碰撞工况差异的自适应约束系统优化研究［D］. 长沙：湖南师范大学，2021.
[74] 何丽，吴春颖，彭伟强，等. 智能汽车场景下乘员保护虚拟仿真研究［J］. 中国汽车，2023（5）：21-27.
[75] 《中国公路学报》编辑部. 中国汽车工程学术研究综述［J］. 中国公路学报，2017，30（6）：1-197.

第 4 章 智能电动汽车电气安全系统

4.1 概述

与传统燃油车相比,电动汽车中装有电池包、高压驱动系统等大量电气系统及电气元件,所具有的电压远高于人体所能承受的安全电压(60V 直流)。若没有合理的高压保护系统,可能带来整车带电、人员遭受电击等安全隐患。此外,目前电动汽车所采用的锂离子电池能量密度较高,也存在着较大的电气安全隐患,在不适合的工作温度下进行大功率充放电,可能会导致电池系统出现热失控、内部短路等现象,进而引起起火、爆炸等安全事故。所以,电池系统的热安全也是电动汽车电气安全系统中的一大重点。

本章旨在对电动汽车热管理系统和高压保护系统进行详细介绍,分析了锂离子电池在过高或过低温度下可能出现的事故以及成因,阐明了热管理系统的意义与基本功能要求,并对主要的电池散热技术和加热技术进行了详细介绍。此外,针对高压保护系统,从高压绝缘保护、充电高压安全和维修高压安全三个方面对其进行了介绍,对各类高压保护的原理与基础理论进行了说明,列举了实际应用中的高压保护举措,并指出了高压保护系统的技术发展趋势。

4.2 电池组热管理系统

研究表明,锂离子电池的最佳工作温度范围是 15~35℃。合适的工作环境是保证锂离子电池安全、高效运行的关键,过高或是过低的环境温度都会影响电池的充放电效率以及电池的安全性和寿命等。当工作环境温度过高时,锂离子电池的反应活性增强,电池内部可能发生副反应,容易发生热失控,进而导致电池起火爆炸,并产生有毒气体;且锂离子电池包的结构复杂,高温环境下存在发生外部短路的风险。而当工作环境温度过低时,锂电池的活性较差,电池负极石墨的嵌入能力较差,如果以较大的电流进行充电,也可能导致热失控的问题,并且负极表面容易析锂产生枝晶,造成电池容量衰退,甚至刺穿隔膜造成内部短路。温度对电池使用寿命的影响也十分显著,已有研究表明,在 55℃放电 500 次后,锂离子电池的容量衰退了近 70%。

综上可知,过高或过低的环境温度都可能会对锂离子电池的运行效率、安全性以及电池寿命等产生重大影响。因此，开发高效的电池组热管理系统来调节锂离子电池的工作环境是保证电动汽车安全、稳定运行的关键。电动汽车电池组热管理系统应具有如下功能：①准确测量并调控电池温度，当电池组温度过高时能够及时散热，而当电池温度过低时能够对电池进行快速加热；②保证电池组的温度一致性，避免电池间因出现过大的温差而导致性能差异或性能下降；③当电池包内产生有害气体时能够及时通风。

4.2.1 散热系统

散热系统的主要功能是防止电池组的温度超过电池工作的最高温度，此外还要求散热系统能够控制电池组的温升，维持电池组的温度一致性，防止因电池间温差过大而造成电池的性能差异。目前，已被应用或正处于研究阶段的冷却方式主要包括：空气冷却、液体冷却、相变材料冷却、热管冷却和制冷剂直接冷却。下面将对以上几种冷却系统进行简要介绍。

1. 空气冷却

空气冷却是以空气作为导热介质，通过在电池箱中设置特定的流道，利用空气在电池箱中的流动来与电池进行对流换热并带走电池所产生的热量，从而实现对电池的降温。空气冷却根据对流方式的不同可分为自然冷却和强制风冷两种，其工作原理如图4-1所示。

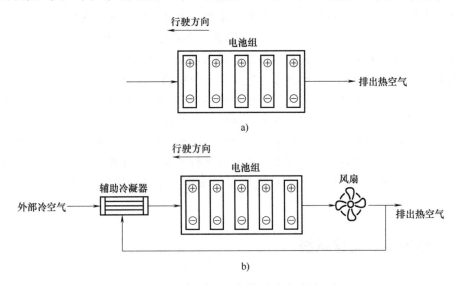

图4-1 两种空气冷却方式的工作原理
a）自然冷却 b）强制风冷

图4-1a所示为自然冷却，这是一种被动式冷却，其通过空气与电池组等发热元件之间的自然对流来进行换热。但由于空气的热容和导热系数较低，且自然对流的流动强度也比较弱，因此自然冷却系统的冷却效率较低，温度一致性较差，但当电池组附近无外部热源时，可将电芯之间的温差控制在一个较小的范围内。此外自然冷却系统还对环境有较强的依赖性。但该冷却系统结构简单，生产成本较低，并且方便后期进行维护。而强制风冷（图4-1b）则是利用风扇来提高电池箱中冷却空气的流速，使空气与电池发生强制对流换热，从而将电池产生的热量导出并散入大气中。与自然冷却相比，强制风冷的散热效率和温

度一致性要优于自然冷却，但是其冷却效率还是无法满足现阶段高能量密度锂离子电池的散热要求。

空气冷却系统具有结构简单、成本低、便于维护、产生有害气体后能及时通风、对系统密封要求低等优点，在早期的较小功率电动汽车中得到了较为广泛的应用，如日产聆风（Nissan Leaf）、起亚 Soul EV 以及比亚迪早期采用磷酸铁锂电池的车型。但空气冷却的换热系数低、冷却效率低、电池温度一致性较差。随着电池能量密度的不断提高，风冷逐渐无法满足动力电池的冷却需求。

前文提到，风冷系统的温度一致性较差，而电池组内不同电芯/模块的温度不一致，会加剧电池内阻和热量的不一致性。若电池长期处于该工作环境，将会影响电池的使用寿命与性能，甚至造成安全隐患。而电芯/模组之间的温度差异与电池的布置形式和气体在电池包中的流动方式有很大的关系。通常，位于电池包中间位置的电池散热条件要比边缘位置的电池差，所以位于中间位置电池的温度一般会高于位于边缘位置的电池。此外，位于散热系统前部进风口处的电池散热效果要优于位于系统后部的电池，因为空气在向后流动的过程中不断与前面的电池进行热交换，使得空气的温度会有所上升，而导致系统空气流过后部电池时导热效果下降，也会导致电池冷却不均匀。因此，在布置电池组/模块结构和散热设计时，必须保证各电芯散热的均匀性。

通过合理排列电池的位置可以提高电池的温度一致性。对于圆柱电池而言，叉排（图 4-2a）的散热效果和温度一致性要优于顺排（图 4-2b）。方形电池横向放置优于纵向放置，梯形排列优于矩形排列，即沿气流方向收缩气道，可以提高下游气流的散热能力，提高电池组内的温度一致性。

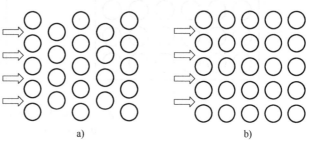

图 4-2　电池排列方式
a）叉排　b）顺排

此外，设计合理的风道也能改善电池的散热均匀性，同时还可以降低空气在电池包中的流动阻力。根据空气的流动形式，空冷系统的风道可分为串行式和并行式两种，如图 4-3 所示。

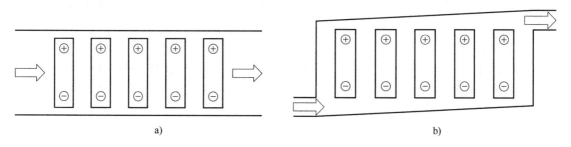

图 4-3　空冷系统风道
a）串行式风道　b）并行式风道

图 4-3a 所示为串行式风道，空气从左侧进入，右侧流出，在流动过程中，空气被不断

加热，位于左侧的电池的散热效果比右侧的电池要好，电池温度可能出现右侧高于左侧的问题。图 4-3b 所示为并行式风道，空气从左下角流入，从右上角流出，通过这种楔形的排气口设计，使得空气平行通过各电芯，且有助于空气在各电芯之间均匀分布，改善电池的温度一致性。同样，由于空气在流动过程中不断被加热，可能导致上部电芯的温度高于位于下部电芯、右边电芯的温度高于左侧电芯，但即便如此，并行式风道结构电池的温度一致性仍要优于串行式风道。因此，无论串行式风道还是并行式风道，随着电池模块、电池组尺寸和电池能量密度的增大，都容易造成电芯之间的温差过大，而通过改变进、出风口的位置，可降低不同电芯之间的温差，提高电芯温度的一致性。图 4-4 所示为一种交替式通风结构，采用了周期性调换进风口和出风口位置对电池进行冷却的散热方式，通过特殊结构设计，空气间歇式地从电池左侧或右侧经过，利用这种通风形式有助于避免出现左侧或右侧温度局部过高的现象。

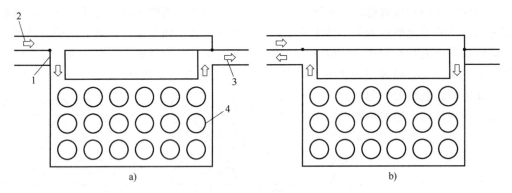

图 4-4 交替式通风结构
a）流动方向从左到右 b）流动方向从右到左
1—转向门阀 2—冷空气 3—热空气 4—电芯

对于空冷技术，其关键是增加进风量和建立高效的空气通道，除上述介绍的方法外，通过合理设计空气进出口通道的几何形状、安装波纹管增大电池与空气的接触面积、增加进入电池箱的空气流量、提高空气流速等方式也可以有效提高空冷系统的冷却效率。此外，在空气流道中设置扰流板也能提高电池的冷却性能和温度均匀性。因此，综合考虑流道的几何形状、电池组的布置和气流形态等对风冷系统的散热速率的影响，对现有空气流道进行优化设计或开发新的冷却流道以提高风冷系统的冷却性能，是目前锂离子电池风冷系统需要重点研究的内容。

2. 液体冷却

液体冷却是使电池模块与冷却液直接或间接接触，通过冷却液的不断循环来带走电池所产生的热量，以达到冷却电池组的目的，其工作原理如图 4-5 所示。液体介质在泵的输送下流过电池与其进行换热温度升高，随后流入换热器与外界空气进行热量交换温度降低，再次流过电池实现不断循环。

根据冷却液与电池的接触方式不同，液冷系统可分为直接接触式和间接接触式两种，如图 4-6 所示。直接接触式液冷系统是将电池直接浸入冷却液，使电池组与冷却液直接接触，这种接触方式能很好地保证电池温度的一致性，但对电池包的密封性提出了较高的要求。为避免出现短路，直接接触式液冷系统一般选择具有绝缘性的冷却液，如硅基油、蓖麻油、矿

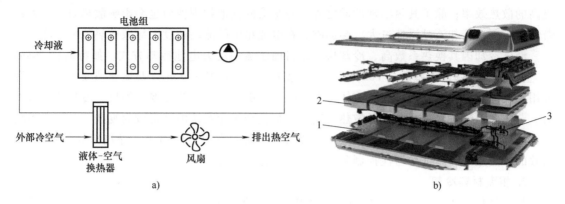

图 4-5 液冷系统工作原理
a) 液冷系统工作原理　b) 液冷系统实物
1—液冷板　2—电池模组　3—冷却液管道

物油等。而间接接触式液冷系统则是围绕电池布置夹套，或在电池底部/侧面布置液冷板，使冷却液不断流过电池表面来与电池进行换热。由于间接接触式液冷系统中冷却液不与电池直接接触，故对冷却液没有绝缘性要求，但为了避免冷却液泄漏或短路，要求管道具有良好的密封性。间接接触式的冷却液多为乙二醇和水。目前电动汽车所采用的液冷系统均为间接接触式，直接接触式液冷系统目前还未见应用。

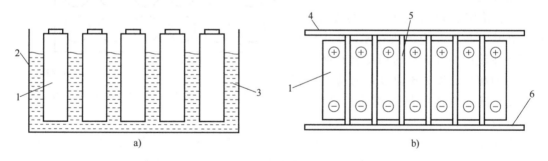

图 4-6 液冷系统接触方式
a) 直接接触式　b) 间接接触式
1—电芯　2—电池箱　3—冷却液　4—进口液体通道　5—液冷板　6—出口液体通道

与风冷系统相比，液冷系统对于环境的依赖性较弱，其冷却效果受安装位置的影响也较小。但液冷系统的冷却效果也受许多其他因素的影响，如冷却液流速、冷却液温度、冷却液性质以及冷板结构等都会影响液冷系统的冷却效果。冷却板上的流道设计对保证散热效果和温度一致性十分重要。蛇形流道的冷板在散热效果和温度一致性方面要优于平行流道式的冷板，但由于冷却液在流动的过程中温度升高，仍然可能导致电池温度不均匀的问题。而螺旋式流道的温度一致性较平行流道和蛇形流道结构的冷板要更好。较高的冷却液流速可以增强冷却液与电池之间的对流换热提高散热能力，但并不是随着流速的增加而无限增大的。随着流速的继续增大，冷却液与电池组出现热平衡，此时即使继续增大冷却液流速也不能达到更显著的散热效果，反而会增大水泵的负荷，因此设计合适的液流速度对于提高散热效果也十分重要。此外，冷却液的性质对于冷却效果也有较大影响，传热系数、比热容越大，意味着更高的散热效率;除了其热物理性质之外,冷却液的其他物理性质也会影响散热效果,如黏滞性。若所选冷却液黏滞性过大,会影响其在电池箱中的流动速度而导致散热效果下降。

液体冷却因其换热系数高、冷却快,是目前主流的动力电池冷却方式。如特斯拉 Model S、宝马 i3、雪佛兰沃蓝达(Volt)、吉利帝豪 EV、奥迪 Q5 e-tron 以及比亚迪秦 Plus EV 等采用三元锂电芯的车型均采用了液体冷却系统。但由于整个系统需要压缩机、冷凝器、蒸发器、节流阀等部件以及布置各种散热管路,使得整个液冷系统的结构较为复杂,生产成本较高,后续维护也比较麻烦。因此,液冷系统未来的研究方向更倾向于高导热率的传热介质、高效的散热效率和温度均匀性控制和系统的轻量化设计等。

3. 相变材料冷却

相变材料(Phase Change Material,PCM)是一种能在特定温度下发生相变、同时吸收或释放大量热量的物质,这部分热量被称为潜热,目前已被用作航空航天等领域的散热和保温材料。电动汽车相变材料冷却技术也是利用了其相变时温度几乎不变且能吸收大量潜热的特性。

图 4-7 所示为动力电池 PCM 冷却系统的结构,将电池组直接浸入到 PCM 材料中;或者采用夹套式结构,在电芯外部套一层 PCM,形成一个稍大的"电芯"再放入电池组中。

由于 PCM 冷却技术只依靠自身的融化潜热来吸收热量,所以 PCM 材料的热物理性质直接决定了 PCM 散热系统的效果。因此,在基于 PCM 的电池热管理系统中应具有以下性质:①所选择的相变材料必须具有合适的相变温度,该温度通常应高于环境温度,低于电池组热管理的最高温度;②要有较大的相变潜热、导热系数以及比热容来保证冷却效率和电池的温度一致性,在相变过程中体积变化小,过冷度小或没有过冷现象;③化学性质稳定、无毒无害、不易燃易爆,保证工作过程中的安全性;④尽量选择储量大、价格低的 PCM 材料以节约成本。

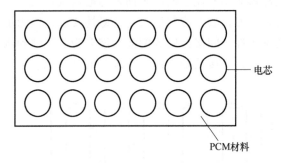

图 4-7 动力电池 PCM 冷却系统的结构

图 4-8 所示为额定容量为 10A·h 的 42110 型圆柱形磷酸铁锂电芯内部最高温度随 PCM 导热系数的变化曲线。从图中可以看出,随着 PCM 导热系数的提高,电池的最高温度呈下降趋势,这是因为 PCM 导热系数越大,热量能够及时地从 PCM 与电池的接触端传递至与外界环境的接触端,避免了与电池接触端的 PCM 熔化后由于导热系数低而导致电池热量向外传递热阻的增加。此外,从图中还可看出,当 PCM 热导率增加到一定数值后,电池最高温度的下降趋势较平缓(1.5~

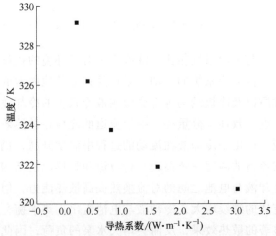

图 4-8 不同 PCM 导热系数下电池最高温度

$3.0W \cdot m^{-1} \cdot K^{-1}$ 段)。由此说明,当 PCM 的用量限定后,PCM 的热导率并不是越高越好,因此合理地设计 PCM 导热系数对于 PCM 散热系统而言十分重要。

但部分相变材料的导热系数较低,不能达到很好的散热效果,如目前被应用于电池散热的石蜡。针对这类相变材料,可以通过在相变材料中加入高导热率物质(如金属粉末、碳纤维、石墨等),或者将相变材料填入多孔介质(如铝泡沫)中,来组成高导热率相变复合材料以提高散热效率。

相变材料冷却系统具有结构简单紧凑、成本较低、不需要消耗额外的能量等优点。但同时也面临着如部分相变材料导热系数较低、温度较低时相变材料的热稳定性相对较差且相变材料冷却只能实现单次循环(即当相变材料全部由固态变为液态,不能很快地重新变回固态再次吸收热量)等问题,对此电池组往往需要携带足够的相变材料。此外,PCM 相变后体积变化对于电池系统空间设计和密封提出了要求。目前,PCM 冷却技术在电动汽车领域还未见应用,仍处于研究阶段。

4. 热管冷却

热管(Heat Pipe,HP)冷却技术是依靠热管内工作液体的相变进行高效传热的热传导器。其基本工作原理如图 4-9 所示。热管主体为一根密封的金属管壳,内部空腔中有少量工作介质,管内处于真空状态。整个热管可分为蒸发段、绝热段和冷凝段三部分,其中蒸发段与热源(即电池组)相连接,热管中的工作液在蒸发段吸收电池产生的热量变为蒸汽,在微弱压差作用下向上运动至冷凝段,在冷凝段由蒸汽转化为液体并释放热量,随后液流在重力或多孔材料的毛细力作用下沿管壁向下流回蒸发段,如此不断循环,将电池热量不断散入外界环境。

按照工作温度可将热管分为深冷热管(0~200K)、低温热管(200~550K)、中温热管(500~750K)、高温热管(750K 以上)和高熔点材料的高温热管(1300K 以上)5 种。以上各类热管通常所采用的工质及其具体工作温度范围见表 4-1。

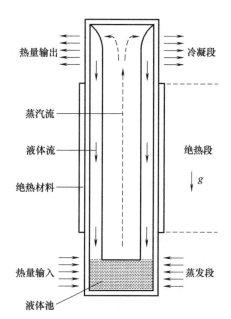

图 4-9 热管装置工作原理

由于热管冷却装置的冷却原理类似,也是通过工作介质的相变来传递热量,因此,工作液的热物理性质在一定程度上直接决定了热管的工作特性。故用于动力电池散热的热管工作液要具有良好的热物理性质;与壳体、吸液芯材料相容;无毒;对环境无污染;具有良好的热稳定性;适应热管的工作区温度,并由适当的饱和蒸汽压力。

热管具有导热系数高、等温性能好、热流密度可变和热流方向可逆、良好的环境适应性等优势,在动力电池的热管理领域有很大的发展、应用前景。但目前在新能源汽车中还未见应用,大都还处于研究阶段。目前研究中已使用的热管主要有:重力热管、烧结热管、脉动热管以及平板环路热管。此外,热管还可与其他冷却方式耦合使用,如热管-空气冷却、热管-液体冷却以及热管-相变材料冷却系统。

表 4-1　不同热管采用工质及工作温度范围

项目	工作介质	工作温度范围/℃
深冷热管	氦	−273~−269
	氢	−253~−243
	氖	−253~−243
	氮	−213~−196
低温热管	氨	−60~100
	R12	−40~100
	R11	−40~100
	R113	−10~100
中温热管	己烷	0~100
	丙酮	0~120
	乙醇	0~130
	甲醇	10~130
	甲苯	0~290
	水	30~250
	萘	147~350
	联苯	147~300
	导热姆 A	150~395
	导热姆 B	147~300
	汞	250~650
高温热管	钾	400~1000
	铯	400~1100
	钠	500~1200
高熔点材料的高温热管	锂	1000~1800
	银	1800~2300

5. 制冷剂直接冷却技术

制冷剂直接冷却技术即直冷技术,是目前电动汽车热管理领域中的一种新型却技术,其通过制冷剂的相变传热来吸收和导出电池所产生的热量,随后通过车载空调系统将热量散至外界。其基本原理如图 4-10 所示。

直冷系统一般由直冷板、空调压缩机、冷凝器、蒸发器、膨胀阀、过滤器、节流阀、传感器和管道等连接件组成。其中电池直冷板与车载空调系统中的内部蒸发器并联,并通过节流阀来调节系统中制冷剂的流量,以此来控制对电池的冷却强

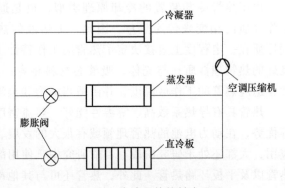

图 4-10　直冷系统的基本原理

度。由于电池直冷系统与车载空调系统共用一个制冷循环，因此直冷系统在提高电池冷却效率的同时还简化了电池热管理系统的结构。

制冷剂作为直冷系统中的导热媒介，是系统的核心组成部分之一，其性质将直接影响直冷系统的冷却效果、安全性、电池的最高温度以及温度一致性等因素，因此选择高效、匹配的制冷剂对直冷系统设计十分重要。一般制冷系统的制冷剂应具有较低的沸点、较高的蒸发潜热和临界温度、适宜的临界压力、无毒无害、符合环保要求、不易燃易爆、对于金属材料无腐蚀性以及与润滑油不会发生化学反应等特点。

车用制冷剂主要包括单质制冷剂和混合制冷剂两类。目前实车直冷系统所选用的单质制冷剂主要包括：氟利昂、氢氟烯烃（HFO）、碳氢化合物（HC）、无机制冷剂（如二氧化碳、氨）等。其中，氟利昂主要分为氟氯烃（CFC）、氢氟氯烃（HCFC）、氢氟烃（HFC）等。由于氟利昂类制冷剂对环境存在一定的破坏，目前正逐步退出汽车市场。而氢氟烯烃则是目前最为理想的单质制冷剂，其具有微燃性，且对环境友好，不会造成臭氧层破坏和温室效应。碳氢化合物类制冷剂具有良好的热物性参数和环保性，但该类制冷剂具有可燃性，存在一定的安全隐患。而无机制冷剂主要是二氧化碳、氨等小分子无机化合物，其存在着热物性参数较差，使用过程中压力较高，且某些无机制冷剂还有毒性和可燃性等问题。

由上述可知，单质制冷剂无法同时满足环境友好、安全和冷却效率高等要求。因此，开发了混合制冷剂来使制冷系统具有更加优越的性能。混合制冷剂是指基于单一制冷剂的多重制冷剂混合产品，是多种制冷剂的共沸混合（定压下蒸发或冷凝时，相变温度恒定不变，气液相组分相同）或非共沸混合（定压下蒸发或冷凝时，相变温度改变，气液相组分不同）。混合制冷剂相较于单质制冷剂，具有更加优越的性能，其能够兼具多种单一制冷剂的优点，如提高某些制冷剂的热物性参数和环保性等。虽然混合制冷剂具有更加优越的性能，具有广阔的研究与应用前景，但对混合制冷剂的研究还存在着许多问题，因此目前实车大都仍采用单质制冷剂。

直冷系统结构简单、系统质量轻、安全性高、散热效率高、温度一致性好，但成本相对其他冷却系统而言更高、控制策略较为复杂。由于直冷系统与空调系统共用同一个制冷循环，合理地设置控制策略来平衡电池与乘员舱的制冷需求，是制冷系统未来须解决的问题之一。直冷系统与其他冷却系统一样，制冷效果与温度一致性会受到一些因素的影响，如电池直冷板的内部流阻均匀性和分配器设计就会对电池的温度一致性产生影响，因此对直冷板的结构进行优化也是未来须解决的问题之一。此外，目前也有研究表明，在直冷板后接入降压装置可以有效改善直冷系统的均温性。直冷系统具有十分广阔的发展前景，但同时也面临着诸多需要解决的问题。

4.2.2 加热系统

由于低温会对锂离子电池的充放电性能、电池容量以及电池的安全性产生较大影响。因此，对于在低温环境中工作的电池，在充放电前对其预热十分重要。现有电池加热方法主要可分为外部加热和内部加热两大类。

1. 外部加热法

外部加热法是将加热功率从外部热源传输到锂离子电池，通常采用电阻丝并通过空气、液体等介质对电池进行外部加热，利用加热板、加热薄膜等加热元件直接与锂离子电池表面连接进行加热,以及通过相变材料的相变潜热来进行电池预热。主要的外部加热方法包括空气加热、液体加热、相变材料加热、热管加热和电热元件加热等。其中空气加热等4种电池加热技术的基本原理与其冷却技术相同,均可在其相应的冷却系统上集成热源装置来组成动力电池的热管理系统,图4-11所示为液体加热原理,其通过在冷却系统中加装热源装置来实现电池加热。本节不再对空气加热、液体加热、相变材料加热以及热管加热系统做过多介绍,主要介绍电热元件加热技术。

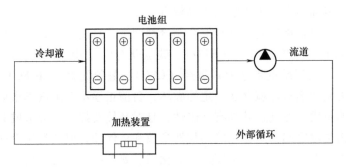

图4-11 液体加热原理

电热元件预热是将加热元件布置在电池组的表面(底面、顶面或侧面),通电后直接对电池进行加热。与前面提到的空气预热、液体预热、相变材料预热以及热管预热可在冷却系统上改造得到不同,电热元件预热需设置一套独立于冷却系统之外的加热装置。目前,主要的加热元件主要有珀耳帖效应元件、加热板(PTC)以及电热薄膜三种。

(1)珀耳帖效应元件 加热珀耳帖效应元件的加热原理如图4-12所示。通过铜片串联,当电流流过导体A、B的连接面时,会在连接面分别产生高温区和低温区,而从外界吸收热量或向外界释放热量(珀耳帖效应)。因此可通过改变流经导体的电流方向来对电池加热或冷却,且改变电流大小可以实现对加热或冷却强度的精确控制。

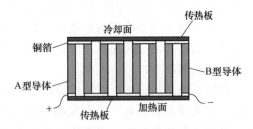

图4-12 加热珀耳帖效应元件加热原理

珀耳帖效应电热装置具有结构简单、能耗低、温度控制精度高等优点,但是该加热技术对电池组温度一致性的影响仍有待进一步研究。目前,珀耳帖效应元件电热技术在动力电池领域加热、冷却的研究和应用还较少。Bartek Kras 和 Marcin Ciosek 等人曾利用珀耳帖效应研发了主动式电池包热管理系统并装配在SAM EVⅡ电动汽车上,但具体结构并未公开。

(2)电热板加热 电热板加热是通过在电芯的较大表面上布置PTC电热板来对电芯进行加热。PTC加热板由PTC元件、导热金属板和引出导线组成,其中PTC元件由正温度系数材料(Positive Temperature Coefficient,PTC)制成,是PTC加热板的发热元件,其通过引出导线串入加热高压回路。在结构设计方面,PTC材料被绝缘密封于导热金属板内部,导热金属板用于导热、均热和维持结构强度。PTC加热板通过正温度系数材料实现对温度的调节。

图4-13所示为PTC材料通电后的温升曲线。从图中可看出,通电后5min内,电池的温度并未发生变化,但随着PTC材料的产热量不断增加,电池的温度开始逐渐上升。随着

PTC 材料与环境的热交换达到热平衡，电池的温度将会维持在某一数值。因此 PTC 加热板可以在加热过程中保持恒定的温度，有助于避免过热并确保电池运行安全，这是其独有的优势。在早期的电动汽车中，有部分车型曾使用该方法来对电池组进行加热，如三菱的 i-MiEV。

但是电热板体积较大，会对电池组的整体布置产生影响，难以在电动汽车热管理系统中推广应用。且该方法存在加热时间长、电池组的温度分布不均匀等问题，会一定程度上加剧电池的老化，影响其使用寿命和使用性能。PTC 底面加热与电热薄膜侧面加热的平均温升速率见表 4-2。从表中可看出，在相同的能耗下，PTC 底面加热的平均温升速率远小于电热薄膜侧面加热。电热板结构简单、布置方便，在北京市双源无轨电动公交客车上有所应用。

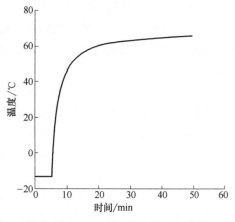

图 4-13　PTC 材料通电后温升曲线

表 4-2　不同加热方式的平均温升速率

电池初始温度/℃	-20	-20	-10	-10
加热方式	PTC 底部加热	电热薄膜侧面加热	PTC 底部加热	电热薄膜侧面加热
平均温升/℃	10.22	13.08	9.52	12.36
平均温升速率/(℃/h)	3.41	19.62	3.17	18.54

（3）电热薄膜加热　电热薄膜一般由电阻丝、绝缘包覆层、引出导线和插接件组成。在有些情况下，为了便于安装，包覆层的外表面会涂一层胶，电热膜一般安装在每个电池的最大表面上。电阻丝多为镍镉合金、铁铬合金或铜丝；绝缘包覆层一般可采用聚酰亚胺（PI）、硅胶或环氧树脂，这三种包覆材料均可起到绝缘作用。其中聚酰亚胺耐腐蚀，但易被毛刺刺穿而导致绝缘失效，硅胶的防刺穿能力较强，但不耐磨且不耐腐蚀，环氧树脂兼具了耐磨耐腐蚀能力，且防刺穿能力强，但其硬度高，内应力也较大。图 4-14 所示为电热薄膜加热系统的原理，电热薄膜被布置在电池的侧面，随后与电源并联起来，当电流流过电阻丝时，电阻丝产生焦耳热对电池进行加热。

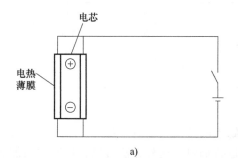
a)

b)

图 4-14　电热薄膜加热原理及实物

a) 电热薄膜加热原理　b) 电热薄膜实物图

电热薄膜与电热板相比厚度更小，所以对电池组的布局几乎没有影响；而且电热薄膜具有更高的温升速率、更低的能耗以及更好的温度一致性。但这种加热方法的不足之处在于对温度的实时控制受到电热薄膜形状的限制；此外，关于电热薄膜的安全性和可靠性还有待进一步研究。

电池组中所布置电热薄膜的数量会对电池的温度一致性产生影响，如在维持总加热功率恒定的前提下，减少电热薄膜的数量会降低电池模块的温度场一致性；此外，起始加热温度也会影响电池模块的温升速率、比能耗以及温度场的一致性，但影响不大；环境温度对电池模块的温度场一致性影响较大，对温升速率影响较小。

此外，对于电热薄膜加热系统而言，安装位置也是一个重要的设计参数，在相同的能耗条件下，安装在面积较大的侧面的加热效果要比安装在电池底部或顶端更好，具体表现为使电池系统具有更快的温升速度和更好的温度均匀性。常见的安装位置有模组侧边、模组底部和电池间隙三种方式。而对于模组侧边安装的方式又可分为单侧安装和双侧安装两种安装形式，如图4-15所示。

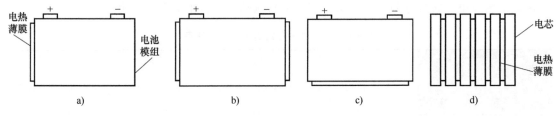

图 4-15　电热薄膜常见安装位置
a) 模组单侧　b) 模组双侧　c) 模组底部　d) 电池间隙

加热功率也是一个主要的设计参数，试验表明（表4-3），加热功率对电池模块的温升速率和比能耗存在一定影响。从表4-3可看出，使电池达到相同的平均温度所需的加热时间随着加热功率的提高迅速减少，其温升速率也由10W下的9.56℃/h增长到50W下的51.92℃/h。但是由于低功率下加热时间延长，耗散到环境中的热量较多，因此低功率加热能耗较高。但是电池箱内部气体流动缓慢，电池与空气的换热为自然对流，热量耗散较慢，因此虽然10W加热时间是50W加热时间的5倍，但其比能耗仅提高了8.6%。动力电池的预加热应考虑变功率加热。

表 4-3　不同加热功率的温升速率和比能耗

加热功率/W	10	20	30	40	50
加热时间/s	5650	2820	1760	1310	1040
温升速率/(℃/h)	9.56	19.15	30.68	41.22	51.92
比能耗/[W·h/(Kg·℃)]	0.513	0.512	0.479	0.476	0.472

2. 内部加热法

内部加热法是利用低温条件下电池内阻较大的特点，通过外部电源或电池自身能量来在电池内部产生大量热量，从内部直接对电池进行加热。这种方法可以在快速均匀加热电池的同时减少热量的损耗。内部加热法主要有电池自加热和电流励磁加热两类。

电池自加热技术是通过在电池内部安装加热元件来从内部对电解液与电极进行加热。

图 4-16 所示为自加热锂离子电池的结构，通过在电池内插入具有一定阻值的镍铬片来作为加热元件。镍铬片有两个端子：一个伸出至电池外端通过开关与电池正极相连称为激活端口；另一个端子则在电池内部与电池的阴极相连。当环境温度过低时，激活端口与正极之间的开关闭合，电流流过镍铬片产生焦耳热来对电池进行加热。结果显示，该自加热锂离子电池可以在 30s 内将电池从 -30℃ 加热至 0℃。但是自加热电池由于在内部增加了加热元件，改变了电池的原有结构，因此存在一定的安全隐患，并且成本较高；另外，自加热电池在加热过程中可能会造成很大的温差，不利于电池的健康。目前，国内宁德时代公司开发的自加热电池，可实现 6℃/min 的温升速率，电池温度从 -30℃ 升至 0℃ 仅需 5min。

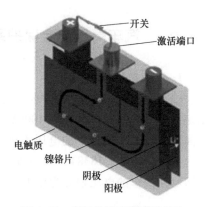

图 4-16 自加热锂离子电池结构

电流励磁加热是通过电池充/放电时内部阻抗会产生焦耳热的特性来对电池进行加热。根据电流性质的不同，可分为直流加热、交流加热、脉冲加热和混合加热。目前，电流励磁加热技术大都还处在研究阶段，因此此处仅做简要介绍。

直流电加热是利用锂离子电池自身放电时会产生热量的特性来加热电池，但是该方法在加热过程中会消耗电池较多的电量。若采用大电流恒流放电策略对电池进行加热，则还未将电池加热至目标温度，电池的电压就会低于截止电压。而且在低温下对电池进行大电流放电会加剧电池的锂沉积和容量衰减，对电池造成不可逆转的损害。因此对于直流加热策略，只能采用小电流进行加热，这样加热效率较低。此外，在低温环境下，直流加热容易出现锂离子沉积的现象，会对电池造成有害影响。因此在工程应用中很少采用直流加热策略。

交流电加热是将直流电通过某些电气元件转换为交流电，以此来对电池进行加热。交流电加热技术具有加热速度快、加热效率高、温度一致性好、对电池寿命影响较小等优点，是一种极具潜力的电池加热方式。对于交流电加热，电池的产热速率主要受交流电的均方根值和频率的影响。研究表明：增大均方根电流的大小和电流频率均可提高加热速率，其中增大电流的均方根值的加热速度比增大电流频率要快，但可能引发更多的锂离子沉积，对电池寿命产生不利影响。因此要合理设计交流电的均方根值和频率。

脉冲电流加热与交流电加热的基本原理相同，将直流电通过某些外接电路模块转化为脉冲电流，随后利用放电过程中内部阻抗产生的焦耳热来加热电池。脉冲电流加热具有比较高的加热效率和温度一致性，并且可以降低电池极化，不会产生明显的电池容量衰减。但是该加热方法对控制系统的要求极高，控制电路十分复杂。

混合电流加热即通过外接转换电路将直流电转换成不同类型的电流后进行叠加，再使其流过电池，通过内部阻抗所产生的焦耳热来从内部对电池进行加热。这种加热方法具有较高的加热效率，能够快速地对电池进行加热，且对电池的寿命影响较小，同时电池的端电压不会超过截止电压。但由于电流的复杂性，混合电流加热的控制系统也极其复杂。

4.3 汽车高压安全保护系统

1. 汽车电压等级分级

根据 GB/T 2900.50—2008《电工术语 发电、输电及配电 通用术语》的定义,低电压是指配电线路交流电压在 1000V 以下或直流电压在 1500V 以下的电接户线,高电压通常指高于 1000V(不含)的电压等级,特定情况下,指电力系统中输电的电压等级。

而根据 GB/T 18384.3—2015《电动汽车安全要求 第 3 部分:人员触电防护》规定,我国电动汽车的电压划分为以下几级,见表 4-4。

表 4-4 电动汽车电压等级分级

电压等级	最大工作电压/V	
	直流	交流(有效值)
A	$0 < U \leq 60$	$0 < U \leq 30$
B	$60 < U \leq 1500$	$30 < U \leq 1000$

2. 电动汽车高压系统组成

图 4-17 和图 4-18 所示为电动汽车高压系统的电路原理与组成部件,主要包括高压动力电池组、高压控制盒、永磁驱动电机、电机控制器、DC/DC 变换器、充电机、高压电缆、加热器等。根据主要部件在整车的布置方式可将汽车高压系统分为分体式和整体式。

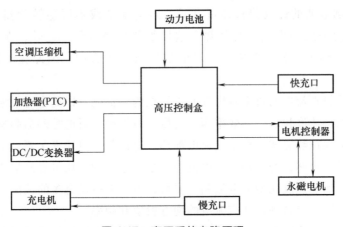

图 4-17 高压系统电路原理

(1) 动力电池组 动力电池组由多个电池模块或大量电芯组成,除此之外,还包括电池管理系统(Battery Management System,BMS)、电池箱体及传感器、连接管线等辅助元件,通过高/低压接口与整车电气系统进行连接。动力电池组是整车的能源核心,负责为整车的各个电气系统提供电能。因此,电池组的工作状态和使用寿命对于电动汽车而言有着极其重要的影响,而电动汽车中独有的 BMS 能够对电池组的工作状态进行动态监测,根据监测结果判断动力电池组是否存在异常,避免电池组出现过充电或过放电,均衡电池间的能量,对电池组进行综合管理,以保证电池组时刻处于正常的工作状态,防止电池出现损伤和性能下降,延长其使用寿命。

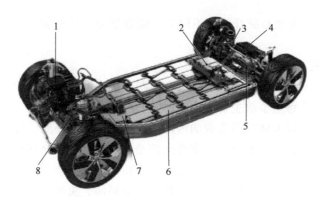

图 4-18 电动汽车高压系统组成部件
1—高压充电机 2—电池管理系统 3—高压电缆（橙色） 4—组合式高压逆变器和高压至低压 DC/DC 变换器 5—高压电机 6—高压蓄电池组 7—高压蓄电池充电端口 8—高压电机

（2）高压控制盒　高压控制盒用于分配整车高压电能，目前的电动汽车多采用集中式配电方案，即将动力电池的高压电接入高压控制盒后根据需求进行电能分配。除此之外，高压控制盒还设置有熔断器等保护装置，当电气系统中某部分出现过电流、过电压或过温现象时，及时断开该部分电路，避免出现安全事故。

（3）驱动电机及电机控制器　驱动电机将动力电池输出的电能转化为机械能以驱动汽车运动，电动汽车中的驱动电机多采用永磁驱动电机（PMSM），其具有质量小、效率高等特点。但 PMSM 所需要的电流为交流电，而动力电池输出的电流为直流电，因此需要设置专门的电机控制器来对电流进行转换以满足 PMSM 的要求。除此之外，电机控制器还会采集电机的运行信息以实现对电机运动的精确控制。

（4）DC/DC 变换器　由于电动汽车中的电气系统所使用的电压等级并不是统一的，包括高压系统和低压系统，而电池组所提供的电流为高压电流，无法直接用于汽车上的某些低压系统，因此便需要设置高压转低压 DC/DC 变换器来降低电压。除高压转低压 DC/DC 变换器外，电动汽车中一般还设置有高压转高压和低压稳压 DC/DC 变换器。

（5）车载充电机　由于我国电网采用的电流类型为交流电，而电动汽车电池组为直流电，无法直接将电池组接入电网进行充电。因此需要在电动汽车中设置充电机，将电网中的交流电转换为直流电后充入电池组中。

3. 电流对人体的作用

图 4-19 所示为不同电流强度的直流电流（DC）和 60Hz 交流电流（AC）对人体的影响。如图 4-19a 所示，人体受到 1mA 以下的直流电时会产生轻微震感；而当电流强度达到 1~5mA 时会开始感受到电流的存在；当电流强度达到 5~62mA 时会开始产生疼痛；当电流强度达到 62~76mA 时会感到剧痛，并出现呼吸困难的现象；当电流强度达到 76~90mA 时会出现因肌肉痉挛而无法松手的现象；而当电

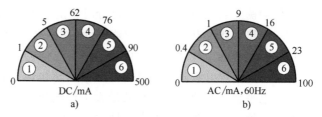

图 4-19 直流电流和交流电流对人体的影响
a) 直流电流　b) 交流电流
1—轻微震感 2—感知临界值（有感觉的某个点）
3—疼痛 4—剧痛，呼吸困难 5—无法松手 6—心脏纤颤

流强度超过 90mA 时会导致心脏纤颤。不同交流电强度对人体的影响如图 4-19b 所示，此处不再赘述。

4. 汽车触电事故

触电是指人体直接接触带电体，或者带电体与人体之间发生电弧放电时，电流直接通过人体的现象。电动汽车触电事故主要的伤害形式有电击和电伤两种。

电击是指当电流通过人体时所造成的内部伤害会影响人的心脏、肺部、神经系统等组织的正常工作，使人出现痉挛、窒息、心室纤维颤动、心搏骤停甚至死亡等现象，可分为直接接触式电击和间接接触式电击两种。而电伤则是指由电流的热效应、化学效应、机械效应对人体外部组织或器官造成的局部伤害，如电灼伤、电烙印、机械损伤、皮肤金属化等。

电动汽车中高压电气部件的电压多在 300V 以上，远远超过了人体所能承受的电压，极易造成重大触电安全事故。因此，做好电动汽车高压系统的安全防护，防止发生触电事故是极为重要的。下面将对电动汽车的高压安全保护系统进行介绍，主要包括高压绝缘保护、充电高压安全和维修高压安全三个方面。

4.3.1 电动汽车高压绝缘保护

通过前文的介绍，可知电流对于人体的伤害是极大的，因此对电动汽车的高压电气系统进行绝缘防护、避免触电事故的发生十分重要。对于前文所介绍的电动汽车中的 A 级电路和 B 级电路，一般要求 B 级电路中的任何带电部件都必须设置相应的绝缘防护措施，而 A 级电路一般不做要求。B 级电路触电防护方法主要包括基本防护方法和单点失效防护方法两种，下面将分别对其进行介绍。

1. 基本防护方法

基本防护方法是指防止人员与带电部分直接接触的防护措施。例如：对电路包覆绝缘油漆、包覆绝缘胶皮等绝缘材料；或设置隔离栅栏和外壳将带电部分隔开，使人员无法接触到带电部分。若采用隔离栅栏或外壳来进行防护，则所采用的隔离栅栏和外壳应具有一定的强度，避免非专业维修人员强行破坏栅栏与外壳而发生触电事故。对于可以打开的隔离栅栏和外壳，应提供锁定功能，只能通过专门的工具或钥匙打开，防止非专业人员私自打开或误开导致触电事故，或通过设置高压互锁等方式来使电路部分断电。

2. 单点失效防护方法

单点失效的情况下的防护方法主要包括电位均衡、电容耦合和断电三种。

（1）电位均衡 电位均衡是指将电气设备中外露的可导电部分连接到电平台以保持各部分电位均衡。当人体触碰到带电部分时，由于各裸露部分均已进行了等电路连接，各处都处于同一电位，此时电势差可以忽略不计，将不会产生大电流而出现触电事故。

（2）电容耦合 B 级电压电位和电平台之间的电容耦合通常由 Y 电容器或寄生电容耦合产生，用来实现电磁兼容。当人与 B 级直流电压接触时，应满足任何带电的 B 级电压带电部件和电平台之间的总电容在其最大工作电压时所存储的能量应小于 0.2J，或 B 级电路至少有两层绝缘层、遮栏或外壳，且这些遮栏或外壳应能承受不低于 10kPa 的压强，不发生明显的塑性变形。

（3）断电 除上述两种防护方式外，还可以通过直接切断电路来避免单点失效情况下发生触电事故。当电路在汽车生产商所设定的时间内出现交流电路电压应降低到 AC 30V

(有效值)、直流电路电压降低到 DC 60V 或电路存储的总能量小于 0.2J 时,可对该电路进行断电操作。

3. 绝缘防护性能测试

绝缘防护方法原则上应当在充电接口断开的状态下,在车辆的每个 B 级电压电路中进行试验确认以保证电气系统的安全。如果对于整车安全没有影响,B 级电压电路的组件和部件可以单独在车外测量。目前,绝缘防护的试验方法主要分为绝缘电阻的测量、耐电压性试验和电位均衡连续性试验三部分。

(1) 测量绝缘电阻 测量绝缘电阻之前,被测设备应在温度为 5℃±2℃ 的条件下准备至少 8h,而后进行温度为 23℃±5℃、湿度为 90^{+10}_{-5}%、气压为 86~106kPa 条件下的 8h 测量段,以达到露点。若其他环境参数可以在测量阶段很快达到露点,则可以采用其他环境参数。绝缘电阻的测量应在出现露点的阶段,以适当的频次进行测量,以便得到绝缘电阻的最小值。在对电力系统负载进行绝缘电阻测量时,测试电压应是不小于 B 级电力系统的最大工作电压的直流电压。B 级电压电力系统负载带电部分相对于电平台和相对于辅助电力系统负载带电部分(A 级电压)的绝缘电阻的测量要求为:REESS 的端子应从电力系统中断开;B 级电压电力系统除了动力电池(燃料电池堆、电容器)之外的电源也需要将端子从电力系统中断开,如果无法断开要停止能量供给;电阻的测量应包括遮栏/外壳,除非能证明该遮栏/外壳不参与绝缘防护;电力系统负载(B 级电压)所有带电部分应互相连接;电力系统负载所有外露可导电部分应与电平台相连接;辅助电力系统负载(A 级电压)的电池终端应从辅助电路中断开;辅助电力系统负载(A 级电压)所有带电部分应与电平台相连接;测试电压应加载在相互连接的 B 级电压电力系统负载带电部分和电平台之间。REESS 绝缘电阻的测量应按照节中的要求进行。整个 B 级电压电路绝缘电阻的测量可以按照对于 REESS 的测量方法进行,其中电力系统负载连接到 B 级电压电源。绝缘电阻的要求为在最高工作电压下,直流电路绝缘电阻应不低于 100Ω/V,交流电路应不低于 500Ω/V。如果直流和交流的 B 级电压电路可导电地连接在了一起,则组合电路至少满足 500Ω/V 的要求,或在交流电路至少使用了一种附加防护方法的情况下满足不低于 100Ω/V 的要求。

(2) 耐电压性试验 试验条件为在温度 30℃±2℃ 的环境下足够的时间直到温度保持不变,或在温度为 23℃±2℃、相对湿度为 93%±5%、气压为 86~106kPa 的环境下放置 48h。耐电压性试验应包括遮栏/外壳,对于连接到电网的组件的试验电压采取如下试验步骤:施加频率为 50~60Hz 的交流试验电压 1min,如果采取基本绝缘,施加 (2U+1000) V(rms)的交流电压,如果采取双重绝缘和加强绝缘,施加 (2U+3250) V(rms)的交流电压,U 为组件所连接的电路的最高工作电压,等效直流试验电压是交流电压值的 1.41 倍。耐电压性要求为耐电压性试验中,不发生介质击穿或闪络现象。

(3) 电位均衡连续性试验 测试需要在任何两个外露导电部分施加一个测试的直流电,该直流的测试电流不小于 1A,电压低于 60V,且测试持续不小于 5s。被测路径应隔离在其他电路径外,这些导电部分应分别包括 B 级电压组件的外壳,分别连接到车辆电平台或遮栏/外壳的连接件。测试应测量任何距离达到 2.5m 的两个外露导电部分之间的电压,该距离为人通常能够到的距离。

4. 绝缘防护模拟测试

除对电动汽车高压绝缘系统进行绝缘电阻测量等实验外,在实际过程中还需要考虑主要

四种特殊情形,即清洗、暴雨、涉水和浸水,GB/T 18384—2020《电动汽车安全要求》对模拟试验的规定如下:

1) 模拟清洗试验模拟的是电动汽车正常清洗的情况,不包括使用高压水枪冲洗和车身底部的特殊清洗。试验涉及电动汽车安全的危险区域是边界线,即两个部件间的密封,例如:活板、可打开部件的外沿、玻璃密封圈、前立柱的边界、灯的密封圈。试验所使用的为 GB 4208—2017 标准中 IPX5 的软管喷嘴,以流量为 12.5L/min±5L/min、0.10m/s±0.05m/s 的速度,在所有可能的方向向所有的边界线喷干净水,喷嘴至边界线的距离为 3m±0.5m。

2) 模拟涉水试验模拟的是电动汽车经过发大水的街道或水洼的情况。汽车应在 100mm 深的水池中,以 20km/h±2km/h 的速度行驶至少 500m,时间大约为 1.5min。如果水池长度小于 500m,应重复试验使涉水距离累计不小于 500m,包括车辆在水池外的总试验时间应少于 10min。

如果绝缘电阻监控系统发现绝缘电阻低于要求,会通过一个明显的信号装置提示驾驶人;如果车辆行驶过程中绝缘电阻降低到厂商规定的危险状态,那么手动或自动进入驱动系统电源切断模式时都能将电路断开。如果无绝缘电阻监控系统,则每次试验后(车辆仍是湿的),车辆应按照试验步骤测量绝缘电阻,绝缘电阻应符合 GB/T 31498—2021《电动汽车碰撞后安全要求》;在车辆放置 24h 后,再按试验步骤测量绝缘电阻,绝缘电阻应满足 GB/T 31498—2021 的要求。

3) 模拟浸水。GB 38032—2020《电动客车安全要求》对整车浸水情况进行了要求,安装在客舱地板以下且距地面 500mm 以下的 B 级电压电气设备和与 B 级电压部件相连的插接器(充电口除外),须进行浸水试验。车辆在断开 A 级电压电路和 B 级电压电路的状态下,在深 500mm 的水池中浸泡 24h 之后,将车辆拖至地面空旷处,将点火开关置于 ON 档,2h 内车辆应不冒烟、不起火、不爆炸。

4.3.2 电动汽车充电高压安全

通过充电桩、电缆、充电枪等组件将电网中的电能充入动力电池的传导充电方式是目前电动汽车的主要充电方式。传导式充电根据电流形式的不同,可分为交流充电和直流充电两种,其中交流充电即"慢充",直流充电即"快充"。

目前,国内外均已制定了绝缘、漏电、过热、通信等基本安全保护标准。但如何有效分析电动汽车与充电设备之间多类故障的发生机理、进一步建立完备的充电安全防护体系仍是研究的热点问题。

1. 影响充电安全的因素

影响电动汽车充电安全的因素很多,如湿度和温度等环境因素、动力电池自身、充电设备、充电功率等设备因素。下面将从动力电池和充电桩两个方面进行总结。

(1) 动力电池对充电安全的影响 电动汽车动力电池的工作环境十分繁杂,在工作过程中可能会经历机械滥用、液体浸泡、过度充放电以及内部短路等情况,导致电池内部温度上升。当温度上升达到一定程度时,电池内部可能会出现正极材料分解、负极材料嵌锂、隔膜融化、电解液被氧化进而剧烈燃烧等现象,以及电池温度急剧升高导致热失控事件。下面将从内部短路、过充、隔膜、电解质材料、电池组一致性以及周边环境等方面逐一介绍影响电池充电安全性的相关因素与作用机理。

1)内部短路:内部短路是引起电池热失控最常见的原因之一,当电池内部出现短路后,会在短时间内产生巨大的电流并产生大量的热量,导致电池温度迅速上升,从而发生安全事故。根据触发机制的不同,内部短路包括过充电/放电导致的内短路、机械损毁导致的内短路和自引发内短路。

2)过充电:过充电是指当电池已经充满后,外部继续对电池进行充电,这样将会使电池处于一个不安全的充电状态,存在发生安全事故的风险。而引起电池过充电的原因有很多,如系统故障、错误的充电方法、过高的环境温度等都可能导致电池出现过充电。

3)隔膜以及电解液材质:隔膜是电芯的组成元件之一,置于电池的正/负电极之间,其作用是防止正负电极直接接触而导致内部短路。隔膜材料的性质和力学性能直接影响着动力电池的安全性,选择合适的隔膜材料、设计合理的材料参数可以有效提高电池在充电时的安全性。电解液会随着电池充放电次数的不断增加而出现降解效应,且电解液具有可燃性,当电池出现热失控时其可能发生燃烧。

4)电池组一致性:电池生产过程中的误差将直接影响电池内部结构,进而导致电池容量、内部电阻、电芯电压等参数出现差异。这些电池在出厂检测时性能可能呈现出一致性,但随着不断地充放电,这种差异性会逐渐积累,使电池的性能出现差异,从而导致出现过充电等现象,甚至引发安全事故。

5)周边环境:环境因素对于电动汽车充电安全也有着十分重要的影响。如当环境温度过低时,锂离子电池的活性下降,电池负极石墨的嵌入能力较差,此时如果以较大的电流进行充电,可能导致电池出现热失控,并且负极表面容易析锂产生枝晶,造成电池容量衰退,甚至刺穿隔膜造成内部短路。

(2)充电桩对充电安全的影响 NB/T 33002—2018《电动汽车交流充电桩技术条件》和 NB/T 33008.2—2018《电动汽车充电设备检验试验规范 第 2 部分:交流充电桩》中对充电桩的安全性能做出了明确要求,并规范了有关试验条件,主要包括绝缘耐压防护、环境保护、雷电防护等。通过参考 GB/T 27930—2015《电动汽车非车载传导式充电机与电池管理系统之间的通信协议》,下面将从绝缘问题、通信协议失效及通信威胁、设备元件老化失效问题、环境因素几个方面来进行分析。

1)绝缘问题:充电桩等充电设备的绝缘设计主要包括充电设备外壳防护能力、电气间隙、爬电距离、介电强度、绝缘电阻等。其中对于充电桩的外壳防护性能,NB/T 33002—2018 中要求室内充电桩应达到 IP32,而室外充电桩应达到 IP54;电气间隙和爬电距离的围观环境决定了对绝缘的影响;绝缘材料的介电强度影响着充电桩的抗电性能,介电强度越大,材料抗电性能越好,对于绝缘材料的介电强度,GB/T 18487.1—2015《电动汽车传导充电系统 第 1 部分:通用要求》中要求,绝缘材料在规定试验过程中不应出现绝缘击穿和闪络现象;而对于充电桩的绝缘电阻,GB/T 18487.1—2015 中也做出了明确规定,即在供电设备连接的各回路之间,绝缘电阻应大于 10MΩ。

2)通信协议失效及通信威胁:在电动汽车的充电过程中,通信系统的安全性与可靠性对于保障充电安全极为重要。若充电桩与电动汽车之间的通信协议不匹配或不兼容,则将无法对电动汽车进行充电。且当充电桩和汽车中任意一方接收或发出的报文出现错误时,将会引起充电中断或者过充电,严重时甚至会导致电动汽车及充电设备发生自燃。例如当电池完成充电后,电池管理系统将发出信号停止充电,若此时电池管理系统出现故障,则导致电池出现过充电。针对这种情况，GB/T 27930—2015 指出，除特殊情况外，充电过程中的任意一个阶段在 5s 内未接收到对方报文或者接收到的报文格式不正确，则判定为通信超时，需要采取相应操作以保证充电设备的安全性。

3）设备元件老化失效问题：对于设置在室外的露天充电桩，其在工作过程中会面临高温暴晒、泡水、低温等各种恶劣的工作环境。若长期处于这种条件下，将会使充电桩的充电模块、绝缘防护件等迅速老化，从而导致充电桩出现故障、防护失效等问题，造成安全事故。

4）环境因素：对于设置在室外的充电桩，环境因素也会极大地影响其安全性能。例如：在雷雨天气，充电设施可能会容易引发带电反应、受到雷击等，而使其内部电路结构被破坏甚至烧毁；或者充电桩的密封失效，可能导致内部浸水，从而引起充电桩故障，威胁充电安全。

2. 充电安全防护措施

（1）电池充电防护技术　通过分析电池热失控的触发及扩展机理，将电动汽车的电池的充电保护措施分为内短路检测防护技术、电池过充电机理分析与诊断防护技术、电池均衡技术、高稳定电池材料的研发应用和电池状态参数监测与故障诊断方法 5 个方面。

1）内短路检测防护技术：通过检测电池的某些特征参数来判断电池内部是否发生了短路。该技术能有效提高电池的充电安全性。目前有两种内部短路检测方法：一种是基于直接特征；另一种则是基于间接特征。由于电池在出现内部短路后，其电压会下降，而电流大小和电池温度会不断升高，因此，基于直接特征的内部短路检测技术，便是通过监测电池的电流、电压、电池温度等参数的变化情况来判断电池内部是否发生了内部短路。而基于间接特征的内部检测技术则是通过构件电池的等效模型来实现内部短路的检测。

2）电池过充电机理分析与诊断防护技术：电池过充电机理、防护材料、过充电诊断建模等各方面都已经有了非常深入的研究，副反应是锂离子电池发生过充电的主要隐患，因此需要采取相关措施来规避过充电副反应所引起的热失控风险。其中，研制新的过充电防护材料是一种简单经济、从根源降低过充电问题发生风险的有效途径。

3）电池均衡技术：动力电池组是通过将多个电芯串/并联得到的，而由于加工的误差、电池所处的工作环境不同等因素，会导致电芯之间存在性能差异。在刚出厂时这种性能差异不会十分明显，但随着不断地使用，电芯间的这种差异会越来越大，最终可能影响到电动汽车的安全性，例如可能出现某些电池还未充满，而部分电池已经处于过充电状态了。因此，电池均衡技术对于电动汽车而言十分重要。不同的电池组均衡方法见表 4-5。

表 4-5　各种电池组均衡方法

方法	优缺点
耗散型分流均衡法	优点：能耗低、扩展性强、方便模块化设计 缺点：存在热管理问题，并且仅适用于功率小的电池组
完全分流均衡法	优点：平衡电流大、均衡速度较快 缺点：成本高，同时对充电器输出电压的变化范围要求严格
同构 CE 均衡法	优点：能够实现电池组充放电能量的无损均衡 缺点：对电池电压监测技术要求严格，同时该方法的均衡电路结构比较复杂
多切换电容法	优点：对控制系统的智能程度要求不高、电路结构比较简单 缺点：对电压的敏感度低、均衡精确度不高

(续)

方法	优缺点
单切换电容法	优点：仅需要一个切换电容，经济性好 缺点：均衡周期受电芯数量约束，均衡速度较慢
多绕组变压器法	优点：效率高，且不需要闭环控制与电压监测设备 缺点：可扩展性不强，可裁剪性一般，另外，设计多绕组变压器难度较大
切换变压器法	优点：成本较为经济、电路设计难度较低 缺点：电路损耗较大、均衡效率较低

4）高稳定电池材料的研发和应用：通过开发性能更加优越的电极材料、隔膜材料和电解液材料，可以从根本上防止内部短路和热失控的发生。对于电极材料，主要包括表面包覆和掺杂改性两方面内容；对于隔膜材料，可以通过开发新的高强度隔膜材料或通过热处理、喷涂涂层材料等方式来增加隔膜的机械强度，提高电池安全性；对于电解液，研究热稳定性更好的锂盐和阻燃性更好的添加剂也能提高电池的安全性。

5）电池状态参数监测与故障诊断方法：电动汽车中的电池管理系统（BMS）对于电池充放电安全和使用性能起着十分重要的作用。在电池充放电时对电池的电压、电流、荷电数以及电池温度进行实时监控，使电池处于正常的工作状态，并在电池充满后及时发出信号停止充电，防止出现过充电。因此，BMS 的好坏直接影响着电池的充电安全。除此之外，还应改进电池故障的诊断方法。

（2）充电设备充电防护技术 通过前文介绍的充电桩对于电动汽车充电安全的影响，可知当充电桩等充电设备出现故障时，极易对电动汽车、充电设备和人员造成伤害。因此，需要设置一些充电设备防护措施，主要包括绝缘防护技术、通信安全防护技术、设备老化预测及防护技术。

1）绝缘防护技术：充电设备的绝缘防护技术可分为直接和间接触电防护两类：直接触电防护是对人员能够接触到的部分做绝缘化处理；间接触电防护则是当出现充电桩输出电流混乱、带电体裸露等情况时终止充电。此外，充电装置还应实时对电池的充电状态进行检测，当电池出现异常情况时，应及时断开电源。

2）通信安全防护技术：目前常用的充电桩通信结构如图 4-20 所示，主要包括充电数据的实时上传、储存与共享，充电信息交互，充电过程控制，使用者实名认证等内容。目前针

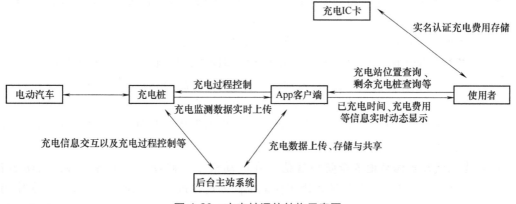

图 4-20　充电桩通信结构示意图

对电动汽车-充电桩通信之间的安全问题,主要还是充电桩与单一主体的数据交互安全,另外,与多类主体进行信息交互安全的研究仍有待完善。

3) 设备老化预测及防护技术:前文分析了设备老化会增加汽车充电时发生安全事故的风险。因此,通过对充电桩关键模块进行老化机理分析和老化曲线预测等方式能有效提高设备的安全性,并延长设备的使用寿命。此外,还应加强对充电桩的检修力度,及时更换老化的零部件,降低发生安全事故的风险。

此外,还可以考虑从完善充电安全相关的标准、搭建更为完善的充电安全数据库、建立可信度更高的电池故障诊断模型、建立更加健全的充电设备动态监测与故障预警机制等方面来提高对电动汽车一体化安全防护。而加强面向电能质量波动的充电安全防护技术也是充电安全的重要研究方向。电网中电能的质量对于充电设备的稳定运行有着很大的影响。如电网中的电压频繁发生波动可能会导致充电桩中的整流模块过热出现故障。

4.3.3 电动汽车维修高压安全

汽车维修是指专门的维修人员运用自己的专业技能知识对有故障的汽车进行修理,以使汽车能再次安全地使用和行驶。而在维修过程中需要保证维修人员的安全,这同样适用于智能电动汽车。对于携带有高压电气系统的电动汽车,为了保证维修人员的安全,应严格遵守相关的安全准则和规范,并按照规定流程来进行维修,以避免安全事故的发生。

1. 维修安全准则、规范

在电动汽车维修过程中,应严格遵守以下准则与规范,以确保维修安全。主要包括:基本安全准则、维修人员规范、维修场地安全防护规范以及故障检修思路。

(1) 基本安全准则 电动汽车维修的基本安全准则主要包括以下7点。

1) 在作业前关闭点火开关,并将钥匙拔下或将电动汽车的智能钥匙移至探测距离以外。

2) 在拔下维修塞时,应根据要求按压规定的按键。

3) 在断开高压系统后应将汽车静置10min以上,让高压电容器充分放完所有储存的电荷后方可进行下一步操作。

4) 在汽车静置结束后,应对电动汽车变频器输入和输出端子的电压进行测量,确认无电压后方可接触电路元器件。

5) 对于已断开的高压线路和插接器,须利用绝缘胶带进行包裹遮盖,防止高压系统再激活。

6) 在维修过程中必须按照要求穿戴绝缘服、使用绝缘工具。

7) 进行高压维护时,应由不少于两名人员协同操作,且须配置一名专职监护人员。

(2) 电动汽车维修人员规范 为避免和减少维修过程中出现安全事故,对于从事维修工作的人员也有一定的要求与规范。如携带或体内植入有维持生命和健康的电子医疗器械的人员不得从事电动汽车维修、色盲或严重色弱人员也不得从事电动汽车维修、电动汽车维修人员必须接受过专业培训等。

(3) 电动汽车维修场地安全防护规范 在电动汽车维修场地应配备完善的消防装备、隔离装备以及防护装备等。防护装备用于保证维修人员在进行高压维修时的安全,在使用之前须进行常规检验,而对于已经投入使用的个体防护装备和绝缘安全器具,应定期进行预防性试验，避免维修过程中出现安全事故，具体内容见表4-6。防护装备主要包括个体防护装备、绝缘安全器具和安全警示标识三种。其中个体防护装备又分为绝缘和非绝缘装备。部分个体防护装备如图4-21所示。

图4-22所示为三种不同的警示标志。其中红色警示标志表示车辆目前处于激活状态，由于蓄电池接触器出现故障，无法将高压蓄电池与混合动力系统隔离，不允许专业技术人员对带电车辆执行操作。黄色警示标志表示汽车动力系统完整且操作正常，但还未进行蓄电池隔离操作。绿色警示标志则表示该车辆已停用动力系统，且高压蓄电池已隔离，可以进行后续维修操作。

图4-21 部分个体防护装备
1—橡胶手套（0级，1kV） 2—安全防护柱 3—面罩
4—非导电安全救援挂钩（额定电压1kV） 5—安全防护链条

表4-6 个体防护装备和绝缘安全器具检查内容

个体防护装备（绝缘）	常 规 检 查
绝缘手套	检查表面是否光滑，应无霉变、针孔、裂纹、砂眼、割伤等明显缺陷或明显波纹；检查是否有粘连和漏气现象
绝缘鞋	检查绝缘鞋底以及表面是否有损伤、磨损或破漏、划痕等；检查是否超过有效试验期
绝缘帽	观察绝缘表面有无破损
绝缘垫	检查绝缘防护垫表面有无裂痕、砂眼、老化、局部隆起、切口、夹杂导电异物、折缝、空隙等现象；放置绝缘垫并用绝缘电阻表检测绝缘性能，绝缘电阻值应大于500MΩ
绝缘组合工具	检查绝缘材料完好无孔洞、裂纹等破损；检查绝缘材料是否牢固地黏附在导电部件上；检查金属工具的裸露部分是否有锈蚀，标志是否清晰完整
绝缘检测仪器仪表	检查线束以及表面是否有破损；检查性能并进行校零

图4-22 警示标签

（4）电动汽车故障的检修思路 由于电动汽车的电气化程度极高，使得检修电动汽车的难度要高于燃油车，尤其是在故障诊断方面。因此对于电动汽车维修人员而言，应具备丰富的维修技术知识，具有明确的故障诊断思路，了解正确的故障排查流程。目前，常用的故障检修基本方法主要有互换比较法、分离判断法和"故障树"分析法三种。

1）互换比较法。准备两辆相同的汽车，通过交换使用两个以上相同的零件来观察两车发生的变化，对故障进行合理的判断。

2）分离判断法。如果系统与系统之间存在信号连接，就会产生一定的干扰影响判断，在这种情况下必须分离零部件或者将其拆除。如果零部件被撤离后，其他系统的功能立刻恢复了正常，则表明被拆掉或分离的元件存在一定程度的故障。

3）"故障树"分析法。主要是通过汽车的工作特征与技术状况之间的内在联系绘制相应的树枝状图形，系统分析出现故障的根本原因，通过逻辑代数运算，了解故障发生的概率，对于复杂性比较强的故障使用该方法较为合适。

2. 维修流程

电动汽车高压系统维修操作应按照规定流程来进行，以免造成安全事故，具体维修操作流程如图4-23所示，主要包括高压断电前作业、高压断电作业、维修作业和高压系统激活四大部分。

1）高压断电前作业是在进行高压断电操作前，在作业场地放置隔离装置，防止其他无关人员进入作业区域；还需要对作业区域进行严格的检查，如消防设备配备是否齐全、警示标志是否张贴到位和清晰、绝缘辅助工具是否满足绝缘要求；同时检查工作人员是否摘除了无关的金属物品，是否按照规定穿着专门的工作服等；最后，确定整车维修方案。

2）高压断电作业包括断开高压系统连接、确认高压系统断电、防止高压系统再激活和检查接地四步。在断开高压系统连接前，首先应关闭汽车电源并摘下起动钥匙；随后断开辅助电池的负极端子，并将汽车静置5~10min，使高压容器放电；在断开高压系统连接后，须利用万用表等专业设备确认高压系统是否已断电，若检测仍存在电荷，则应进行放电处理；随后对已经实现分离的带电部件的连接处进行遮盖，以避免高压系统再次激活导致维修人员触电；最后检查是否已经接地。在作业过程中，应严格按照各步骤的先后顺序进行操作，不得随意更改操作顺序，避免出现安全事故。

3）当完成高压断电前作业和高压断电作业后，方可进行维修作业，在维修作业中应严格按照所制定的维修方案进行操作，并遵守安全操作准则。电动汽车高压系统维修作业过程如图4-23所示。当完成维修作业后，再次激活汽车高压电系统。

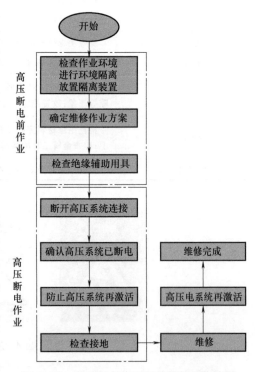

图4-23 电动汽车高压系统维修操作流程

针对智能电动汽车的维修作业，首先，应该重视对专业智能电动汽车维修人员的培训，掌握充分的维修知识；其次，应研发和配置用于维修智能电动汽车的专业设备，降低发生触电事故的风险；最后，要制定更加完善的操作规程和安全法规，并严格执行。

思 考 题

1. 请简述电池热管理系统的功能。
2. 请简述设置电池热管理系统的必要性。
3. 请简述空气冷却系统与液体冷却系统的基本原理并对比其优缺点。
4. 直冷系统的制冷剂应具有哪些特点?
5. 动力电池加热系统有哪些加热方式?各自具有哪些优缺点?
6. 文中所介绍的自加热锂电池存在温度均匀性不佳的情况,有什么方法可提高其温度均匀性?
7. 请简述电动汽车高压系统的部件组成及作用。
8. 请简述动力电池安全特性及高压防护方法。
9. 锂离子电池的"热失控"有哪几种情况?
10. 简述电动汽车快充方式的特点。
11. 电动汽车对充电装置有哪些要求?
12. 防止触电的个人防护设备主要有哪些?
13. 电动汽车维修作业为什么要重视安全?如何保证电动汽车维修作业中的安全?
14. 判断漏电的依据是什么?

参 考 文 献

[1] 符晓玲,商云龙,崔纳新. 电动汽车电池管理系统研究现状及发展趋势 [J]. 电力电子技术,2011,45(12):27-30+89.

[2] 金远,韩甜,韩鑫,等. 锂离子电池热管理综述 [J]. 储能科学与技术,2019,8(S1):23-30.

[3] 胡远志,赖贞行,刘西,等. 车用锂离子电池冷却技术研究进展 [J]. 重庆理工大学学报(自然科学),2023,37(5):60-69.

[4] SUN H G, DIXON R. Development of cooling strategy for an air cooled lithium-ion battery pack [J]. Journal of Power Sources,2014,272:404-414.

[5] 眭艳辉,王文,夏保佳,等. 混合动力汽车动力电池组散热特性实验研究 [J]. 制冷技术,2009,29(2):16-21.

[6] 逯彦红,段国林. 车用锂电池散热方法研究 [J]. 电源技术,2016,40(12):2476-2478.

[7] TONG W, SOMASUNDARAM K, BIRGERSSON E, et al. Numerical investigation of water cooling for a lithium-ion bipolar battery pack [J]. International Journal of Thermal Sciences,2015,94:259-269.

[8] YANG N X, ZHANG X W, LI G J, et al. Assessment of the forced air-cooling performance for cylindrical lithium-ion battery packs:a comparative analysis between aligned and staggered cell arrangements [J]. Applied Thermal Engineering,2015,80:55-65.

[9] MAHAMUD R, PARK C. Reciprocating air flow for Li-ion battery thermal management to improve temperature uniformity [J]. Journal of Power Sources. 2011,196(13):5685-5696.

[10] 饶中浩,张国庆. 电池热管理 [M]. 北京:科学出版社,2015.

[11] 徐晓明,赵又群. 基于双进双出流径液冷系统散热的电池模块热特性分析 [J]. 中国机械工程,

2013, 24（3）：313-316+321.

[12] RAO Z H, WANG S F, ZHANG Y L. Simulation of heat dissipation with phase change material for cylindrical power battery［J］. Journal of the Energy Institute, 2012, 85（1）：38-43.

[13] 何贤, 邓冬, 苏健, 等. 8kW车载动力电池直冷系统实验研究［J］. 制冷学报, 2019, 40（2）：20-27.

[14] 刘刚. 重力热管的工质选择［J］. 制冷与空调（四川）, 2006, 1：41-43.

[15] 洪思慧, 张新强, 汪双凤, 等. 基于热管技术的锂离子动力电池热管理系统研究进展［J］. 化工进展, 2014, 33（11）：2923-2927+2940.

[16] 杨世春, 周思达, 张玉龙, 等. 车用锂离子电池直冷热管理系统用制冷剂研究进展［J］. 北京航空航天大学学报, 2019, 45（11）：2123-2132.

[17] 张荣荣, 邹江, 孙祥立, 等. 降压装置对电动车动力电池制冷剂直接冷却系统的影响［J］. 制冷学报, 2021, 42（3）：107-113+158.

[18] 陶政, 彭纪昌, 孟高军, 等. 锂离子电池低温预热方法研究综述［J］. 电源技术, 2022, 46（9）：949-953.

[19] 朱建功, 孙泽昌, 魏学哲, 等. 车用锂离子电池低温特性与加热方法研究进展［J］. 汽车工程, 2019, 41（5）：571-581+589.

[20] VLAHINOS A, PESARAN A A. Energy efficient battery heating in coldc limates［J］. SAE Transactions, 2002, 111：826-833.

[21] 刘斌. 电动车辆动力电池包热管理控制策略研究［D］. 北京：北京理工大学, 2015.

[22] 王芳, 夏军. 电动汽车动力电池系统设计与制造技术［M］. 北京：科学出版社, 2017.

[23] 赵丁, 安超, 雷治国. 锂离子动力电池低温加热策略研究进展［J］. 新能源进展, 2023, 11（1）：85-92.

[24] WANG C Y, ZHANG G S, GE S H, et al. Lithium ion battery structure that self-heats at low temperatures［J］. Nature, 2016, 529（7587）：515-518.

[25] 徐智慧, 阮海军, 姜久春, 等. 温度自适应的锂离子电池低温自加热方法［J］. 电源技术, 2019, 43（12）：1989-1992+2043.

[26] 洪彪明. 车载锂离子电池内部交流预热装置研究［D］. 武汉：武汉理工大学, 2021.

[27] 杜明徽, 郑心玮, 江振文, 等. 电动车电池组液冷散热性能影响因素分析［J］. 广东化工, 2018, 45（16）：48-50+23.

[28] 国家质量技术监督局. 电工术语发电、输电及配电通用术语：GB/T 2900.50—2008［S］. 北京：中国标准出版社, 2008.

[29] 国家市场监督管理总局. 电动汽车安全要求：GB/T 18384—2020［S］. 北京：中国标准出版社, 2015.

[30] 马金刚. 混合动力及电动汽车维修安全（上）［J］. 汽车维修与保养, 2019, 2：53-56.

[31] 廉玉波. 电动汽车动力系统安全设计与工程应用［M］. 北京：机械工业出版社, 2022.

[32] 马金刚. 混合动力及电动汽车维修安全（中）［J］. 汽车维修与保养, 2019, 3：54-57.

[33] 于东民, 杨超, 蒋林洳, 等. 电动汽车充电安全防护研究综述［J］. 中国电机工程学报, 2022, 42（6）：2145-2163.

[34] 罗文政. 浅析电动汽车维修中的安全与风险策略［J］. 科技风, 2019（26）：179.

[35] 陈玉刚, 王江宏, 杨涛. 电动汽车维修中的安全问题［J］. 中小企业管理与科技, 2019（6）：47-48.

[36] 罗灯明, 高亚男, 梁释心, 等. 电动汽车高压系统操作安全规范技术研究［J］. 自动化应用, 2022（2）：118-120.

[37] 赵红荣. 电动汽车高压安全及防护［M］. 西安：西安电子科技大学出版社, 2019.

第 5 章 智能汽车的信息网络、功能及预期功能安全系统

5.1 概述

随着汽车产业不断朝着电动化、网联化、智能化、共享化的"新四化"趋势深入发展,汽车的电子电气系统正变得愈发复杂且高度集成。新的功能不断涵盖更多系统安全工程领域,对智能汽车的持续健康发展至关重要。在这一背景下,安全性成为不可或缺的前提条件,特别是智能汽车的信息网络、功能以及预期功能安全系统,已成为现代智能汽车健康发展的关键组成部分。

信息网络系统旨在将智能技术与汽车领域相结合,实现车辆内部各个子系统之间的高效通信和数据交换,以及车辆与外部系统(如道路基础设施、其他车辆和云平台)之间的连接和互操作。这样的信息网络系统为车辆提供了实时的信息交流和智能化的功能支持,使得车辆能够更加智能、高效地运行。

在智能汽车安全领域,功能安全(Function safety)和预期功能安全(Safety of the Intended Functionality,SOTIF)是关键考虑因素。功能安全是确保车辆在各种操作模式下的功能正常性和安全性的要求,在系统设计和实现过程中,需要考虑故障诊断和容错机制,以及对可能导致功能失效的故障进行预防和管理。通过这样的功能安全设计,可以保证车辆的关键功能在各种情况下都能正常运行,提高驾乘安全性。

预期功能安全关注的是由于设计不足或性能局限而导致的潜在危害,以及由此产生的不合理风险。其主要目标在于将因设计不足或性能局限而引发的潜在风险限制在合理且可接受的范围之内。SOTIF 主要针对以下两种场景:

1)系统或组件的性能受限,导致预期功能不可达。

2)系统的可预见人为误用(misuse)或合理地可预见误用。

通过对系统的全面评估和风险控制,预期功能安全确保车辆在实际使用中不会产生超出合理范围的风险。

5.2 汽车信息网络安全系统

5.2.1 应用背景与意义

1. 应用背景

在统筹安全与发展的战略导向下,我国已将网络空间安全提升为国家安全战略的重要构成部分。网络安全与国家安全紧密相连,而信息化则是现代化的基石。为此,我国出台了一系列法律政策,以规范网络安全环境、完善监管机制,同时积极推动立法进程,进一步完善法律体系。诸如《网络安全法》《数据安全法》《个人信息保护法》等法律法规的制定,不仅巩固了网络安全的法律基础,也使网络安全得以制度化和规范化。为促进产业经济的健康发展,在智能汽车领域,中央网信办、工信部、公安部、交通运输部等相关主管部门正在不同环节制定和修订多项规章制度,构建全面的标准体系,并积极推动专项审查整治行动。这些积极举措对于保障网络安全、推进智能汽车产业的蓬勃发展起到了关键作用。智能汽车的发展在保障我国能源安全、实现碳达峰和碳中和、建设交通强国以及拉动国民经济增长等方面具有重要的战略意义。

随着汽车智能化的发展,汽车产品正从传统的出行工具转变为智能移动终端。产品范围也从信息孤岛延伸至万物互联的节点。智能汽车成为产生和连接海量数据的中心,深度融入未来智能交通、智慧能源、智慧城市的网络体系。因此,智能汽车的信息网络安全成为不可或缺且日益重要的组成部分。

2. 国内外智能汽车信息网络安全政策与法规

(1) 美国智能汽车信息网络安全相关政策　　在网络安全方面,美国通过加强立法工作提高了信息安全的保障能力。目前,美国各州政府已经颁布了50多部涉及网络空间安全的法律,这些法律内容复杂、覆盖面广,涵盖了国家战略、政府角色、信息安全共享与合作、违法行为等方面。其中,2015年发布的《网络安全信息共享法案》是最重要的综合性网络安全法案之一,它建立了一个法律框架,鼓励私营公司与联邦政府自愿共享网络安全信息,从而增强联邦政府对网络攻击的防御能力。此外,还有一系列关于网络安全的综合立法提案,如《网络安全研发法》《国土安全法》《电子政务法》《联邦信息安全管理法》《确保IT安全法案》等。通过这些法律法规的发布,逐渐形成了较为完善的法律体系,清晰界定了政府各个机构在网络安全领域的角色与职责。

在自动驾驶领域的信息安全问题上,美国众议院于2017年通过了《自动驾驶法案》。这一法案标志着美国首次出台全国性的针对自动驾驶汽车的法律。该法案要求美国交通运输部的道路交通安全管理局(NHTSA)制定自动驾驶汽车各个零部件领域的安全标准,其中包括网络安全等关键要素,并定期审查和更新这些安全标准和范围,以确保自动驾驶汽车的安全性。在数据安全和隐私保护方面,美国国会通过了《汽车安全和隐私草案》,要求在美销售的汽车具备抵抗非法入侵的能力,汽车制造商必须保障汽车终端和用户数据的安全,并要求NHTSA制定机动车辆网络安全法规。此外,加州议会通过了《2018加州消费者隐私法案》,该法案于2020年1月1日生效,是全美各州最严格的网络隐私保护法规。根据该法律规定,当一家公司拥有5万名以上用户的数据时,数据所有者有权了解该公司收集的数据范围、目的以及接收数据的第三方信息；数据所有者有权要求公司删除数据或拒绝将该数据出售给第三方；企业可以通过提供折扣来获得数据所有者的同意以出售这些数据。

（2）欧盟智能汽车信息网络安全相关政策　欧洲在网络安全、信息安全和数据保护方面的法律体系在智能汽车领域有重要应用。2016 年 7 月，欧盟通过了历史性的网络安全法案《网络与信息系统安全指令》（NISD），旨在欧盟范围内建立一套统一且高水平的网络与信息系统安全标准。该法案的通过标志着欧盟对网络安全的高度重视，旨在保护其范围内的网络和信息系统免受威胁，确保数字空间的安全和稳定。该法案确立了国家层面的网络安全战略，强调多方合作与参与，并建立了网络安全事故与信息分享机制；2018 年 5 月，欧盟《一般数据保护条例》（GDPR）正式生效，定义了数据处理的基本原则和权利义务框架。由于现代智能汽车涉及大量数据处理，车联网产业链上的企业必须符合 GDPR 的要求，这是欧盟智能网联汽车数据保护的主要法律依据；2019 年 3 月，欧盟发布了关于 C-TIS（智能交通系统）的授权法案和附录，为在欧盟境内部署 C-TIS 服务提供了明确的法律依据；2019 年 6 月，欧盟《网络安全法案》（EU Cybersecurity Act）生效，确立了欧盟范围内的网络安全认证计划，将欧盟网络和信息安全署（ENISA）指定为永久性的网络安全机构，并要求 ENISA 建立欧盟层级的 ICT 产品和服务网络安全认证制度。

此外，德国于 2017 年通过了针对智能汽车的法律规范《道路交通法第八修正案》，该法案明确了智能汽车信息存储、利用和保存的规则，详细说明了许可条件、责任归属、基本概念等问题，为智能汽车在德国的发展消除了障碍。此外，德国还成为全球首个发布自动驾驶道德准则的国家。这一准则旨在确立在自动驾驶领域的道路安全与出行便利、个人保护与功利主义、人身权益或财产权益等多方面的基本原则。通过这一举措，德国不仅在技术创新的前沿迈出了重要一步，还为自动驾驶技术的发展奠定了伦理和法律框架，以平衡科技进步与社会价值的关系。

（3）日本智能汽车信息网络安全相关政策　作为高度重视人工智能应用和汽车产业发展的国家之一，日本在完善道路基础设施的基础上，通过推进智能交通系统和自动驾驶技术的商业化稳步前进。日本于 2014 年 11 月颁布了《网络安全基本法》，将网络安全纳入基本国策，明确了网络安全在日本法律中的地位。该法案首次从法律上对"网络安全"进行了定义。修订后的法案于 2018 年 12 月生效，指示建立日本网络安全协会，该协会由国家政府机构、地方政府、关键信息基础设施运营商、信息安全公司、教育/研究机构组成，并对作为关键基础设施的交通领域提出了详细的物联网安全、数据安全和 IT 基础设施安全的控制要求。

在个人信息保护方面，日本于 2003 年 5 月颁布了《个人信息保护法》，为保护个人身份信息提供了法律基础。2019 年 1 月，欧盟委员会批准了在满足有效保护要求的基础上，个人数据可在日本和欧盟两个经济体之间自由流动。针对自动驾驶领域，日本在 2019 年 3 月对《道路运输车辆法》进行了修订。这一修订明确了政府和相关部门对自动驾驶车辆进行信息安全监管的权力，并授予了第三方汽车技术综合服务机构监管的权限。该修订还引入了自动驾驶系统更新许可制度，允许汽车制造商通过 OTA 等方式对系统进行更新。同年 5 月，日本议会通过了新版《道路交通法》，允许 L3 级别的自动驾驶车辆上路行驶，并于 2020 年 4 月 1 日正式实施。国外智能汽车信息网络安全相关的重要法规政策见表 5-1。

表 5-1　国外智能汽车信息网络安全政策

国家和地区	名称	时间	机构
美国	《网络安全信息共享法案》	2015.12	国会
	《自动驾驶法案》	2017.09	国会
欧洲	《一般数据保护条例》	2018.05	欧盟委员会
	《网络安全法案》	2019.06	欧盟委员会
	《C-ITS 系统授权法案》	2019.03	欧盟委员会
	德国《道路交通法第八修正案》	2017.05	德国联邦议会
日本	《网络安全基本法》	2014.11	国会
	《道路运输车辆法》(修订)	2019.03	国会
	《道路交通法》(新版)	2019.05	国会

（4）中国智能汽车信息网络安全产业政策与法规　我国高度重视信息安全领域的发展，并从法律、标准和国家战略等多方面入手，致力于开展信息安全治理，以保障所有中国公民的信息安全。目前，我国已经颁布了一系列法律法规，形成了初步的保障我国公民信息安全的法律体系，包括《中华人民共和国网络安全法》（简称《网络安全法》）、《中华人民共和国计算机信息系统安全保护条例》（简称《计算机信息系统安全保护条例》）、《中华人民共和国电子签名法》（简称《电子签名法》）等。我国于 2016 年颁布的《网络安全法》标志着我国首次在法律层面建立了个人信息保护的框架，进一步加强了网络安全的法律保障体系。2017 年，两会提交了《中华人民共和国个人信息保护法（草案）》；2018 年，《中华人民共和国电子商务法》在《网络安全法》的基础上进一步细化了对个人信息保护的要求，要求经营者明确用户查询、更正、删除信息的方式和程序并禁止设置不合理的条件使用户无法行使上述权利，此外，民法典首编《人格权编（草案）》也面向全社会公开征求意见，其中包括隐私权和个人信息保护，为个人信息提供了保护机制。

备受关注的《中华人民共和国数据安全法》（简称《数据安全法》）于 2021 年 6 月 10 日第十三届全国人民代表大会常务委员会第二十九次会议通过，并在 2021 年 8 月 20 日于第三十次会议表决通过了《中华人民共和国个人信息保护法》（简称《个人信息保护法》）。虽然我国尚未颁布针对智汽车信息安全的专门法律法规，但在现有的多部法律法规中对此已有详细规定，总体上实现了对汽车终端安全、云平台安全、网络安全和信息数据安全等方面的覆盖。我国在智能汽车信息网络安全方面的部分相关法律法规见表 5-2。

表 5-2　我国智能汽车信息网络安全政策

序号	法律层级	法律法规名称	发布部门
1	法律	《中华人民共和国网络安全法》	全国人大
2	法律	《中华人民共和国电子签名法》	全国人大
3	法律	《中华人民共和国密码法》	全国人大
4	行政法规	《中华人民共和国计算机信息系统安全保护条例》	国务院
5	行政法规	《中华人民共和国电信条例》	国务院
6	行政法规	《中华人民共和国计算机信息网络国际联网管理暂行规定》	国务院

(续)

序号	法律层级	法律法规名称	发布部门
7	行政法规	《互联网信息服务管理办法》	国务院
8	行政法规	《商用密码管理条例》	国务院
9	部门规章	《电信设备进网管理办法》	工信部
10	部门规章	《电子认证服务管理办法》	工信部

3. 智能汽车信息网络安全面临新风险

在传统交通工具时代，汽车处于信息孤岛状态，其信息安全需求主要体现在娱乐、连接和导航等车载信息娱乐系统上。然而，随着汽车电子架构的更新、5G 技术与智能汽车的融合以及自动驾驶新场景的应用，智能汽车信息安全面临着新的风险，对应的安全需求也在不断增长。在智能移动终端时代，汽车产品的形态发生了全面革新，边界范畴不断扩展，汽车成为万物互联的节点。其信息网络安全风险覆盖面涉及车辆零部件、CAN 总线、无线通信和软件等。智能汽车的信息网络安全风险可以分为以下四个方面：车外信息网络安全风险、车内信息网络安全风险、远程升级（OTA）安全风险和车辆数据安全风险。

（1）车外信息网络安全风险　在智能汽车领域，车外信息网络安全风险主要包括短距离无线网络安全风险、远距离移动网络安全风险和 V2X 网络安全风险。这些风险可能导致车辆遭受黑客攻击、隐私信息泄露以及网络通信的不安全性。

1）短距离无线网络安全风险。现代智能汽车使用许多无线传感器设备来保证其安全性。短距离无线网络涉及蓝牙、Wi-Fi 和无钥匙进入系统（PKE）等技术，存在被窃听、中断和注入等潜在攻击方式。不安全的蓝牙设备和 Wi-Fi 连接可能导致通信线路被窃听，从而泄露隐私信息。而无钥匙进入系统（PKE）的无线信号可能受到重放攻击和中继攻击，导致未经授权的解锁车辆等安全问题。

2）远距离移动网络安全风险。汽车的远距离通信目前主要依赖 4G 移动通信网络，存在核心网和接入域的安全风险。核心网安全主要涉及运营商内部的安全问题，而接入域的安全风险更加重要。4G 系统接入域的风险包括 IMSI 捕获、位置跟踪、射频干扰、恶意基站、DoS 和 DDoS 攻击等。

3）V2X 网络安全风险。V2X（Vehicle to Everything）指的是智能汽车与外界实体的通信网络。在 LTE-V2X 通信技术及标准以及专用短程通信技术（DSRC）的发展中，安全是一个重要的考虑因素。V2X 网络安全主要包括通信的保密性、完整性、可用性和真实性。其中的安全风险包括认证风险、传输风险和协议风险，攻击者可能通过身份伪造、信息篡改和隐私信息泄露等方式对 V2X 通信进行攻击。

（2）车内信息网络安全风险

1）CAN 总线安全风险。CAN 总线用于汽车内部各个 ECU（电控单元）和传感器之间的通信。由于 CAN（Controller Area Network）总线数据的明文传输，缺乏数据加密、访问控制和消息认证机制，可能导致恶意攻击者进行逆向分析总线通信协议，从而伪造用于攻击的汽车控制指令。此外，攻击者还可以通过物理侵入或远程侵入的方式进行消息伪造、拒绝服务和重放等攻击，从而对汽车系统造成严重影响。这种安全漏洞的存在对汽车的安全性和可靠性构成了潜在威胁，需要采取有效的安全措施来防范和应对这些潜在风险。

2) T-BOX 安全风险。车联网智能终端（Telematics BOX，T-BOX）是连接车内网络和车外网络之间的关键组件，用于实现与车联网云平台的通信。T-BOX 集成了多个模块，如 OBD、MCU/CPU、卫星导航、无线通信等，可提供远程控制、查询和安防服务等功能。然而，与车载 CAN 总线的连接以及与云平台和移动端的通信可能面临多种不同类型的信息安全风险。

3) 车载信息娱乐系统（In-Vehicle Infotainment，IVI）安全风险。IVI 是基于车身总线系统、移动网络、无线通信、卫星导航和互联网服务的综合信息处理系统。IVI 为用户提供智能交通服务、地理信息服务和多媒体娱乐服务。然而，由于 IVI 系统的复杂性和互联网连接的开放性，存在潜在的安全风险，如系统漏洞和恶意软件攻击。

（3）远程升级（Over-The-Air，OTA）安全风险 OTA 指可以通过云端下载系统升级包，实现对智能汽车软件的修复和优化。然而，OTA 技术也面临安全风险，如未经授权的固件镜像下载、恶意软件注入和数据传输安全问题。

（4）车辆数据安全风险 智能汽车涉及大量用户和车辆数据，这些数据存储在 T-BOX、App 端和 TSP（Telematics Service Provider）云端。数据安全包括存储安全、备份安全和传输安全。一旦加密或解密的密钥被泄露，数据的安全性将受到威胁。此外，密钥的存储方式需要考虑防止探针攻击和未经授权的访问。

5.2.2 基本组成与原理

信息网络安全是建立和采取技术和管理措施来保护数据处理系统的安全性，防止计算机硬件、软件、数据因偶然或恶意原因而受到破坏、更改、泄露，以确保系统持续、可靠、正常地运行，从而保障信息服务不中断。另一种角度的定义则着眼于信息的全面保护，强调在信息采集、存储、处理、传播和应用过程中，确保信息的自由性、秘密性、完整性以及共享性等方面得到全面的保护。虽然这两种定义侧重点不同，但它们的目标是一致的。在广义上，涉及信息的机密性、完整性、真实性、可用性、占有性和可控性的相关理论与技术都属于信息网络安全的研究领域。

智能汽车的信息网络安全涉及在智能汽车的应用场景下，根据特定的安全策略对车辆信息及其系统进行防护、检测和恢复的科学。与传统信息安全相同，针对智能汽车的网络入侵攻击仍需要利用车辆自身各个维度和层面的安全漏洞，因此封堵软件、硬件和生态系统等不同维度层面的安全漏洞成为解决智能电动汽车信息安全的核心。然而，智能汽车具有特殊的属性，因此无法直接采用传统的信息安全解决方案，而需要根据智能汽车的系统构架特点，采取更具针对性的安全保护措施。智能汽车将智能技术和互联网技术应用于汽车领域，构建智能汽车生态系统。在车内网、车际网和车云网的基础上，依据既定的通信协议和数据交换标准，实现车辆与云平台、道路和用户之间的无线通信和数据交换，构建智能交通管理、信息服务和车辆智能化控制的互联体。因此，智能汽车的信息网络安全总体框架可以按照国际上普遍采用的"云""管""端""路侧单元"四个方面进行描述，如图 5-1 所示。

1) 云端信息安全架构云平台肩负着控制指令的下达、信息汇集和存储等重要职责，其中对于信息网络安全进行防护的手段主要包括：①利用成熟云平台安全技术保障车联网服务平台的安全；②部署云平台集中管控能力，保障云平台数据安全。

当前，绝大多数车联网数据都是通过分布式技术进行传输和存储。在这个过程中，云平

第5章 智能汽车的信息网络、功能及预期功能安全系统

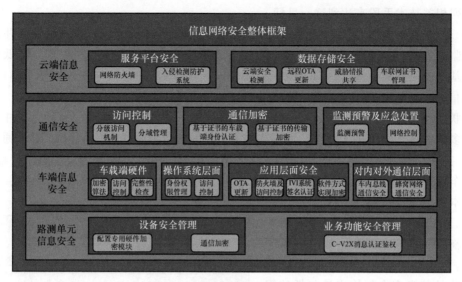

图 5-1 信息网络安全整体框架

台起到了关键作用,主要负责将信息整合分析,并为车辆提供各种服务。然而,智能汽车的云计算平台在处理复杂环境下的汽车数据安全和风险时面临各种恶意数据威胁。除了采取必要的安全防护措施,如病毒数据防护、中间件安全数据保护以及数据访问和运行控制,我们还应更加重视汽车数据的安全性和风险防护。这样可以确保部分车主的个人信息,特别是车主的个人隐私数据,在存储在汽车云端上时不会意外泄露,也不会被他人恶意窃取、非法下载和使用,这是非常重要的。

因此,考虑到云平台的特点和需求,并结合相应的安全威胁分析,智能网联汽车云端的信息安全框架应当涵盖服务平台和数据存储这两个关键层面的安全保护,具体如图 5-2 所示。

在服务平台安全方面,应使用成熟的汽车云计算平台安全性和信息保护技术,以确保中国汽车行业互联网服务提供平台的内部信息安全。当前的移动车载互联网

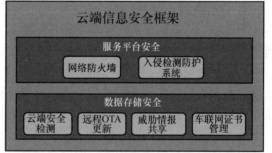

图 5-2 云端信息安全框架

安全服务平台通过主动网络安全数据防护系统技术手段,对网络进行安全和基础加固。安全设备包括网络防火墙、入侵检测系统、入侵防护系统、Web 防火墙等。服务平台采用自动化理念,通过技术手段协助开发团队快速构建和配置安全工具,实现与不同厂商开发的安全设备的无缝集成。这一举措有助于简化安全设备的配置和使用过程,降低了配置门槛,从而显著减少了研发团队的学习成本。

在数据存储方面,我国已经部署了一种具备集中管控能力的云平台,以加强智能汽车的信息网络安全防护能力。通过不断强化车联网服务平台功能,将数据采集和功能管控集成到核心平台,同时还部署了多种安全云服务,以加强对智能汽车的安全管理。另外,通过设立安全检测服务、完善远程 OTA 更新功能、建立车联网证书管理机制以及开展威胁情报共享

等一系列相关技术手段来达到这一目标。

2）通信安全框架。通信安全防护主要针对"车-云"通信，以加强访问控制并开展异常流量监测为主。主要防护手段有：①加强车载端访问控制、实施分域管理，降低安全风险；②基于公钥基础设施（Public Key Infrastructure，PKI）和通信加密，构建可信的"车-云"通信；③网络侧进行异常流量监测，提升车联网网络侧的信息安全防护能力。

车联网系统由多个子系统组成，包括平台层、网络层和车载终端等。平台层的主要功能是连接多个 App 服务商的子系统，而网络层通过无线通信手段（例如 Wi-Fi、移动通信网和 DSRC）实现车辆与外部实体的通信。在车联网系统中，网络传输域负责信息的传输工作。然而，车辆与外部实体的通信存在着无线通信本身的安全问题，如网络加密和认证等。此外，车联网的互联网应用平台也面临着一些安全威胁，如应用程序的漏洞。为了解决这些安全问题，智能汽车通信的信息安全架构应该包括访问控制、通信加密、监测预警及应急处置这三个方面。具体的架构示意图可参考图 5-3。

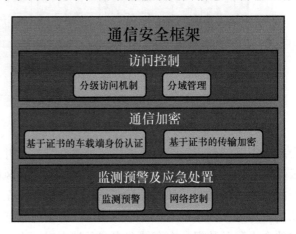

图 5-3　通信安全框架

访问控制方面可以采取建立分级访问机制和进行分域管理两个措施进而降低安全风险。

① 分级访问机制：智能汽车通常配备两个 APN（Access Point Name）用于网络接入。APN-1 负责车辆控制域（Clean Zone）的通信，主要传输汽车控制指令和智能汽车相关敏感数据，通信对端通常是整车厂商的私有云平台，安全级别较高。APN-2 负责信息服务域（Dirty Zone）的通信，主要用于访问公共互联网信息和娱乐资源，通信对端可能是整车厂商的公共云平台或第三方的应用服务器。通过建立这样的分级访问机制，不同安全级别的通信可以得到有效隔离，减少安全风险。

② 分域管理：为了加强安全管理，车辆控制域和信息服务域采用了隔离的措施。这种隔离主要通过网络隔离来实现，即完全隔离了 APN-1 和 APN-2 之间的网络，形成了两个独立的安全域，并且它们拥有不同的安全等级。这种隔离方式有效地防止了越权访问，确保了车辆控制和信息服务之间的分离。车内系统隔离，对车内网的控制单元和非控制单元进行安全隔离，实现对控制单元的更强访问控制策略；数据隔离，不同安全级别的数据存储设备相互隔离，防止系统同时访问多个网络，避免数据交叉传播；加强网络访问控制，车辆控制域仅允许访问可信白名单中的 IP 地址，以防止受到攻击者的干扰。部分车型对信息服务域的访问地址也进行了限定，加强网络管控。

为了构建可信的"车-云"通信，广泛采用了基于 PKI（公钥基础设施）和通信的加密技术。许多企业已经意识到通信加密的重要性，并在软加密的基础上建立了 PKI 系统，以实现更加安全、便捷的"车-云"通信。具体的防护措施包括基于证书的车载端身份认证和基于证书的传输加密。

① 采用基于 PKI 证书的车载端身份认证比传统的车机编码绑定更安全可靠。传统方式

容易受到伪造的威胁，而基于 PKI 证书的认证则更全面。在智能汽车首次启动时，云平台会颁发可信证书，并将其写入车载安全芯片，用于与私有云进行通信。这样可以确保只有经过认证的车辆才能与私有云进行通信。同时，基于 PKI 技术，云平台具备证书撤销和更新的功能，以便及时应对安全问题。在智能汽车首次启动时，云平台会颁发可信证书，并将其写入车载安全芯片，用于与私有云进行通信。这样可以确保只有经过认证的车辆才能与私有云进行通信。同时，基于 PKI 技术，云平台具备证书撤销和更新的功能，以便及时应对安全问题。

② 基于证书的传输加密：智能汽车在获得可信证书后，后续的通信将通过证书进行密钥协商和加密通信数据。这样的加密方式包括了常见的加密协议，如 HTTPS 应用层加密、SSL 和 TLS 传输层加密。这些加密技术有效地增加了攻击者窃听和破解通信内容的难度，从而确保通信的安全性。

在监测预警及应急处置方面，针对车联网的网络侧，可以进行异常流量监测，以提升车联网网络的安全防护能力。这种方案采用异常流量监测技术对车联网业务进行流程监测，提供安全监测预警和应急处置服务，具体分为监测预警和网络控制两个方面。

① 监测预警：这一功能包括定制化的监控服务，用于探测安全事件，提供流量监控优化、异常流量警告、历史数据留存等功能。通过监测和分析流量数据，系统可以及时检测到异常流量情况，并向相关人员发送预警通知，以便及时采取应对措施。

② 网络控制：这一方面包括定义受保护的 IP 地址或范围，以及阻止点对点通信等措施。借助防火墙和入侵检测系统等安全设备，可以中断与异常 IP 地址之间的通信，从而有效阻止潜在的安全威胁。

3）车端信息安全框架。车端的信息安全防护工作主要应从硬件安全、操作系统安全、应用安全和对内对外通信安全四个层面开展，主要的防护措施有：①利用硬件安全模块，保障车端硬件安全；②通过身份权限管理和访问控制机制，保证操作系统层面安全；③应用层具备安全更新、抵抗攻击、数据加密存储能力；④加强对内对外通信层面的安全数据保。

智能汽车的车载端需要具备与外部进行通信和数据交换的能力，通过网络、短距离通信以及车-车/车-路通信协议与互联网和车际网建立连接。然而，当前应用的传感设备多采用无线传输方式，在数据传输过程中容易遭受拦截和篡改，这可能对车辆的安全造成严重威胁。基于这样的通信和数据交换需求，结合相应的安全威胁分析，智能网联汽车车载端的信息安全架构包括车载端硬件安全、操作系统层面安全、应用层面安全，以及对内对外通信层面安全，如图 5-4 所示。

① 为确保车载端系统的安全性，车载端硬件必须具备一定的安全保证。这意味着在进行数据运算和数据存储等功能时，硬件设备应能够抵御针对加解密操作的密码分析攻击、侧信道攻击和故障注入攻击等可能破坏数据保密性和完整性的安全威胁。密码分析攻击是一种通过分析密码算法和相关数据

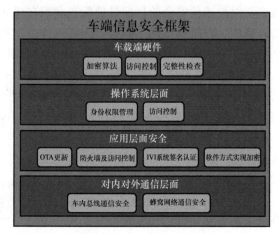

图 5-4 车端信息安全框架

来推断出密码密钥的攻击手段。为了抵御这种攻击，车载端硬件应采用强大的加密算法，并在硬件实现方案中加入物理安全措施，例如安全存储用于密钥保护和加密运算。侧信道攻击是通过观察硬件设备在运算过程中的功耗、电磁辐射等侧信道信息来获取敏感数据的攻击方式。为防止侧信道攻击，车载端硬件应采用抗侧信道技术，例如使用功耗分析屏蔽、传输层加密和电磁屏蔽等手段，以保护关键数据的安全。故障注入攻击是通过人为干扰硬件设备的正常工作过程，引发错误或异常，从而揭示敏感信息或破坏系统安全。为预防故障注入攻击，车载端硬件应具备硬件故障检测与容错功能，例如专用的检测电路和自动校正机制，用于检测和纠正硬件故障，确保芯片功能的正常使用和数据的安全性。通过实施上述硬件安全措施，车载端能够保护关键数据的保密性和完整性，防范数据泄露和篡改的风险，并确保芯片功能的正常使用。

② 操作系统层面的安全。通过符合车载端应用场景的身份权限管理和访问控制机制，正确响应授权操作并处理异常行为，以对抗溢出攻击、暴力破解、中间人攻击、重放、篡改、伪造等多种安全威胁，确保操作系统文件和数据的可用性、保密性、完整性和可审计性，保证对各类资源的正常访问，使系统能够按预期正常运行或在各种操作情况下处于安全状态。

③ 应用层面安全保证。安装在车载端上的应用软件具备相应的来源标识、保密性和完整性的防护措施，能够对抗逆向分析、反编译、篡改、非授权访问等各种针对应用的安全威胁，确保应用产生和使用的数据得到安全的处理，保障车载端应用与相关服务器之间通信的安全性，以确保应用为用户提供服务时以及应用在启动、升级、登录、退出等各种模式下的安全性。目前，主流的防护手段包括搭建自有的 OTA（Over the Air）更新服务、通过软件实现防火墙和访问控制功能、在 IVI（In-Vehicle Infotainment）系统中加入签名认证服务以及通过软件方式实现加密功能。

④ 对内对外通信层面安全。对内通信是指车载端与车内总线及电子电气系统之间的通信，其安全目标是将外部威胁与内部独立安全网络进行隔离，防止车载端向内部关键电子电气系统发送伪造或重放的攻击指令和数据，防止非法占用内部总线资源，保障车内子系统和数据的保密性、完整性，以确保汽车功能的正常运行。对外通信连接也称为车-X 通信，包括车载端与蜂窝网络的通信、与移动终端之间的短距离通信，以及与其他车辆和路侧设施的通信。对外通信安全的目标是确保车载端在建立通信连接时采取必要的认证、加密和完整性校验措施，以抵御可能的嗅探、中间人攻击和重放攻击等针对通信的安全威胁。通过这些安全措施，可以保证数据的保密性、完整性和通信质量。

4）路侧单元信息安全框架。路侧单元信息安全框架（图 5-5）主要防护手段包括：①对 RSU 配置专用的硬件加密模块并实施通信加密保障设备安全管理；②对 PC5 接口上的 C-V2X 消息认证鉴权保障业务功能安全管理。

路侧单元作为智能汽车的重要组成部分，承担着交通信息收发、设备接入、定时授时等主体业务，并需要维护其日常运行。

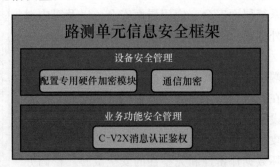

图 5-5　路测单元信息安全框架

智能汽车路侧单元的信息安全架构包括设备安全管理和业务功能安全管理两个层面，以确保安全性、配置性和升级性等方面的操作。

① 在设备安全管理层面，为路侧单元配置专用的硬件加密模块，实施通信数据的加密和解密，确保通信的机密性和安全性。

② 在业务功能安全管理层面，主要关注 PC5 接口上的 C-V2X（车辆对一切的通信）消息的认证鉴权。通过采用 PKI 数字证书认证体系，对路侧单元收发的消息进行签名和验签操作，确保消息的真实性和完整性。

5.2.3 发展趋势

随着汽车电动化、智能化和网联化的普及，智能汽车面临着日益严峻的信息安全挑战，同时也为我国汽车产业转型和升级带来了机遇。目前不同行业对智能汽车信息网络安全的理解存在差异，产业链各环节对信息网络安全的重视程度还有待提高，甚至存在部分环节未考虑信息网络安全需求的情况。智能汽车所面临的网络环境复杂多变，可能受到各种攻击路径和手段的威胁。因此，全面推进智能汽车信息网络安全的发展非常重要，包括定期进行安全渗透测试，深入研究智能汽车信息网络安全的威胁和漏洞，并采取有效的安全防护措施。同时，积极探索关键的信息安全技术和产品创新，进一步完善智能汽车信息网络安全的防护体系。

智能汽车的信息安全涉及云平台、管理系统、终端设备以及路侧设备等多个层面的软件、硬件安全和操作安全等方面。未来将进一步细化智能汽车信息网络安全标准体系，确保其全面有效地覆盖各个方面的安全需求。

1) 智能汽车信息网络安全标准体系建设将遵从《网络安全法》这一根本性文件。《网络安全法》是指导我国各行业、各领域网络安全工作的纲领性文件和基本要求，也是我国智能汽车信息网络安全标准体系建设的根本性参考文件。《网络安全法》对智能汽车信息网络安全事故的责任主体做了明确规定。在智能汽车行业中，整车制造商、车载信息系统提供商和网络服务运营商的法律责任得到了明确。这些法律规定为智能汽车信息网络安全功能产品的生产和运营提供了法律依据，实现了行业的规范化。

2) 智能汽车信息网络安全标准体系建设是一个系统工程，应统筹考虑车辆以及车辆与外部信息交互的所有渠道、方式与环节。智能汽车信息网络安全的广义定义包括车辆内部通信安全和车辆与外部各类节点通信、存储相关信息的安全。狭义上的智能汽车信息网络安全则更加侧重于车辆内部信息的安全防护，以防止车辆受到外部入侵。智能汽车信息网络安全标准体系的建设需要同时考虑这两个角度，确保在信息传输、存储和处理过程中不会出现泄漏和非法访问的威胁。

3) 智能汽车信息安全标准体系建设应以汽车行业为主，发挥各相关行业专长共同进行。传统汽车行业对汽车的基本功能与性能要求、车辆运行工况以及关键系统的核心数据非常熟悉，但对智能汽车信息网络安全防护机制的建立缺乏经验。相较而言，新兴的互联网信息产业在信息安全防护方面已经形成了较为成熟和系统化的理论和措施。然而，这些方案还缺乏对汽车产品特性的深入理解，因此不适用于汽车行业的实际应用，特别是涉及车辆控制安全方面的信息安全需求。因此，智能汽车信息网络安全标准的研究与制定应以智能汽车为主体，利用各行业的专业知识和技术，共同协作进行。

5.3 汽车功能安全系统

5.3.1 应用背景与意义

1. 应用背景

功能安全的概念形成起源于 20 世纪，当时，在石油化工领域等大型项目中发生了多起严重事故，导致爆炸事故或污染物泄漏。专家经过系统分析发现，事故主要是由于相关安全控制系统的安全功能失效所致。具体来说，电子、电气和可编程逻辑控制器产品的安全功能不完善是导致系统失效的主要原因。

为了提高电子、电气和可编程逻辑控制器产品的安全性能，从 1989 年开始，全球范围内的专家开始重视产品的安全性设计技术，并计划将相关技术发展为一套成熟的安全设计技术标准。于是，国际电工委员会在 1998 年颁布了功能安全基础标准 IEC 61508 的第 1 版，并在 2010 年颁布了第 2 版。

ISO 26262 是从 IEC 61508 基础标准派生出来的，主要应用于汽车行业中的特定电气器件、电子设备和可编程电子器件等，旨在提高汽车电子和电气产品的功能安全性能。对于汽车制造商来说，执行 ISO 26262 标准不仅可以提高安全性能和产品内在价值，还可以最大限度地控制因电子部件可靠性问题导致的整车召回风险，避免品牌形象受损和经济损失。

近年来，随着自动驾驶技术的快速发展，对于具备防患于未然功能（功能安全）和符合 ISO 26262 等标准的需求越来越大。尤其在科技水平飞速发展的中国，ISO 26262 已融入我国推荐性国家标准 GB/T 34590《道路车辆 功能安全》。在这个背景下，不仅是汽车制造商，越来越多的汽车零部件供应商也加快了对功能安全的支持，全球范围内实现功能安全已成为必经之路。

2. 国内外智能汽车功能安全相关标准

（1）ISO 26262 ISO 26262（Road Vehicles Functional Safety）是一个国际标准，提供了关于汽车电子/电气系统功能安全活动的指导。该标准定义了汽车安全生命周期，并引入了汽车安全完整性等级（ASIL）的概念。ASIL 分为 A、B、C、D 四个级别，系统的功能安全风险越大，对应的安全要求越高。ASIL D 为最高安全完整性等级，对功能安全的要求最高。

（2）SAE J2980 SAE（SAE International，国际自动机工程师学会）发布了 SAE J2980 标准，标题为《对 ISO 26262 ASIL 危险分类的考虑事项》，该标准为基于 ISO 26262 的 ASIL 定级提供了指导。SAE J2980 标准在评估严重性（Severity，S）、暴露概率（Exposure，E）和可控性（Controllability，C）等方面对 ISO 26262 中的现有定义进行了进一步详细说明，为整车和零部件制造商的功能安全开发提供了参考。

（3）ISO TR4804 2019 年，宝马、安波福、奥迪、百度、大陆、戴姆勒、HERE、英飞凌、英特尔、大众等 11 家公司联合发布了《自动驾驶安全第一》白皮书，阐述了如何综合运用功能安全、预期功能安全和信息安全的方法论来实现自动驾驶系统的安全性。基于这份白皮书，ISO 发布了全球首个专门针对自动驾驶的应用安全标准——ISO TR4804《道路车辆-自动驾驶系统的功能安全和网络安全——设计、验证和确认》。

（4）汽车软件过程改进及能力评定（Automotive Software Process Improvement and

Capacity Determination，A-SPICE） A-SPICE 是汽车行业用于评价软件开发团队的研发能力水平的模型框架。它是在 SPICE（ISO 15504）的基础上由欧洲 20 多家整车企业共同制定的，专门针对汽车软件开发的行业标准。A-SPICE 为企业提供了评估和改进汽车软件开发过程的框架。它涵盖了软件需求、设计、实现与集成、测试和验收等关键环节，帮助企业评估其软件开发能力，发现潜在的改进点，并制定改进计划。通过使用 A-SPICE 进行评估和改进，多年以来，A-SPICE 在欧洲汽车行业内被广泛用于研发流程改善及供应商的研发能力评价。A-SPICE 根据度量框架将企业的软件研发能力划分为 6 个级别，0 级为最低，5 级为最高。

5.3.2 基本组成与原理

道路车辆功能安全的目的是解决由于电子电气系统的功能异常表现引起的危害而导致的不合理风险。功能安全的本质是控制风险，是为了提高汽车电子电器产品的功能安全。为了实现功能安全，需要考虑到人会犯错和东西会损坏的现实情况。因此，在制造产品时需要考虑到系统性故障和随机性故障这两个方面。系统性故障是指在设计阶段就隐含的潜在故障，通常称为"Bug"或"漏洞"，为防止系统性故障，需要建立一个不会形成设计漏洞的设计流程，并在每个阶段进行评审和管理。而随机性故障是指制造后发生的故障，由于无法完全预防随机性故障，需要设立安全机制，以确保即使发生故障也不会对人造成危害。

在汽车行业中，ISO 26262 是功能安全的国际标准，旨在确保汽车电子和电气系统的功能安全性能。通过功能安全的实施，可以提高产品的安全性能，降低事故风险，并保护驾驶人、乘客和其他道路使用者的安全。ISO 26262 是将 IEC 61508 标准应用于道路车辆领域的功能安全要求。ISO 26262 标准由 10 个部分组成，从 ISO 26262-1 到 ISO 26262-10，分别涵盖了功能安全管理、概念阶段、系统级开发、硬件和软件开发、生产和操作等方面，对产品的整个生命周期进行了规范和要求。通过这些规范和要求，ISO 26262 确保产品在各个生命周期阶段都充分考虑了安全功能，ISO 26262 提供的安全生命周期的管理方法、流程、技术手段和验证方法的框架如图 5-6 所示。

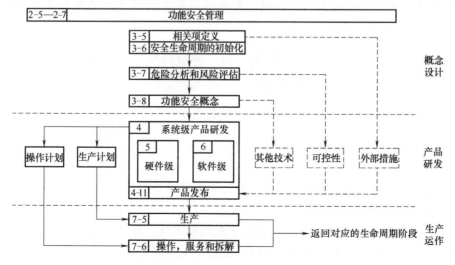

图 5-6 智能汽车电子/电气部分的安全生命周期流程框架

根据 ISO 26262 的要求,智能汽车电子/电气部分的开发核心流程包括概念设计、产品研发和生产运作三个阶段。本书中仅介绍了基于 ISO 26262 标准的功能安全概念设计阶段的分析流程。在产品设计阶段的软硬件级产品开发流程和生产运作与支持流程方面,可以参考 ISO 26262 的第 5~8 章节。在功能安全的概念设计阶段,其分析流程可主要概括为以下几个步骤:相关项定义;危害事件识别;危害分析与风险评估;安全目标制定;功能安全概念分析。

(1) 相关项定义 在概念阶段,相关项定义为实现车辆层面功能或部分功能的系统或系统组。其中,系统为一组包含与一个传感器、一个控制器和一个执行器相关联的要素。该步骤的主要目的是确保工程师们充分理解相关项并提供支持,以便顺利完成产品安全生命周期中定义的各项活动。为了对研发的产品进行明确、准确、正确的定义与描述,可以在相关项定义中包含对产品的功能、产品的非功能性要求、产品的法规要求、产品所包含的所有元素、产品系统的原理示意图及产品已知的失效模式和风险等基本信息的描述。

(2) 危害事件识别 危害事件识别是与接下来的危害分析与风险评估密切相关的步骤。通过对产品的系统功能逐个进行详细分析,识别出系统的每个危害事件,并根据危险程度按照一定原则进行分类。针对不同的风险,设定具体的安全目标,最终减小或消除风险,避免未知风险的发生。在进行产品的危害事件识别时,需要注意以下几个方面:①产品的危害识别可通过该产品的检查列表、历史记录、工程师头脑风暴与相关领域的研究等方法来实施。②危害事件的评估需制定一份完整的清单,如潜在功能失效模式评估表来详细记录产品功能潜在的失效模式与产品相关机构的具体表现。③在相关操作条件和操作模式下的危险事件的影响应该被明确说明。完成潜在危害事件的风险识别后,即进入对危险事件的分析与评估阶段。

(3) 危害分析与风险评估 (HARA) HARA (Hazard Analysis & Risk Assessment, H&R) 用于对相关项的危害事件进行识别和归类,并且定义防止或减轻相关危害的安全目标和 ASIL 等级,以避免不合理的风险。安全目标为最高层面的安全要求,是危害分析和风险评估的结构。结合这些故障的严重度(S)、暴露概率(E)和可控性(C),进行系统功能安全的 ASIL 评价,如图 5-7 所示。随后制定防治危害事件发生或减轻危害程度的安全目标。

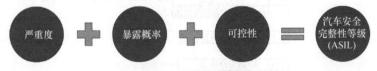

图 5-7 ASIL 组成

在 ISO 26262-3 标准中,详细定义了 S、E、C 的等级分类和 ASIL 安全等级的确定。产品系统的 HARA 分析可按以下步骤进行:

1) SEC 分析。SEC 分析旨在评估每个危害事件的严重度(S)、暴露概率(E)和可控性(C)三个参数。具体说明如下:

严重度(S):指系统在功能失效的情况下对驾驶人员、环境和行人造成的伤害程度。S 分为四个等级:无伤害(S0)、轻伤(S1)、重伤但无生命危险(S2)、重伤并有可能危及生命(S3)。

暴露概率（E）：指风险在实际环境中发生的概率。E 分为五个等级：E0～E4，E0 为不可能，E4 为最高概率。随着数字增加，表示发生概率逐渐增大。

可控性（C）：指发生事故时驾驶人对汽车的控制程度。C 分为四个等级：C0 表示完全可控，C1 表示容易控制，C2 表示基本可以控制，C3 表示很难控制。

各部分的详细组成见表 5-3。

表 5-3 SEC 的等级划分

严重度等级(S)		暴露概率等级(E)		可控性等级(C)	
S0	无伤害	E0	不可能	C0	可控
S1	轻度和中度伤害	E1	非常低的概率	C1	简单控制（>99%驾驶人）
S2	严重伤害(有存活的可能)	E2	低概率	C2	一般可控（>90%驾驶人）
S3	致命伤害	E3	中等概率	C3	难以控制或不可控（<90%驾驶人）
		E4	高概率		

2) ASIL 分析。ASIL（Automotive Safety Integrity Level）是用于描述需求的安全严格等级的概念。通过风险评估（Risk Assessment）可确定 E 值，再通过危险分析（Hazard Analysis）可确定 C 值和 S 值。根据严重度、暴露概率、可控性的组合可以确定功能风险的等级（ASIL），即汽车安全完整性等级，见表 5-4。其中，D 级具有最高的安全风险，一旦发生故障可能导致严重的安全后果，甚至危及人员生命安全；A 级的安全风险较低，即使发生故障也不会造成重大影响；而 QM（可接受风险）表示不涉及功能安全相关设计，仅需要按照正常的质量管理体系进行开发。ASIL 等级可以看作是当前风险等级与 QM 之间的距离，如果超过 QM 的风险级别，则需要采取相应的安全措施将风险降低到 QM 以下。通过将需求分配到相应的 ASIL 等级，可以根据风险等级的高低来指导开发过程中的功能安全设计和验证活动，确保在汽车电子/电气系统中满足相应的安全要求。

表 5-4 ASIL 的等级确定

严重度等级	暴露概率等级	可控性等级		
		C1	C2	C3
S1	E1	QM	QM	QM
	E2	QM	QM	QM
	E3	QM	QM	A
	E4	QM	A	B
S2	E1	QM	QM	QM
	E2	QM	QM	A
	E3	QM	A	B
	E4	A	B	C
S3	E1	QM	QM	A
	E2	QM	A	B
	E3	A	B	C
	E4	B	C	D

需要注意的是，功能安全的目的并非彻底消除风险，而是将风险降低到可接受的范围内，如图 5-8 所示。可接受的范围通常由当前技术水平和社会道德共识决定。对于当前的汽车电子电气系统而言，完全消除风险是不现实的。现代车辆上有许多 ECU 系统，其中包含数十亿行代码。随着时间的推移，电子元器件故障的可能性逐渐增加。特别是在复杂系统中，其中的大量代码可能存在无法预测的风险。因此，功能安全的目标是通过合理的设计和措施将这些风险降到可接受的水平。

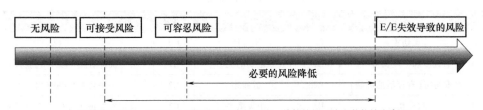

图 5-8 功能安全风险控制示意图

3）运行场景分析。在运行场景分析中，需要对车辆运行的不同场景进行分析和选择。这些场景包括车辆条件（例如运动、静止、加速、减速、前进、后退等）、环境条件（例如天气和道路状况）以及驾驶条件（例如平地、坡道、弯道等）。同一个功能失效在不同场景下可能产生不同的危害，因此需要针对不同场景进行分析和选择。

(4) 安全目标制定 安全目标（SG）制定是在明确每个危害事件的 ASIL 等级和运行场景后制定的。安全目标是下一阶段功能安全要求（FSR）和技术安全需求（TSR）的基础。通过组合分析评估危害事件的严重度、暴露概率、可控性以及 ASIL 安全等级，可以确定产品的安全目标。

需要注意的是，随着系统的 ASIL 等级提高，ISO 26262 对设计方法、安全技术、测试方法和技术指标的要求也将更严格。此外，产品及其开发流程的审核和确认也将变得更加严格。因此，对于高 ASIL 等级的产品来说，需要满足更高的安全要求和标准。

(5) 功能安全概念设计 功能安全概念（FSC）是在功能安全目标的基础上进一步对危害的故障探测、安全状态、容错机制提出要求。功能安全概念设计的目标就是从功能安全目标中导出功能安全要求，并将其分配到系统初始架构的相关模块中，同时具体和细化定位到每个项目元素中的功能安全要求。功能安全要求定义了独立于具体实现方式的安全行为，或独立于具体实现方式的安全措施，包括安全相关的属性。针对某一危害事件，功能安全目标及功能安全概念设计可包括：故障场景、功能安全目标、内部功能安全需求、安全状态、故障容错时间间隔等。

5.3.3 发展趋势

随着汽车行业向着智能化、电动化、网联化和共享化的方向不断发展，高级智能驾驶系统的市场份额逐年增加。这些高级智能驾驶系统引入了更多传感器、控制器、执行器以及更复杂的控制逻辑和软件集成。

随着汽车电子/电气系统变得更加复杂和集成，功能安全在系统安全工程领域也越来越重要。在自动驾驶技术的发展过程中，功能安全的融入成为一个必然的要求。功能安全在整个自动驾驶系统的生命周期中起到指导、规范和控制的作用。明确的功能安全要求、技术方案和规范以及功能安全开发流程可以降低和避免系统性故障和随机硬件故障带来的风险。当系统发生故障时，功能安全机制可以确保系统进入安全状态。

为了满足功能安全要求，车辆必须能够检测和处理电子电气系统的故障，并最终在故障发生时切换到安全状态。为了实现这些要求，针对控制器、通信、供电和芯片等方面，有多种安全技术可供选择。

（1）逻辑冗余架构设计 智能驾驶系统根据功能可以分为感知、决策和控制三个部分。由于软件和硬件的故障，每个部分都可能出现意外故障。为了实时监测相关策略的故障，通常可以通过增加冗余回路来进行故障检测。通过比较主回路和冗余回路的输出，判断逻辑是否发生故障。如果两者结果不一致，系统将进入降级模式以实现功能降级。

（2）通信冗余架构设计 为了防止单一传输线路故障导致人身伤害风险，并满足功能安全要求（故障时仍可正常操作），关键通道如转向和制动可以采用双通信链路设计。

（3）供电冗余架构设计 为了防止单一供电源故障导致整车功能失效，关键安全控制器的主控制器和备份控制器可以采用双供电源方案。

（4）主控芯片安全技术 对于关键控制器，其主控芯片也需要满足相应的功能安全等级。需要对芯片内部的CPU、RAM、存储器、时钟和供电等进行故障检测和处理。常见的方法包括使用锁步核模式的CPU、采用ECC或EDC方式检测内存错误、使用内外双时钟源进行校验以及使用I/O口进行供电电压采样等。

（5）供电芯片安全技术 针对控制器的供电，可以使用具备功能安全等级的供电芯片进行输入电压和输出电压的监测。

（6）端到端通信技术 通信故障有多种形式，如报文丢失、报文破坏和报文重复等。如果对传输链路的每个环节（如底层收发芯片硬件、底层软件协议、RTE和应用层）进行故障分析和处理，将导致大量的软硬件冗余，增加设计成本和开发周期。为了检测这些故障并针对不同故障采取适当措施，可以采用端到端通信技术（E2E）。E2E技术在原有通信报文上增加了计数器和CRC校验字段，通过接收方校验计数器变化和CRC的正确性来判断报文传输是否发生故障，无需对中间环节进行故障检测。

5.4 汽车预期功能安全系统

5.4.1 研究背景与意义

1. 研究背景

随着自动驾驶技术的发展和应用越来越广泛，人们对于其安全性也越来越关注。为了推动自动驾驶汽车的安全研发，德国宝马与其他10家企业联合撰写了《自动驾驶安全第一》白皮书。然而，随着自动驾驶系统功能架构的进一步完善，传统的安全性分析标准已无法满足复杂系统的需求，特别是ISO 26262所覆盖的故障性风险引起的功能安全问题分析。因此，需要探索新的方法和标准来提升自动驾驶系统的安全性。例如，AUTOSAR的安全架构规范（SecOC）能够更好地分析和处理复杂的安全风险。此外，人工智能和机器学习等新技术也被用于自动驾驶系统的安全研究，通过大数据分析和智能算法，可以识别潜在的安全隐患，提升自动驾驶系统的安全性能。因此，随着自动驾驶技术的不断进步，为了确保自动驾驶车辆的安全性,各方在持续努力研究新的方法和标准,并结合新技术对安全性进行分析和改善。因此,ISO/PAS 21448 标准将这类在系统没有发生故障的情况下,引起的安全风险问题归结为预期功能安全(Safety of the Intended Functionality,SOTIF),并给出了其详细定义。该标准草案指出,进行预期功能安全活动的目标是确保在系统的特定行为受到性能限制或可合理预见的人为误用的影响下,不会导致不合理的风险。该标准的目的是更全面地考虑系统的安全性,特别是在没有故障发生的情况下可能出现的安全风险。

2. 国内外智能汽车预期功能安全相关政策与法规

(1) **美国自动驾驶汽车相关法规政策** 美国采用"联邦-州政府"两级模式管理自动驾驶汽车上路。在这个模式下,联邦政府和各州政府分工合作,共同推动自动驾驶的有序发展。联邦政府主要通过制定政策指南来引导自动驾驶上路测试和产业发展,提出安全原则性要求,重点关注产业安全发展和消除现有制度对创新的障碍。各州政府则通过立法等手段管理本地区内自动驾驶汽车上路测试,提出具体要求和实施细则,审核申请材料,并定期评估测试车辆的上路资格。

在政策方面,美国交通部及下属国家道路交通安全管理局颁布了多项政策文件来指导自动驾驶汽车的发展。在法规方面,尽管美国目前尚未正式通过联邦层面的自动驾驶上路管理法规,但已经形成了一些草案。近 5 年来美国自动驾驶汽车相关的法规政策文件发布推进情况见表 5-5。

表 5-5 近 5 年来美国自动驾驶汽车相关法规政策文件

序号	法律法规名称	发布时间
1	《联邦自动驾驶汽车政策:加速下一代道路安全革命》(AV 1.0)	2016 年 9 月
2	《自动驾驶法案》(H. R. 3388-Self Drive Act)	2017 年 9 月
3	《自动驾驶系统 2.0:安全愿景》(ADS 2.0)	2017 年 9 月
4	《准备迎接未来交通:自动驾驶汽车 3.0》(AV 3.0)	2018 年 10 月
5	《确保美国自动驾驶领先地位:自动驾驶汽车 4.0》(AV 4.0)	2020 年 1 月

(2) **欧洲自动驾驶汽车相关法规政策** 欧洲对于自动驾驶汽车上路的法规政策制定主要分为欧盟层面和国家层面两个层次。在欧盟层面,主要出台了多项顶层设计的指南性文件,涵盖了自动驾驶汽车产业发展、车型互认和技术标准等方面的要求。近 5 年来欧洲关于自动驾驶汽车相关的一些重要法规政策文件见表 5-6。

表 5-6 近 5 年来欧洲自动驾驶汽车相关法规政策文件

序号	法律法规名称	发布时间
1	《例外运输豁免法令》	2015 年 6 月
2	《通往无人驾驶之路:自动驾驶汽车测试实践准则》	2015 年 7 月
3	《道路交通法律修正案》	2017 年 6 月
4	《自动驾驶汽车认证豁免程序指南》	2017 年 6 月
5	《自动驾驶公共道路测试规范》	2017 年 7 月
6	《联网和自动驾驶汽车网络安全关键原则》	2017 年 8 月
7	《通往自动化出行之路:欧盟未来出行战略》	2018 年 3 月

(续)

序号	法律法规名称	发布时间
8	《自动驾驶技术伦理道德标准》	2018 年 5 月
9	《自动与电动汽车法案》	2018 年 7 月
10	《自动驾驶汽车试验法》	2019 年 7 月

（3）日本自动驾驶汽车相关法规政策　日本已经出台了多项针对自动驾驶汽车的法律修正案、上路测试规范和指南文件，共计 7 项。这些政策文件的发布推进有助于规范和促进自动驾驶技术在日本的发展。日本近 5 年来关于自动驾驶的法规政策文件的主要内容见表 5-7。

表 5-7　日本近 5 年来关于自动驾驶的法规政策文件

序号	法律法规名称	发布时间
1	《关于自动驾驶系统的公共道路测试指南》	2016 年 5 月
2	《远程自动驾驶系统道路测试许可处理基准》	2017 年 6 月
3	《自动驾驶相关制度整备大纲》	2018 年 3 月
4	《自动驾驶汽车安全技术指南》	2018 年 9 月
5	《道路交通法》修正案	2019 年 3 月
6	《道路运输车辆法》修正案	2019 年 5 月
7	《自动驾驶的公共道路测试使用许可标准》（《关于自动驾驶系统的公共道路测试指南》的修订版本）	2019 年 9 月

（4）中国自动驾驶汽车相关法规政策　我国在智能汽车领域制定了具体的发展战略和规划，旨在智能汽车方面取得进一步进展，并全面建成标准智能汽车体系。

战略目标方面，到 2025 年，中国计划实现有条件自动驾驶的智能汽车规模化生产，同时在特定环境下应用高度自动化的智能汽车。智能交通系统和智慧城市设施的建设将迎来积极的进展。为了提高交通效率和安全性，车用无线通信网络（如 LTE-V2X）将得到区域范围的覆盖，而新一代车用无线通信网络（5G-V2X）将逐步应用于某些城市和高速公路。

展望 2035—2050 年，中国计划全面建成智能汽车标准体系，这意味着整个智能汽车产业将得到全面发展和完善。为实现这些目标，中国还强调重点研发虚拟仿真、软硬件结合仿真、实车道路测试等技术和验证工具，并建立智能汽车测试评价体系及测试基础数据库。特定区域智能汽车测试运行及示范应用也将进行，以验证车辆的环境感知准确率、场景定位精度、决策控制合理性、系统容错和故障处理能力等。

此外，《交通强国建设纲要》中提到了加强智能网联汽车（包括智能汽车、自动驾驶、车路协同）的研发，形成自主可控完整的产业链，以及完善预防控制体系，强化安全生产事故调查评估和网络安全保障体系。同时，还强调了加强科技兴安能力、提高交通安全水平等重要举措。

为了推动技术创新，中国将建立"两纵三横"的总体研究方案，如图 5-9 所示。以国家标准《道路车辆 功能安全》（Functional Safety）和《道路车辆 预期功能安全》（SOTIF）为"两纵"，构建技术供给体系，提升产业核心能力。同时，以传统汽车、新能源汽车、自动驾驶汽车为"三横",布局整车功能安全和预期功能安全技术和标准创新链,强化整车及关键系统集成技术创新。

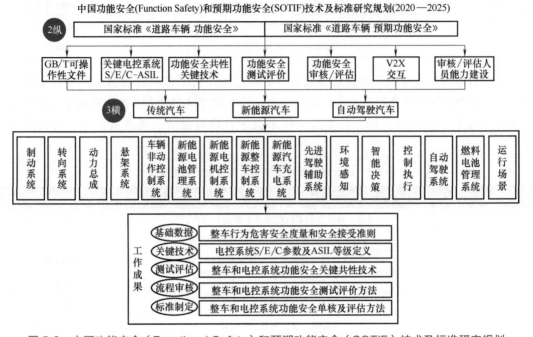

图 5-9 中国功能安全(Functional Safety)和预期功能安全(SOTIF)技术及标准研究规划

3. 智能汽车预期功能安全面临新风险

自动驾驶技术的关键部分包括感知(Perception)、决策(Planning)和控制(Control)三个方面。感知系统通过多种传感器捕获数据和高清地图信息,以精确感知车辆周围的环境,并为后续的决策和控制系统提供必要的信息。然而,依赖复杂传感器和算法工作的感知系统也面临预期功能安全的重要挑战。

(1) 感知系统面临的预期功能安全挑战 在恶劣的天气条件下,如雨、雪等,实现车辆的自动驾驶变得十分困难,甚至对驾驶人也是一项棘手任务。在特定环境下,基于视觉的感知系统对于辨识道路和导航通常需要依赖道路标识。然而,在道路被薄雪覆盖时,这些标识可能会完全消失,无法提供准确的识别信息。此外,即使在没有雪的情况下,模糊、肮脏、磨损或涂漆的道路标记也会对自动驾驶的感知系统产生负面影响。这些标记的可见度降低,可能无法提供足够的信息供感知系统进行正确的判断和决策。雷达在恶劣天气下表现良好,但无法对道路标记进行准确检测。因此,改进视觉算法和使用多传感器融合的方法可能是解决方案。此外,车联网(V2X)系统可以协助验证传感器数据的准确性。

(2) 控制系统相关的预期功能安全技术 控制系统涉及将上层决策系统选择的期望轨迹转化为下层控制命令,用于驱动、制动和转向等操作。然而,现有自动驾驶控制系统在特定场景下可能存在性能缺陷,因此需要建立预期功能监控和降级机制以及应答机制层来监控系统运行情况。

(3) 人机交互技术现有局限与分析方法 半自动驾驶车辆的人机交互技术也是汽车预期功能安全的一个重要问题。由于半自动驾驶车辆需要驾驶人的干预,如何有效地通知驾驶人何时需要接管控制,以及如何确认驾驶人已准备好接管,都是需要解决的难题。

5.4.2 基本组成与原理

预期功能安全(Safety of the Intended Functionality,SOTIF)是指在设计不足或性能局限的情况下,控制风险在合理可接受的范围内,从而避免引发不可接受的风险。对于自动驾驶系统而言,仅仅降低因故障引起的风险是不够的。当感知、决策和执行任务都由汽车自动完成时,每个环节都面临着挑战。处理复杂场景的需求使得系统功能实现似乎总是受到不同程度的限制,例如感知能力缺陷可能导致不正确的物体分类、测量、跟踪,出现错误的检测、目标选择和运动估计等问题。为提高感知的全面性和准确性,自动驾驶系统正在不断努力推进毫米波雷达、激光雷达、智能摄像头等技术,并加入车联网和高精度地图等技术。在决策方面,性能不断提升的机器学习算法、集中化的中央计算电子电气架构和更高传输速率的车载网络都在努力提供更准确的决策支持。然而,虽然各个部件的技术在不断发展,但仍然存在性能瓶颈。因此,预期功能安全作为功能安全的补充,认为功能安全可以处理软硬件系统故障问题,而汽车的安全风险来自于预期功能不足或人员误操作。

在这样的背景下,预期功能安全希望从系统层面做到功能设计完备。作为功能安全的补充,它通过规范化的流程,旨在识别、分析和减少因系统功能不足所引起的危害,其基本组成如图5-10所示。2019年颁布的ISO/PAS 21448标准中明确预期功能安全关注的范围为由于性能局限或者人为误操作导致的危害和风险。SOTIF主要关注两种场景:一是系统或组件性能受限,导致预期功能无法实现;二是系统受人为误用或合理可预见的误用的影响。目的是减少已知不安全场景(区域2)和未知不安全场景(区域3)数量,提高系统安全性,如图5-11所示。国内外的科研机构和汽车制造商也在对涉及智能网联汽车关键系统的预期功能安全问题进行研究。虽然预期功能安全的引入为自动驾驶系统的安全性带来了进一步的保障,但由于自动驾驶技术的复杂性和挑战性,使得让驾驶人完全放手仍然面临一定的难度。因此,自动驾驶技术的发展需要持续的技术创新和不断完善的安全性分析和控制措施。

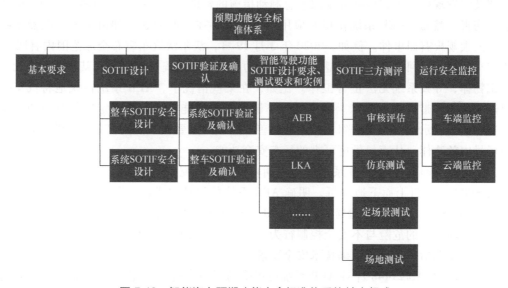

图5-10 智能汽车预期功能安全标准体系的基本组成

本节将以当前一些典型的先进驾驶辅助系统（Advanced Driver Assistance System，ADAS）的预期功能安全研究为例，介绍汽车预期功能安全的基本原理。

（1）车道保持系统 车道保持系统（Lane Keeping Assist System，LKA）是一种辅助驾驶系统，通过环境传感器（通常是摄像头）识别车辆在车道

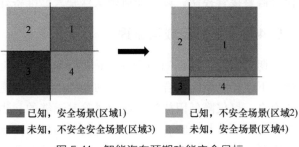

■ 已知，安全场景(区域1)　　■ 已知，不安全场景(区域2)
■ 未知，不安全安全场景(区域3)　　■ 未知，安全场景(区域4)

图 5-11　智能汽车预期功能安全目标

中央的位置，并辅助驾驶人保持在车道内行驶。然而，摄像头受到外界环境的影响，可能导致车道线识别出现问题，即使摄像头本身没有故障。因此，为解决由于功能限制或误用而引发的事故，对 LKA 系统进行预期功能安全的研究十分必要。

在 2017 年的研究中，H. Mahajan 等人应用了系统理论过程分析方法（Systems Theoretic Process Analysis，STPA）对 LKA 系统进行了安全分析。他们归纳了可能导致事故和危险的因素，并建立了分层控制结构图，通过分析不安全控制行为以及其影响因素，制定了相应的安全要求和安全约束。在这个分析过程中，研究人员将驾驶人和 LKA 控制器都看作是系统的控制器，并考虑了他们之间的交互问题。这种 STPA 方法是在 LKA 系统概念开发阶段执行的，它不仅仅考虑故障事件，而且更加注重系统的交互作用来考虑危险和因果因素。

另一项研究是在 2018 年由上海泛亚汽车技术中心有限公司的尚世亮等人进行的。他们在满足 SOTIF 开发需求的前提下，开发了一种自动化测试系统，并对 LKA 系统进行了硬件在环虚拟仿真以及实车的自动化测试。在这个实验中，他们通过 CAN 总线将 $1N \cdot m$ 的反向 LKA 转向命令注入 EPS 系统中，模拟了非预期的 LKA 功能。通过对车辆转向盘力矩的测试，他们验证了 LKA 功能的力矩上限为 $4N \cdot m$，并证明了该上限的安全性。

（2）自动制动辅助系统 自动制动辅助（Automatic Emergency Brake，AEB）系统是一种能够及时发现前方潜在碰撞并采取紧急制动措施的辅助驾驶系统，从而避免事故发生或减轻事故伤害。然而，AEB 系统在现实应用中也可能存在一些问题，如由于电子电器系统故障导致的大规模召回事件。例如，2020 年 3 月 19 日，沃尔沃汽车宣布全球范围内召回了 74 万辆汽车。这次召回涉及 9 款车型，原因是自动紧急制动系统（AEB）在某些场景下无法正确辨识物体，导致系统无法正常工作。比如，在某些情况下，AEB 系统错误地将汽车排气管附近的红色飘带识别为路障。为了确保车辆的安全性能，沃尔沃决定进行召回和修复工作。这个例子显示了对于自动驾驶技术的完善和测试的重要性，以确保系统能够准确地辨识不同场景中的物体，从而提供更可靠的行车安全功能。

为解决这类问题，对 AEB 系统进行预期功能安全研究十分必要。在安全分析方面，可以采用 STPA 方法自上而下地分析，明确 AEB 系统的设计要求。例如，S. Sharma 等人应用 STPA 方法对 SAE L4 级别自动驾驶汽车的 AEB 系统进行了安全分析，通过系统性的分析方法得到了可能发生的危险与不安全控制行为，定义了高级安全约束，并通过不安全控制行为分析可能因素和情景，最终明确技术安全要求。

此外，ISO/PAS 21448 针对 AEB 系统可接受的误报率进行了定义与验证，对 AEB 的预期功能安全分析方法进行了阐述，主要流程包括系统失效划分、实施 SOTIF HARA、交通统

计学分析和定义测试场景等。同时，引入客观的规则集也有助于提高 HARA 的可靠性，一些研究通过参数化 HARA，使评价过程更加客观，对 AEB 的危害评估起到积极作用。另外，对环境感知的研究也非常重要，对不同传感器的性能局限性进行识别，并通过改进系统功能来克服这些局限性，以提高自动紧急制动系统的效率和安全性。

当前 AEB 系统的 SOTIF 评价正向着客观、量化的方向转变，以提高评价方式的实用性，这将有助于进一步提高自动驾驶系统的安全性和可靠性。随着自动驾驶技术的不断发展，对各类辅助驾驶系统进行全面的功能和安全性研究，以确保自动驾驶车辆在各种复杂环境下的安全性，是非常关键的一步。

（3）自适应巡航控制系统 自适应巡航控制系统（Adaptive Cruise Control，ACC）作为一种 SAE L2 级别的辅助驾驶系统，通过雷达传感器监测前方汽车的车距，并通过轮速传感器采集车速信号，根据前方车距信息来调节车速，以实现跟车行驶。然而，ACC 系统在运行过程中会面临外界环境干扰、人为误用和组件交互故障等情况，因此对 ACC 系统预期功能安全的研究尤为重要。

德国斯图加特大学的 Abdulkhaleq 等学者采用 STPA（Systems Theoretic Process Analysis）方法对 ACC 系统进行了详尽的安全分析，并提出了软件安全校验方法和模型检测方法，最终将这些方法综合融合成一种基于 STPA 方法的软件集成系统的综合安全工程方法。研究人员首先假设在几种事件发生时，车辆的速度应该保持不变，确定了软件级别的目标，并明确了可能导致的事故和相应软件的危险性等级。接着，他们明确了设计要求和安全约束，并建立了安全控制结构图。这个控制结构图考虑了驾驶人与速度控制软件控制器之间的交互行为，并建立了相应的过程模型。然后，基于安全控制结构图，他们分析了不安全的控制行为以及可能导致的危险，并探究了导致这些不安全控制行为的原因。此外，研究人员根据安全需求制定了形式化描述，并通过符号模型验证器进行了验证。验证结果显示，基于安全分析提出的安全需求能够满足 ACC 系统的安全要求。此外，Abdulkhaleq 等学者还对 ACC 系统的过程模型进行了补充，并通过对 ACC 系统进行详尽的安全分析，对提出的安全需求进行了软件级验证，为 ACC 系统的预期功能安全研究提供了参考。这样的研究对于确保 ACC 系统的安全性和可靠性具有重要意义，能够帮助开发者更好地理解系统中的安全问题并采取适当的措施来预防潜在的危险情况。

（4）交通拥堵辅助系统 交通拥堵辅助（Traffic Jam Assist，TJA）系统作为一种智能驾驶辅助系统，是在车道居中控制和自适应巡航控制（ACC）系统基础上进一步发展而来的。与 ACC 系统相比，TJA 系统不仅具备纵向控制功能，还可在某些情景下进行横纵双向控制，即增加了转向控制功能。TJA 系统能够根据检测到的车道线实现车辆的车道保持，并在摄像头等传感器被遮挡时，依然能够根据探测到的前车行驶轨迹进行跟随行驶。它在交通拥堵时能够提供驾驶辅助，减轻驾驶人的疲劳程度。TJA 系统的计算输入主要包括车道线标志的位置和前方车辆的位置以及其运动情况。系统的运行设计域（Operational Design Domain，ODD）规定车辆在拥堵的交通流中应以较低的速度（低于 65km/h）行驶。一旦 TJA 系统启动，它将控制车辆的转向、加速和制动，以保持车辆在交通流中的位置。在这种情况下，驾驶人可以短暂地脱离对车辆的操控控制，但仍需保持警惕，并在必要时干预以维持行驶的安全，这被称为有条件的自动驾驶。H. E. Monkhouse 等进行了对 TJA 系统的评估，发现 TJA 系统在前车跟随、道路危险处理等任务中的操纵水平有限。为确保 TJA 系统的安全性，关键在于确保驾驶人具备足够的情景意识（Situational Awareness，SA）以及度量驾驶人的响应能力。情景意识是驾驶人对周围交通环境的准确理解和感知，包括车辆的位置、速度、行驶方向、交通标志等信息。驾驶人需要根据这些信息来做出正确的决策和及时的反应，确保车辆的安全驾驶。对于 TJA 系统的安全性，除了确保驾驶人具备足够的情景意识外，还需要进行响应能力的度量，以评估驾驶人在需要干预时能否及时做出反应。

（5）自主泊车系统的预期功能安全研究　　自主泊车系统（Automated Valet Parking，AVP）是一种完全自主的车辆自动驾驶系统，可以在封闭区域内实现指定地点到停车位的自主泊车。AVP 是 SAE L4 级别自动驾驶系统中最有可能率先商业化的系统。AVP 系统的安全性测试和验证受到广泛关注，其中测试的关键在于如何通过安全分析方法明确安全需求，并根据这些需求生成相应的测试场景。一些研究提出了无驾驶人监督的自动驾驶车辆安全概念，建立了基于 AVP 安全需求的自动测试系统，并将车辆系统分解为若干可控的功能场景，根据 ISO2626 的 ASIL 评价体系给出了代客泊车系统的分级安全需求。然而，系统有效的安全分析方法和高效、全面的测试场景生成手段仍然是 AVP 系统预期功能安全研究中亟待解决的问题。

5.4.3 发展趋势

首先，要尽快出台相关标准法规，以指导预期功能安全在自动驾驶系统的开发设计中的考虑。这些标准法规应明确企业需要满足的预期功能安全开发流程要求，包括设计定义、危害识别与风险辨识、功能不足识别和运行维护等方面的规范。这也是测试评价有据可依的先决条件。

其次，为了验证车辆在预期功能方面是否存在不合理的风险，可以通过数据采集和场景建模来创建面向预期功能安全测试的 SOTIF 场景库。这个场景库应包含合理的测试内容，能够验证车辆在预期功能不足的情况下是否存在不合理的风险。该场景库应覆盖感知、定位、决策、控制、人机交互等多个功能系统，以构建一套高度覆盖且具有中国特色的 SOTIF 场景库，以服务于智能网联汽车行业的发展。

最后，要尽快完善符合中国特色的自动驾驶汽车预期功能安全测试方案与评价体系。通过对 L2 及以上级别的辅助驾驶和自动驾驶量产车型进行预期功能安全认证测试，保障每一辆上路车辆的预期功能安全。这样的测试方案与评价体系将为确保自动驾驶系统的安全性提供必要的保障。

5.5 工程实践

1. 背景介绍

为了贯彻落实《工业和信息化部关于加强智能网联汽车生产企业及产品准入管理意见》，中国软件评测中心（工业和信息化部软件与集成电路促进中心）在中国智能网联汽车产业创新联盟的指导下，联合国家信息技术安全研究中心、北京航空航天大学和国汽（北京）智能网联汽车研究院有限公司，在全国范围内启动了智能网联汽车渗透测试工作，以测试验证目前智能网联汽车网络安全防护情况。

本次测试实践的前提要求是不损坏车辆、不拆解车辆，采用黑盒测试方法，开展用户侧渗透测试。共有 15 辆车参与测试，被测车辆涵盖传统车企和造车新势力的产品，其中包括 9 辆新能源车和 6 辆燃油车，具体信息见表 5-8。

表 5-8 被测车型列表

企业	品牌	型号	类型
北汽蓝谷新能源科技股份有限公司	ARCFOX	极狐	新能源汽车
比亚迪股份有限公司	比亚迪	唐	新能源汽车
比亚迪股份有限公司	比亚迪	元	新能源汽车
广汽集团	广汽传祺	GS8	新能源汽车
中国一汽	红旗	E-QM5	新能源汽车
东风汽车有限公司	东风日产	轩逸	燃油汽车
吉利汽车	帝豪	GSe	新能源汽车
领克	领克	领克 01	新能源汽车
梅赛德斯-奔驰	奔驰 GLE	GLE450	燃油汽车
奥迪公司	奥迪	A4L	燃油汽车
沃尔沃公司	沃尔沃	S90	燃油汽车
沃尔沃公司	沃尔沃	S60	燃油汽车
蔚来汽车公司	蔚来	ES6	新能源汽车
理想汽车	理想	理想 ONE	新能源汽车
宝马公司	宝马	MINI COOPER S COUNTRYMAN	燃油汽车

2. 渗透测试结果概要

根据本次智能汽车渗透测试实践的结果，共发现了 15 种典型问题，具体问题类型及检出率如图 5-12 所示。高频问题主要集中在 Wi-Fi 安全、GPS 欺骗、未授权访问敏感数据、安装包逆向风险等方面。根据威胁分析方法论，本文对上述安全问题的攻击可行性和安全影响进行了分析。

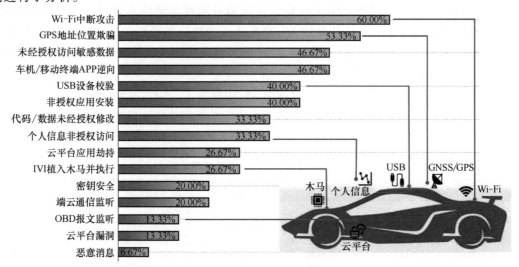

图 5-12 汽车安全出现的 15 种典型问题类别及检出率

下面将从对攻击时间、攻击所用设备、机会窗口和目标对象的了解程度方面，对以上安全问题的攻击可行性进行分析，见表 5-9。通过分析，发现 Wi-Fi 中断攻击、GPS 地址位置欺骗、云平台应用劫持以及扫描云平台漏洞这 4 种安全问题攻击成本较低，因此更容易成为攻击者的目标。相比之下，密钥安全和恶意消息攻击因为需要攻击者具备较高的网络安全技术水平和对攻击目标的深入了解，并辅助以专业设备，所需付出的攻击成本较高，从而降低了攻击可行性。

表 5-9 网络安全问题攻击可行性等级分析

攻击路径	攻陷时间	攻击所用设备	机会窗口	目标对象了解程度	攻击可行性等级
Wi-Fi 中断攻击	<一周	标准	容易	公开	高
GPS 地址位置欺骗	<一周	专用	容易	公开	高
未经授权访问敏感内容	<一个月	专用	中等	保密	中
非授权应用安装	<一个月	专用	中等	保密	中
代码/数据未经授权进入 T-Box 或 IVI 工程模式修改代码或数据	<一个月	专用	中等	保密	中
个人信息非授权访问	<一个月	专用	中等	保密	中
云平台应用劫持	<一个月	标准	中等	公开	高
IVI 植入木马并执行	<一个月	专用	中等	保密	中
密钥安全	≤六个月	专用	中等	机密	非常低
端云通信监听	<一个月	标准	中等	公开	高
OBD 报文监听	<一个月	定制	中等	保密	中
云平台漏洞	<一周	标准	困难	公开	高
恶意消息	<一个月	定制	中等	机密	非常低

本文从车辆安全、人身安全、财产安全、隐私和法规四个方面，对影响等级进行了分析，见表 5-10。发现如下问题：GPS 地址位置欺骗可能对车辆的正常运行产生严重干扰；未经授权访问敏感数据和个人信息会对个人隐私造成威胁；非授权应用安装和代码/数据未经授权修改、密钥安全、端云通信监听和 OBD 报文监听问题可能导致用户财产和隐私数据的流失，并对车辆运行安全产生影响。

综合考虑攻击可行性和影响程度，发现 Wi-Fi 中断攻击、GPS 地址位置欺骗、云平台应用劫持、扫描云平台漏洞以及密钥安全是需要重点防护的网络安全问题，因为它们攻击成本相对较低且可能造成严重影响。

表 5-10 网络安全问题影响等级分析

攻击路径	车辆安全	人身安全	财产损伤	隐私和法规	影响等级
Wi-Fi 中断攻击	低影响	无伤害	无影响	低影响	轻微影响
GPS 地址位置欺骗	中度影响	轻度伤害	低影响	无影响	中等影响
未经授权访问敏感内容	无影响	无伤害	低影响	高影响	重大影响
非授权应用安装	低影响	无伤害	中度影响	中度影响	重大影响

(续)

攻击路径	车辆安全	人身安全	财产损伤	隐私和法规	影响等级
代码/数据未经授权进入 T-Box 或 IVI 工程模式修改代码或数据	高影响	无伤害	中度影响	高影响	重大影响
个人信息非授权访问	无影响	无伤害	低影响	高影响	重大影响
云平台应用劫持	低影响	无伤害	低影响	中度影响	轻微影响
IVI 植入木马并执行	高影响	无伤害	中度影响	高影响	重大影响
密钥安全	中度影响	无伤害	中度影响	高影响	重大影响
端云通信监听	无影响	无伤害	无影响	中度影响	轻微影响
OBD 报文监听	高影响	无伤害	无影响	中度影响	重大影响
云平台漏洞	低影响	无伤害	无影响	中度影响	轻微影响
恶意消息	低影响	无伤害	无影响	中度影响	轻微影响

基于对上述网络安全问题的综合分析结果，从攻击可行性和影响程度两个方向综合考虑，得出了对各网络安全问题进行安全防护的重要性。从图 5-13 可以看出针对 GPS 地址位置欺骗、未经授权访问敏感数据、非授权应用安装、代码/数据未经授权修改、个人信息非授权访问这五项网络安全问题，防护工作迫切且需重点关注，以提升车辆的网络安全水平。特别是对于 GPS 地址位置欺骗问题，由于攻击成本低、安全影响严重，其安全防护需求等级最高，应当优先采取有效措施加以防范和保护。通过针对这些重要网络安全问题的有针对性的防护措施，能够有效降低智能网联汽车面临的网络安全风险，提高整个系统的安全性。

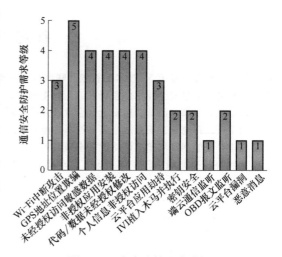

图 5-13 安全防护需求分析

思 考 题

1. 信息网络安全主要包括哪些内容？
2. 信息网络安全与数据安全有哪些联系？
3. 信息网络安全的未来发展趋势是什么？
4. 功能安全概念设计的基本流程是什么？
5. 在进行汽车安全生命周期的过程中，进行安全项定义的目的是什么？
6. 相关项与系统的区别和联系是什么？
7. 如何对汽车进行危害分析与风险评估？
8. 如何对汽车进行 ASIL 分析？

9. 汽车功能安全中的安全功能概念指的是什么？
10. 汽车功能安全中的功能安全要求和技术安全需求的区别是什么？
11. 汽车功能安全系统的未来发展难点在哪里？
12. 功能安全与预期功能安全主要解决哪些问题？
13. 智能汽车预期功能安全与功能安全的区别有哪些？
14. 预期功能安全概念的定义以及目的是什么？
15. 预期功能安全的测试流程是如何进行的？
16. 如何将功能安全与预期功能安全在汽车生产实践中结合起来？
17. 预期功能安全如何体现在汽车生产中？
18. 预期功能安全目前有哪些困难需要解决？
19. 预期功能安全未来的重点有哪些？

参 考 文 献

[1] 周鹏，杨静．基于5G技术的智能网联汽车发展现状与趋势分析［J］．时代汽车，2022（2）：33-34．
[2] 时胜尧．信息安全技术体系研究［J］．电脑知识与技术，2018，14（25）：33-34．
[3] 段金亮，丁娜．汽车功能安全概念阶段开发实践［J］．汽车实用技术，2022，47（11）：20-23．
[4] 付莹莹，孙德龙，王胜放，等．汽车功能安全发展趋势［J］．重型汽车，2022（3）：42-43．
[5] 何丰．智能网联汽车预期功能安全及其解决方案［J］．数字经济，2021（11）：63-66．
[6] 尚世亮，崔海峰，郭梦鸽，等．自动化测试在SOTIF开发中的应用［J］．汽车技术，2018（11）：23-26．
[7] SHARMA S. Considering safety and security in av functions [D]. Waterloo: University of Waterloo, 2019.
[8] SHARMA S, FLORES A, HOBBS C, et al. Safety and security analysis of a EB for L4 autonomous vehicle using STPA [C]//Workshop on Autonomous Systems Design (ASD 2019). Schloss Dagstuhl-Leibniz-Zentrum fuerInformatik, 2019.
[9] KHASTGIR S, BIRRELL S, DHADYALLA G, et al. Towards increased reliability by objectification of Hazard Analysis and Risk Assessment (HARA) of automated automotive systems [J]. Safety Science, 2017, 99: 166-177.
[10] ABDULKHALEQ A, WAGNER S. Integrated safety analysis using systems-theoretic process analysis and software model checking [J]. Computer Safety, Reliabilityand Security, 2015, 11: 121-134.
[11] ABDULKHALEQ A, WAGNER S, LEVESON N. A comprehensive safety engineering approach for software-intensive systems based on STPA [J]. Procedia Engineering, 2015, 11: 2-11.
[12] ABDULKHALEQ A, WAGNER S. A software safety verification method based on system-theoretic process analysis [J]. Lecture Notes in Computer Science (including subseries Lecture Notes in Artificial Intelligence and Lecture Notes in Bioinformatics), 2014, 9: 401-412.
[13] MONKHOUSE H E, HABLI I, MCDERMID J. An enhanced vehicle control model for assessing highly automated driving safety [J]. Reliability Engineering & System Safety, 2020, 10 (202): 107061.
[14] RESCHKA A. Safety concept for autonomous vehicles [M]. Heidelberg: Springer, 2016.
[15] ESEN H, KNEISSL M, MOLIN A, et al. Validation and Verification of Automated Systems [M]. Cham: Springer, 2020.

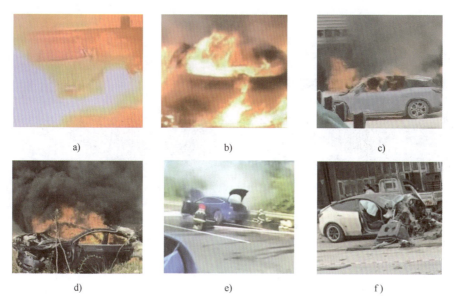

图 1-11　智能电动汽车典型事故图

a) 静止停放起火　b) 充电时起火　c)~e) 碰撞后起火　f) 车辆失控加速后碰撞

图 2-16　60→0km/h 工况下有无 ABS 的汽车制动试验对比图

图 2-17　60→0km/h 全力制动汽车关闭 ABS 时的制动效果

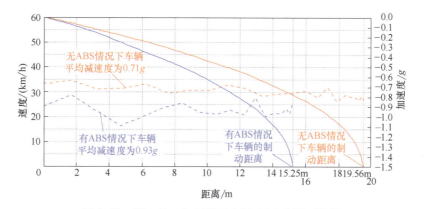

图 2-18　60→0km/h 工况下有无 ABS 制动对比图

图2-19 80→0km/h 工况下有无 ABS 的汽车制动试验对比图

图2-20 80→0km/h 全力制动汽车关闭 ABS 时的制动效果

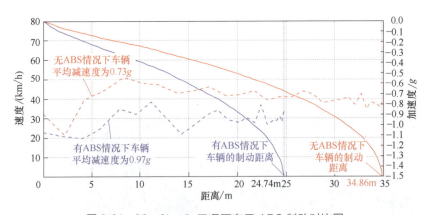

图2-21 80→0km/h 工况下有无 ABS 制动对比图

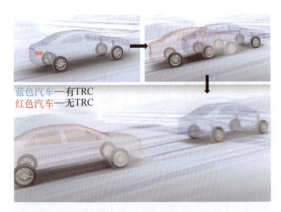

图2-25 冰雪天气爬坡工况有无 TRC 系统对比

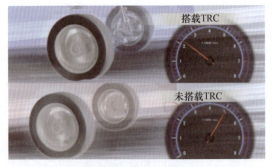

图2-26 车辆有无搭载 TRC 的轮速、发动机转速对比

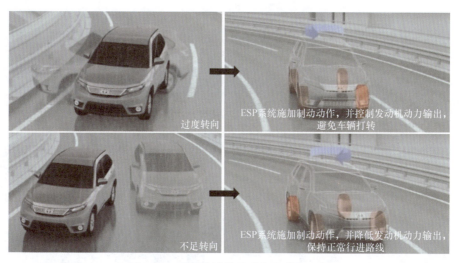

图 2-38 雨天弯道的两种汽车失稳现象

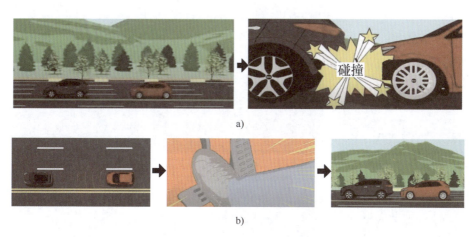

图 2-50 有无 FCW 车况对比图
a）未开启 FCW　b）开启 FCW

图 2-55 有无 AEB 车况对比图
a）模拟碰撞场景　b）开启 AEB 进行自动紧急制动　c）未开启 AEB

a)

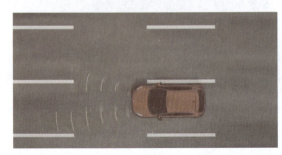

b)

图 2-63 有无 LDW 系统对比图

a）未开启 LDW 系统　b）开启 LDW 系统

a)

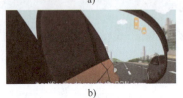

b)

图 2-72 有无 BSD 对比图

a）未开启 BSD　b）开启 BSD

图 3-9 "一次碰撞"和"二次碰撞"

图 3-11 实车碰撞试验

a）正面碰撞实车试验 b）侧面碰撞实车试验

图 3-12 电动汽车实车碰撞试验后的检测现场

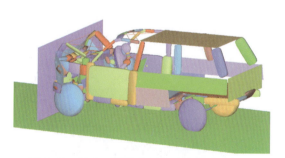

图 3-13 整车碰撞的多刚体动力学仿真结果

图 3-14 整车碰撞有限元仿真模型

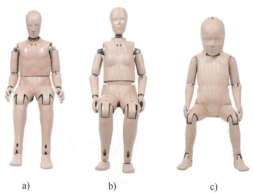

图 3-20 正面碰撞试验中测量用的假人

a）Hybrid Ⅲ 50th 男性假人 b）Hybrid Ⅲ 5th 女性假人
c）Q 系列儿童假人

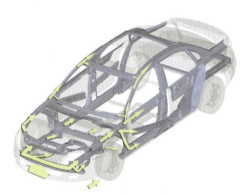

图 3-21 正面碰撞过程中传递路径

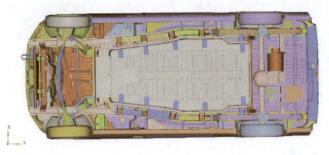

a)

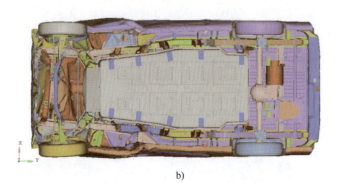

b)

图 3-23 电动汽车正面碰撞变形过程

a）碰撞变形前 b）碰撞变形后

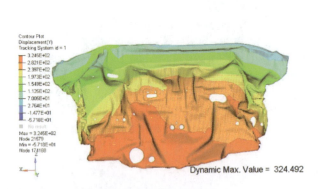

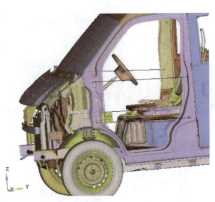

图 3-25 前围板位移云图　　　　图 3-26 门框变形量测量位置

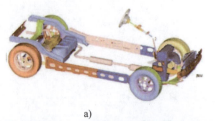

a)　　　　　　　　　　　　　　b)

图 3-29 传统燃油车和电动汽车的布置形式对比

a）传统燃油车布置形式 b）电动汽车布置形式

图 3-30 电动汽车前舱布置

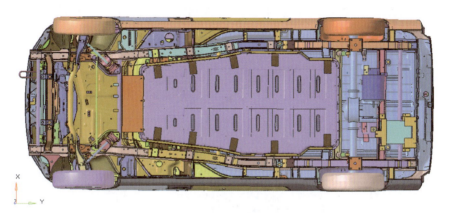

图 3-31 某电动汽车动力电池包布置方式

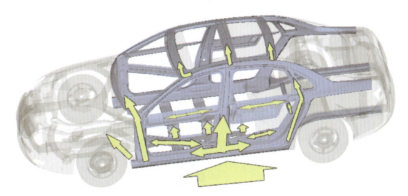

图 3-39 侧面碰撞过程中传力路径

a) b)

图 3-41 侧面碰撞过程中整车结构变形

a) 碰撞前 b) 碰撞后

  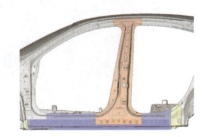

图 3-43　B 柱结构

图 3-44　车门结构　　　　　　图 3-45　车门防撞横梁结构

 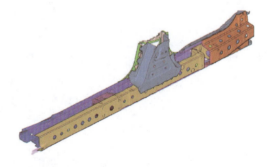

图 3-46　门槛梁结构

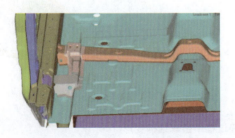 

图 3-49　侧面碰撞前后电动汽车地板结构变形情况

图 3-52　行人碰撞保护试验

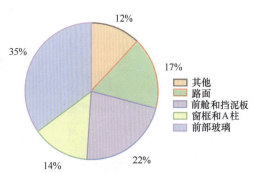

图 3-57　行人与汽车的接触位置统计

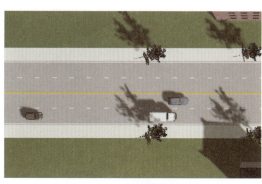

图 3-78　仿真测试场景

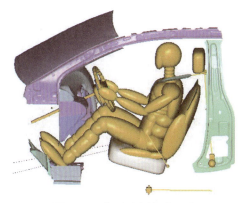

图 3-79　驾驶人侧约束系统

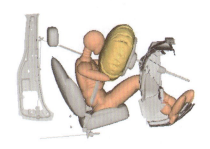

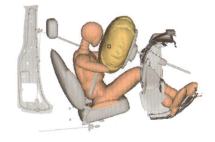

a)　　　　　　　　　　　　　　　　b)

图 3-80　右倾离位同时刻下假人与安全气囊接触情况对比

a）主动预紧式安全带介入前　b）主动预紧式安全带介入后

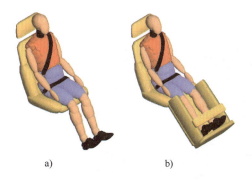

a)　　　　b)

图 3-87　乘员-新型座椅-安全带模型

a）传统座椅　b）新型座椅

图 3-89　智能辅助驾驶概念车
"F015 Luxury in Motion"

图 3-90 乘坐环境

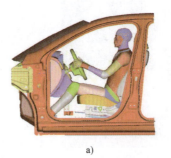

a) b)

图 3-92 车辆碰撞阶段及其对应的安全措施

a) 正常坐姿 b) 半躺坐姿

a) b) c) d)

图 3-93 乘员座椅四个典型工况

a) 正向左转 45° b) 正向右转 45° c) 反向左转 45° d) 反向右转 45°

表 3-9 乘员保护仿真结果

伤害评价指标	正常坐姿	半躺坐姿	增幅(%)
颅骨应力			44
颈部骨应力			10

（续）

伤害评价指标	正常坐姿	半躺坐姿	增幅（%）
胸肋骨应变			118
内脏压力			44
股骨应力、胫骨应力			37
韧带应变			4

表 3-10　不同乘坐方向乘员伤害对比

伤害评价指标	正向左转 45°	正向右转 45°	反向左转 45°	反向右转 45°
颅骨应力	0.27MPa	0.50MPa	14.68MPa	8.54MPa

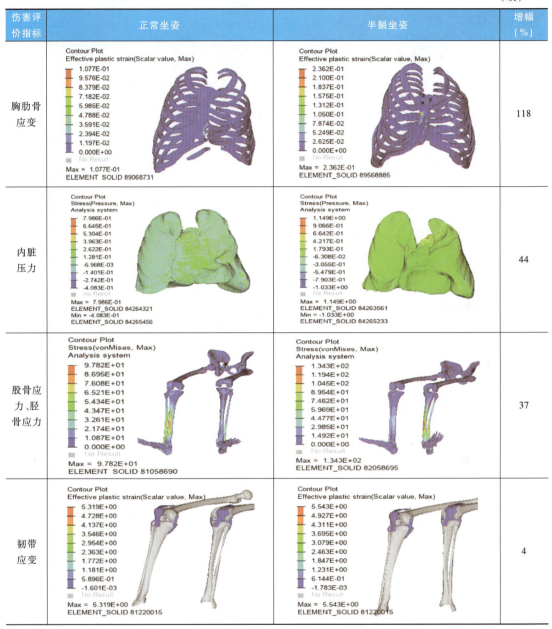

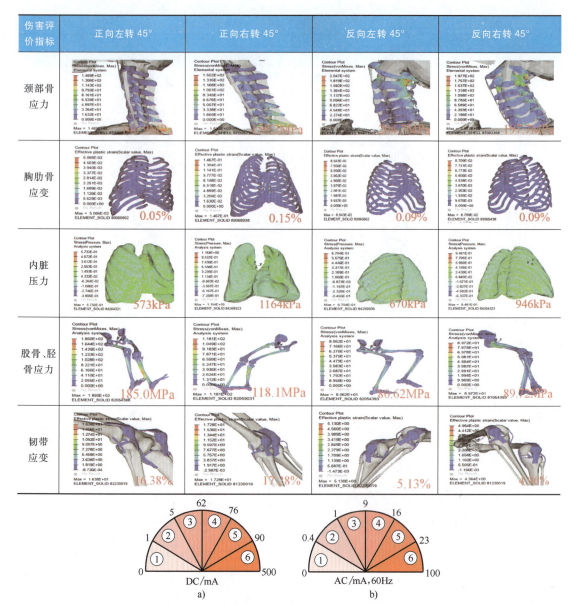

图 4-19 直流电流和交流电流对人体的影响

a) 直流电流 b) 交流电流

1—轻微震感 2—感知临界值(有感觉的某个点) 3—疼痛 4—剧痛,呼吸困难 5—无法松手 6—心脏纤颤

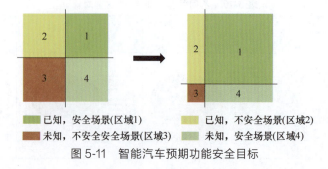

图 5-11 智能汽车预期功能安全目标